Friesische Sagen

Friesische Sagen

Gesammelt und herausgegeben
von Jurjen van der Kooi

Diederichs

Die Deutsche Bibliothek – CIP-Einheitsaufnahme
Friesische Sagen / ges. und hrsg. von Jurjen van der Kooi. –
München: Diederichs, 1994
ISBN 3-424-01183-5
NE: Kooi, Jurjen van der [Hrsg.]

Umschlaggestaltung: Zembsch' Werkstatt, München
Produktion: Tillmann Roeder, München
Satz: Uhl + Massopust, Aalen
Druck und Bindung: Spiegel Buch, Ulm-Jungingen
Printed in Germany

ISBN 3-424-01183-5

Inhalt

Die Dinge der Zukunft

Vorlauf – Vorzeichen – Prophezeiungen

Vorspuk und Vorbedeutung

Noch sieht man von den friesischen Außen-Inseln aus am westlichen und südlichen Horizont die wunderbaren Vordeutungs-Feuer oder die Vorzeichen der Schiffbrüche, zwischen Himmel und See, man sieht ferner das Vorbrennen oder den Vorbrand, das ist das übernatürliche Feuer, welches dem wirklichen, einem Brande, vorhergeht, endlich das Vorgehen oder den Vorspuk (in den schottischen Ländern second sight, das zweite Gesicht, genannt, wovon ich am meisten auf den Hebriden vernommen), was in vielfacher Weise seine Warnungen kundtut. Die Leichen noch lebender Menschen liegen schon auf ihrem Strohlager, dem letzten in diesem Leben, oder auch im Sarg, der Leichenwagen steht vor der Tür oder fährt auf dem Kirchweg, und die Nacht hört den singenden Küster, welcher die Toten vom Hause zum Grabe singt, man hört den Sarg zimmern, zunageln, den Hobel gehen und die Säge, auch die Totenuhr pickert nicht umsonst, und es ist kein Zufall, der den Hobelspan am Talglicht kräuselt, wenn das sinnende Frauenzimmer nach dem Lichte blickt, ob auch Briefe aus der Ferne kommen, und so wie man jene, welche im Grabe keine Ruhe haben, in der Dämmerung oder in der Mitternacht wandeln sieht, so hört man die Lieben, welche eben in der Fremde starben, bedeutungsvolle Worte zu ihren Verwandten in der Heimat sagen, und der Seemann, der im Sturm verunglückte, tritt in aufgezogenen Stiefeln, welche voll von Wasser sind, schweren Ganges, und wäre es tausend Meilen weit, mitten unter die Seinen. Ein Stöhnen in der Mitternacht, das Muhen des Hausviehs, während die Mächte der Dunkelheit walten, die Träume beim Morgengrauen sind eben sowohl Vorzeichen künftiger Begebnisse, als gefleckte Lämmer, und der Kiebitz, der bis an die Haustür kommt, und der schwarze Sterbevogel mit seinem weißen Kranz um den Hals. Rauch ohne

Feuer im Traum gesehen, heißt Gram und Sorge, durchbrennender Rauch Glück, träumst du von Eiern, folgt Hader, von Pferden und von Weibern, Sturm, grob Geld zeigt Glück an, klein Geld Zank, eine Maus am Spinnrad deutet Todesfall, von einem ausgefallenen Zahn geträumt, desgleichen. (1)

*

Der alte Besenbinder Jens Drefsen [Amrum] erzählt: »Vom Vorüben und Vorspuken kann ich auch mitsprechen. Sonntagskinder und andere, die auf der Glückshaut geboren sind, können dergleichen Dinge sehen. Die Haustiere, insonderheit Hunde und Pferde, sehen auch mancherlei wunderbare Dinge. Ehe noch ein Todesfall eintrifft, sehen jene Bevorzugten schon – gewöhnlich zur Nachtzeit – den Leichenzug sich von dem Sterbhause nach dem Gottesacker bewegen, oder sie nehmen statt des Leichenwagens und der Leichenbegleitung hüpfende Lichter und Feuerkugeln wahr. Dieselbe Erscheinung zeigt sich an denjenigen Stellen auf den Watten, wo sich später ein Unglücksfall ereignet. Strandungsfälle und Schiffbrüche erscheinen auch bisweilen im Vorspuk, indem gerade über dem Ort, wo das Unglück später wirklich geschieht, ein vollständiges Schiff mit allen Segeln und der ganzen Takelage in der Luft von einem hellen Schein umgeben – aber klein, sehr klein, – erscheint. Auch Brandfälle werden auf ähnliche Weise im voraus wahrgenommen. Man sieht nämlich das Haus in Flammen stehen oder gar die leergebrannte öde Stätte, wird aber bald gewahr, daß das Ganze nur ein Trugbild war, da man im Augenblick alles wieder in seiner natürlichen Gestalt wahrnimmt. Sieht jemand sein Haus brennen, so sieht er sein Verhängnis. Ein solches Verhängnis ist jedoch nicht unabwendbar. Bekehrte sich zum Beispiel ein Geizhals, der sein Haus hatte verbrennen sehen, und verteilte er, so oft er backte, einige Brote unter die Armen, so konnte das Unglück abgewendet werden.« (2)

Die Felsen von Helgoland um 1850 (gezeichnet von J. H. Sander, gestochen von Grünewald)

Flämmchen im Wasser

Zuweilen schlagen im Wasser kleine Flämmchen auf, und immer sind das Zeichen, daß einer umkommen wird. – Solche kleine Flammen heißen auf Sylt Lickschnücken, auch wohl Lochtermaner. Ein Mann aus Tinnum sah eines Abends eine kleine Flamme aus dem südlichen Haff herauftauchen, bei Wadens, dem südlichen Ufer, ans Land steigen und sich darauf längs dem Tinnumer Damm und dem Tinnumer Kirchweg nach dem Keitumer Kirchhof bewegen. Bald darauf kam ein Sylter bei Hörnum ums Leben und seine Leiche wurde auf demselben Weg heraufgebracht.

Das Lauffeuer zeigte sich auf Helgoland gewöhnlich am Rande des Felsens, oft auch an Misthausen oder bei der großen Wassergosse an der Nordseite am Abhang der Klippe. Hatte es sich blicken lassen, warnten Mütter ihre Kinder. Heute [1845], wenn es von Zank und Streit zu Tätlichkeiten kommt, heißt es noch: »Diar hatt en Jal lippen.« (Da hat sich ein Lauffeuer gezeigt.) Es kündigte überhaupt Unglück an. Wenn auf der See jemand verunglücken sollte, so entstieg dem Meere ein schwarzes Ungeheuer, ›det bisterk Ding met Telliarogen‹ [das böse Ding mit Augen groß wie Teller], und lagerte sich vor der Treppe, ja ließ sich zu verschiedenen Zeiten selbst auf dem Oberlande bei Nacht sehen, in den Winkeln von Ställen und Scheunen. – Wenn ein gefährliches Ungewitter entstehen will, so läßt sich zuvor am Strande von Helgoland ein erbärmliches Heulen und jämmerliches Schreien aus der Erden hören, gleich als wenn ein Mensch in die größte Not versetzt wäre. (3)

Boy Spuk

Der 1769 geborene Glasermeister Boy Johannsen, vom Volksmunde Boy Spuk genannt, bewohnte das vor ca. zehn Jahren [so 1905] abgebrochene kleine Reiferhaus, das der Sage nach das älteste und erste Haus in Niebüll war. Seine äußere Erscheinung beschreibt ein Augenzeuge folgendermaßen: »Boy, eine in jeder Beziehung eigenartige Persönlichkeit, war klein von Gestalt und etwas gebrechlich. Seine Kleidung bestand aus einem Kamisol (einem mit kurzen Schößen, Stehkragen und einer Reihe Knöpfe versehenen Rock), aus Kniehosen und Schnallenschuhen. Den Kopf bedeckte ein großer dreikantiger Filz-, sogenannter Napoleonshut, im Volksmunde bekannt unter dem Namen ›Pust de Lamp ut.‹ Boy war ein leidenschaftlicher Raucher. Niemals sah man ihn ohne seine kurze Tonpfeife, deren Spitze mit wollenem Garn dick umwickelt war. Unvergeßlich ist mir der Ausdruck in seinen Augen. So oft er mich ansah, kam mir unwillkürlich der Gedanke: ›Dieser Mann kann mehr sehen, als gewöhnlichen Sterblichen zu sehen vergönnt ist.‹« – Boy liebte die Geselligkeit und eine lebhafte Unterhaltung. Auch dem Scherz und harmloser Neckerei war er nicht abgeneigt. Kamen Leute zu ihm, die sich durch zudringliche Fragen lästig machten, so befriedigte er durch erdichtete Spukgeschichten ihre Neugier in reichlichem Maße, oder er führte sie an einen einsamen Ort, ließ sie von hinten über seine rechte Schulter schauen und beschrieb ihnen ausführlich, was er zu sehen vorgab, bis sie der vergeblichen Bemühung, selber etwas zu sehen, überdrüssig wurden und sich als die Gefoppten entfernten. Fühlte er sich durch jemand gekränkt, so wußte er sich auf eigene Art und Weise Genugtuung zu verschaffen. Er stellte sich in der Nähe der Wohnung seines Gegners so auf, daß man ihn bemerken mußte und tat, als ob er eine Spukerscheinung beobachtete. Natürlich ließen die Leute nicht lange auf sich warten und bestürmten ihn mit der Frage: »Schucht Boy wat?« (Sieht Boy etwas?) Das Schweigen des Sehers ängstigte die Leute nur noch mehr.

Er sah nicht nur im Dunkel der Nacht, sondern auch am hellichten Tage und folgte der Spur seiner Erscheinung auf belebter Straße wie auf einsamen Wegen. Er beobachtete mit einer Klarheit und Schärfe, über die man erstaunen muß. Niemals fehlte er bei Beerdigungen. Er behauptete nämlich, in dem Augenblick, da der Sarg aufgehoben und aus dem Trauerhaus hinausgetragen würde, denjenigen zu sehen, der als erster dem Verstorbenen in die Ewigkeit folgen müsse. Es sollen in der Tat seine Aussagen auf diese Beobachtung hin eingetroffen sein.

Eines Abends kehrte Boy von seiner Arbeit im Christian-Albrechts-Koog heim. Wie er an dem Katharinenhof, dessen Besitzer Melfsen ihm wohlbekannt war, vorübergeht, sieht er alle Stuben hell erleuchtet. Da ihm dieser Umstand rätselhaft erscheint, nähert er sich dem Hause und bemerkt, daß alle Vorbereitungen zu einer Leichenfeier getroffen sind. Nachdem er alles genau beobachtet hat, setzt er seinen Weg ruhig fort. Zu Hause erzählt er seiner Frau die Vision und daß der alte Melfsen an dem und dem Tage sterben werde. Er habe es an den silbernen Schildchen der Wachskerzen neben dem Sarge abgelesen. Die gleiche Mitteilung machte er gelegentlich dem damaligen Koogsinspektor Lorenzen und dem Hofbesitzer Karsten Jessen von Nahnshof. Da diese beiden seinen Worten keinen Glauben schenken wollten, ging er mit ihnen eine Wette um einen Speziestaler ein. Die Zeit verstreicht, und der bestimmte Tag bricht an, ohne daß Melfsen eine Krankheit oder ein Unglück zustößt. Am selben Tage ist Boy wieder im Koog beschäftigt und trifft den Alten, der gerade einen Spaziergang macht, rüstig und gesund. Bei der Heimkehr sagt er seiner Frau, daß er seine Wette wohl verlieren werde; er müsse sich in der Jahreszahl geirrt haben. – Am folgenden Morgen werden in Deezbüll die Kirchenglocken geläutet, und Boy sagt zu seiner Frau: »Melfsen ist doch gestorben, und ich habe meine Wette gewonnen!« Die Frau geht hinaus und kehrt bald zurück mit der Nachricht: »Melfsen ist gestern abend vom Schlage gerührt worden und plötzlich gestorben.« – Dem Sohn dieses Melfsen erklärte Boy eines Tages: »Dein Nachbar wird sterben, du wirst die Witwe desselben heiraten und auf ihrem Hofe wohnen; denn ich habe dich mehrere Male im Garten dort spazieren gehen gesehen.« Was Boy sagte, ist eingetroffen.

Zu der Zeit war in Niebüll ein Pastor Franzen angestellt, welcher der freien Richtung angehörte und an Ahnungen, Spukerscheinungen und dergleichen Dinge nicht glaubte. Er beschloß Boy einmal auf die Probe zu stellen. Eines Tages läßt er ihn zu sich kommen und bittet ihn, wenn er wieder einmal etwas sähe, ihm Bescheid zu geben. Boy sagt zu. Nach einiger Zeit meldet sich Boy bei dem Prediger und teilt ihm mit: »Aus der Gath wird nächstens eine Leiche kommen, und Sie werden über den und den Spruch die Leichenrede halten.« Was Boy gesagt hat, trifft auch wirklich ein. Der Pastor aber denkt: »Er soll doch nicht in allen Teilen recht haben« und wählt sich einen andern Bibelspruch, über den er seine Predigt ausarbeitet. Der Tag des Leichenbegängnisses bricht an, und als der Prediger seine Rede beginnen will, kann er sich des ausgewählten Spruches nicht erinnern; unwillkürlich nennt er den von Boy angegebenen Spruch und muß über diesen Text aus dem Stegreif eine Leichenrede halten.

Auf dem Deich zwischen den beiden Christian-Albrechts-Kögen sagte Boy zu einem ihn begleitenden Freunde: »Du, tritt einen Augenblick beiseite; es kommt ein Leichenzug vorüber.« Der Begleiter aber hält seine Richtung inne, weil er nichts bemerkt. Plötzlich strauchelt er, fällt zu Boden und kann sich nicht gleich wieder erheben. Er hat nachher geäußert: »Ich konnte nicht aufstehen; es war nämlich, als ob etwas mit leichten Schritten über mich hinwegginge.«

Einmal hat Boy gesagt: »Im Kooge wird jemand sterben. Die Leiche wird aber nicht auf dem gewöhnlichen Wege, dem Gotteskoogsdeich, sondern quer über die Fennen und Äcker zu Dorfe geführt werden.« Der Besitzer von Marienhof im alten Kooge stirbt. Es ist Herbst, und Regengüsse haben die Wege fast grundlos gemacht. Der Koogsweg ist noch eben passierbar, der Deich aber nicht, und es ist kein anderer Rat, als von den Wehlen, wo der Weg auf den Deich mündet, bis zum Dorf Dämme über die Gräben zu schlagen. Auf diesem ungewöhnlichen Wege kam der Leichenzug an der Stelle im Dorf an, die Boy vorher genau bezeichnet hatte.

In früherer Zeit wurden die Leichen in Niebüll mittelst einer Bahre vom Sterbehause auf den Kirchhof getragen. Die Bahre hatte ihren Platz im Glockenhause und mußte vor einem Leichenbegängnis von hier nach dem Trauerhause gebracht werden. Eines Tages steht Boy in der Schmiede, die jetzt [1905] im Besitze des Schmiedemeisters Emil Andresen sich befindet und da liegt, wo der Kirchensteig von der Hauptstraße sich abzweigt. Boy ist mit dem Meister im Gespräch und äußert plötzlich: »Soeben wurde die Bahre hier vor der Schmiedetür niedergestellt.« – Nach einiger Zeit stirbt jemand im Ort, und der Nachbar, dessen Haus der Schmiede gegenüber liegt, soll als Träger dem Leichenbegängnis beiwohnen. Die Bahre wird geholt, und als sie mit derselben auf dem Kirchensteig sind, bemerkt der Nachbar, daß er im Hause etwas vergessen hat, dessen er für die Feier benötigt ist. Während er ins Haus eilt, um das Vergessene zu holen, steht die Bahre vor der Schmiedetür, wie Boy es vorher gesagt hatte.

Einem Zimmermeister im Gotteskoog teilte Boy eines Tages folgendes mit: »Ihr werdet nächstens hier im Kooge eine Leiche haben, und du wirst den Sarg anfertigen; denn ich habe den Leichenzug beobachtet und gesehen, daß du an der linken Seite des Sarges gingst. Dein Geselle befand sich auf der rechten Seite.« Der Meister erwiderte: »Da wirst du dich wohl geirrt haben; denn nach alter Sitte ist mein Platz auf der rechten Seite; der Gehilfe hat auf der linken Seite zu gehen.« Boy aber blieb bei seiner Behauptung. Bald darauf stirbt jemand im Gotteskoog, und der Meister wird beauftragt, den Sarg zu machen. Am Tage der Beerdigung stürmt und regnet es sehr stark. Eine Zeitlang hält es der Meister an der rechten Seite des Sarges, welche gerade die Windseite ist, aus, bald aber muß er seinen Platz mit dem des Gesellen vertauschen. So zwingen Sturm und Regen ihn, Boys Gesicht in Erfüllung gehen zu lassen.

Die letzten Jahre seines Lebens verbrachte Boy bei Verwandten in Süd-Niebüll. Dort hat er die letzte Vision gehabt, und die betraf ihn selbst. Er sprach eines Tages zu seinen Hausgenossen: »Es wird sich in unserm Hause ein Unglück ereignen. Ich habe hier jemand auf dem Tische liegen sehen und Leute bei ihm, die sich um ihn bemühten.« Boy hat das Malheur zu straucheln; er fällt und bricht ein Bein. Der Arzt, der den Verband anlegen soll, läßt ihn hintragen auf den Tisch, den Boy bezeichnet hat. Dieser Unfall hat den Tod des alten Sehers zur Folge gehabt. Er starb am 14. März 1839, siebenzig Jahre alt. (4)

Vörloop

Dat was in de Stünn na Middernacht,
Do wurr Frau Garbrands to 't Slaap utjaggt.
Do lagg se to luren: »Hör, wurr dar neet kleppt?
Wat sall dat heten? Elk liggt ja un sleppt.«
Un se lagg to luren, do hört se dat lüden:
»De Dodenklocken! Wat magg dat bedüden?«
Un se lagg to luren. – Se sprung herut,
Un se trukk sük an un se see gien Luud. –
Starr was hör Oog un bleek hör Klör,
So gung se sachtjes ut Kamer un Dör.
Un Maan un Steerns, de tinkelden daal
Up Kark un Karkhof mit sülvern Straal.
Frau Garbrands stunn unner hör Lindboom alleen;
All Graven un Krüzen kunn se dar sehn. –
Un immer noch wassen de Klocken an 't Wark. –
Un kiek! Dar kummt dat herum um de Kark.
De Dodenbidder geiht langsam vöran.
To veerteihn dragen s' de Dode dann.
Un nu de Mannlü! Mit Dodenhoot
In swarte Rocken! Wo kennt se hör goot! –
Dar geiht ja hör Vader! Un dar hör Mann!
Un bi de beiden hör Söhn, hör Johann!
Dann kummt de Pastor in lange Talar,
Un Frünnen un Nahbers, all sünd se dar.

Nu komen de Frauen! twee bi twee!
Dat sünd ja hör Kinner: Maree un Sophee.
Un all mit Raren, dat Dook in Hand,
Mit Raren komen ook Nahbersk' un Tant. –
So gahn de Riegen vörover an hör.
Nu bugen de eersten in 't Karkhofsdör.
Un midden up de Dodenhof
Dar setten de Dragers de Barfe of. –
Se sücht – wo grieselk! – dat swarte Graft! –
Do sinkt se daal – to Enn is hör Kraft.
An 't sövente Dag, do was dat een Lüden,
So dump un trürig. Wat mag dat bedüden!
Bim, Bam! Dat geiht to en trürig Wark.
Bim, bam! – Dar bugen se um de Kark.
To verteihn dragen se eerst de Liek,
Dann kummt dat Gefolg, – twee immer togliek.
Mit Dodenhoden de Mannlü vöran,
Un dann de Frauen, de Doken in Hann'.
Un een Graft is midden up 't Dodenhof,
Un kiek! – Dar setten de Dragers of.
Nett as de Frau dat van vören sagg:
Dit was hör egen Begrävnisdag. (5)

Dem Tode verfallen

Der Schiffer Jacob Janssen Raß von Norderney ließ sich in der Franzosenzeit ein neues Schiff bauen. Als er mit seiner Geldschatulle zum Schiffszimmermann ging, um mit ihm abzurechnen, löste sich die Seitenwand des Kastens und das Geld rollte heraus in den Sand. Raß ließ sich aber durch dieses böse Omen nicht beirren, sondern nahm das Schiff ab. Nach längerem Stilliegen ging das Schiff im Jahre 1816 mit einer reichen Ladung Korn und Spirituosen aus dem Dollart von Emden auf Schweden. Die verhängnisvollen Vorzeichen waren nicht eingetroffen oder vergessen. Nur ein junger Seemann, des Kapitäns ältester Sohn und sein Stolz, schritt düster und in sich gekehrt das Verdeck des geräuschlos

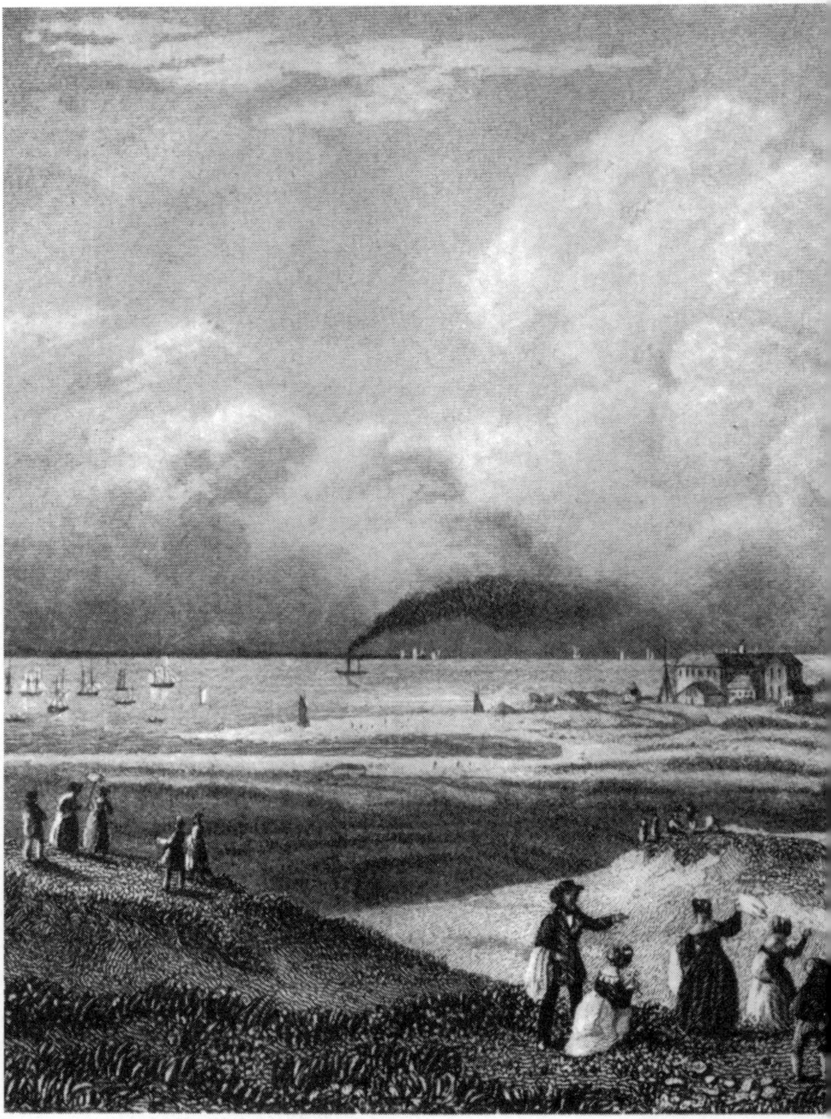

Norderney um 1850 (gezeichnet von J. H. Sander, gestochen von C. P. Hansen)

hingleitenden Schiffes auf und nieder. Auffallend kurz war ihm das blonde Haupthaar verschnitten. Das hatte folgende Bewandtnis:

Kurz vorher, als das Schiff von Emden ging, sieht der junge Mann des Nachts im Schlafraum vor seiner Hängematte einen Sarg, geformt gleich dem Rumpf eines Schiffes; darin streckt sich ein Leichnam, das Haupt mit wallendem Blondhaar, das Antlitz mit einer schwarzen Larve bedeckt. Das ist das ›böse‹, das ›zweite Gesicht‹. »Das Gespenst muß die Schere haben oder es geht mir selbst an den Kragen!« Mit diesen Worten und mit einem kräftigen Schnitte holt sich der Träumer einen Tost Haare von des Leichmans Seite und verbirgt das Amulett neben sich im Bette. Als er am Morgen erwacht, taucht der Traum wieder auf. Er findet richtig neben sich den Büschel Haare. Aber ein Blick ins Spiegelglas zeigt ihm, daß er sich selber das Haupt beschnitten, es sind seine eigenen Haare, die er in der Faust hält – er hat sich selbst als Leichnam gesehen. Nun steht es außer Frage für ihn, daß diese Reise sein Leben fordern wird und mit ihm das Schiff. Er beschwört den strengen Vater, von dieser Reise abzustehn, ihn, den, ›Todes-Verfallenen‹, daheim zu lassen. Umsonst! Der Alte weist ihn mit zürnenden Worten von sich und vernimmt kaum des Sohnes Wort: »Nun so komm Dein und unser Unglück über Dich!«

Das Schiff hat inzwischen die Hälfte seiner Bahn durchmessen. Es läuft unterm 45. Grad nördlicher Breite unter enggerefften Marssegeln vor einer kräftigen Nordwestbrise. Mitternacht ist vorüber. – Da vernimmt das immer scharf gespannte Ohr des Kapitäns ein dumpfes Gurgeln im Schiffsraum, dann einen lauten Krach, wie wenn der Blitz durch einen Eichbaum fährt. Es war aber nicht der Blitz, sondern das Wasser, das durch die unerklärliche Achtlosigkeit der Schiffswache den geborstenen Schiffsraum erfüllt, den großen Mast gelöst und das Verdeck aufgerissen hatte, bevor nur jemand eine Ahnung von der Gefahr bekommen. – Nun war freilich keine Zeit zu verlieren. Der Kapitän erteilte in sicherer besonnener Weise seine Befehle. Das gelöste Langboot wurde von einer Sturzsee flottgemacht. Caspar (der Steuermann) ordnete die Einschiffung. – Da wankte der Kapitän, bleich wie ein Gespenst, mit gerungenen Händen aufs Verdeck. Er hatte einen bittern Kelch geleert, am Lager seines Sohnes Jan, seines Augapfels. Dieser weigerte sich hartnäckig, das Schiff zu verlassen. »Laß mich«, hatte er dem anfangs befehlenden, dann bittenden und beschwörenden Vater geantwortet, »ich will und muß mit dem Schiffe bleiben. Es war so bestimmt, nun kommt es: Ich würde nur Euer Unglück machen. Geht ohne mich! Rettet Euch!«

Es war sein erster Ungehorsam – es sollte auch sein letzter sein! Noch einmal stürzt der verzweifelte Vater ans Lager des Sohnes. Der aber lag abgewandt, halb schon ein Opfer finsterer Mächte, und hatte kein Auge, kein Ohr mehr für den flehenden Vater. »Kapitän, macht fort, oder wir müssen's Tau kappen«, donnerte Caspars Stimme durch Sturm- und Wogengebraus. Da reißt sich der Alte los. Festen Schrittes und schweigend besteigt er das Boot. Die hohgehobenen Ruder schlagen ins Wasser. – Da tönt plötzlich lauter Hilferuf vom Schiffe. Der Unglückliche erscheint in fliegenden Kleidern auf dem Verdeck. Die Liebe zum Leben hat gesiegt! – Das Boot wendet. Der Vater drängt sich ins Vorderteil, das Rettungstau in der Faust. Die Ruder arbeiten mit übermenschlicher Anstrengung. Aber eine mächtige Woge wirft sich vom sinkenden Schiff auf die mutig vordringenden Retter und schleudert das Boot in die Tiefe. Als sie wieder zur Besinnung gelangen, hat die See ihr Opfer bis auf die letzte Mastspitze verschlungen. (6)

Mahrenholz' Begräbnis

Am siebten Juli 1651 wurde auf Befehl des ostfriesischen Grafen Ludwig Enno (1632–1660) der Geheimrat Johann von Mahrenholz in Wittmund hingerichtet [siehe Nr. 238] und still verscharrt. Seine hinterbliebene Witwe aber erzielte durch Vermittlung ihres Bruders, daß der deutsche Kaiser dem Grafen befahl, auf seine Kosten die Leiche wieder ausgraben und mit ehrlichem und feierlichem Gepränge aufs neue bestatten zu lassen. – Worauf er dann nach Hage, einem Flecken nahe an Berum gelegen, und zur Berumer Drosten gehörig, hingeführt, und daselbsten begraben worden. Es ist merkwürdich, daß länger als ein halb Jahr vorher, ehe Mahrenholz in Verhaft genommen, und da man von seinem Fall sich noch keine Gedanken machen können, sich folgende Geschichte zugetragen:

Der Ober-Pfarrherr in dem Flecken Hage, Friedericus Abelius, hatte die Gewohnheit, daß, wenn er auf eine folgende Predigt meditierte, er aus dem Hause weg, und in die Kirche ging, damit er in seinen Gedanken nicht gehindert werden möchte. Als er nun zu solchem Ende auf einem Nachmittag in der Kirche spazieren geht, und auf die morgende Sonntagspredigt seine Gedanken gerichtet hat, siehe, da hört er ein Gemurmel, und schaut eine vornehme Leiche, mit Schilden behängt, von bekannten, doch nur gemeinen Leuten, in die Kirche hineintragen. Indem nun der Pastor zuerst kein Arg daraus hat, und sich verwundert, daß man eine Leiche beerdigt, ohne sich vorher bei dem ordentlichen Prediger anzumelden, fragt er den vorangehenden Hundvogt, was das für eine Leiche sei? Er erhält zur Antwort: »Was gehts Euch an?« Der Pastor erwiderte, ob er's nicht wissen müsse, wer begraben würde? Da weist gedachter Hundvogt in die Höhe nach dem Stuhl der Beamten, und sagt: »Es ist der Mann, der droben steht!« Inmittelst drängt man mit der Leiche voran, sodaß der Pastor aus dem Wege treten muß, den zugleich ein Schaudern ankommt über die Antwort, und sich voller Schrecken vorbeidringt, damit er zur Kirche hinauskommen möchte. Wie er zur Kirche hinaustreten will, und sich umdreht, ist alles verschwunden.

Er hat dies voller Bestürzung also fort dem damaligen Amtmann zu Hage, Herrn Stephan Rudolph Freytag erzählt, ihm auch einige bekannte Personen genannt, die die Leiche mit getragen, welcher sich darüber verwundert hat, doch nicht ausdenken können, was dieses bedeuten sollte. Nach der Zeit hat bei dem Begräbnis von Mahrenholz es sich eben so an Leuten und Umständen befunden, wie es der Pastor so lange vorhergesehen und gesagt hatte. Und haben allerhand gemeine Leute den Sarg von dem Wagen in die Kirche gebracht, weil andere aus Furcht für die Herrschaft sich nicht dazu wollen brauchen lassen. (7)

Pferde sind sichtig

Ein Landmann aus dem Kirchspiel Wiarden fuhr mit seiner Schwester und einer Nichte zu Schlitten aus nach Minsen, um die Pastorenfamilie zu besuchen. Die beiden Mädchen waren mit den Pastorentöchtern lustig, schwatzten, lachten und musizierten. Der Pastor ging mit dem Landmanne in den Krug. Gegen 10 Uhr abends wurde wieder vorgespannt, und der Landmann wählte von der Pastorei aus einen anderen Weg, als auf dem er gekommen war, der aber bald wieder mit diesem, der eigentlichen Landstraße, zusammenläuft. Kaum ist er auf dem neuen Wege eine Strecke gefahren, so fangen die Pferde an zu stutzen und wollen nicht aus der Stelle, sonst fromme Pferde. Der Kutscher steigt ab, faßt die Pferde am Zügel und bringt so das Fahrzeug ein paar Schritte weiter; wenn er sich aber aufsetzt, gehts mit den Pferden wieder nach der alten Weise. Krugleute kommen dazu und helfen; die Pferde sind aber kaum aus der Stelle zu bringen. Als sie endlich mit Mühe und Not die eigentliche Landstraße erreichen, geht es mit einem Male flott weiter, und bald sind sie zu Hause; doch ist es 2 Uhr geworden über eine Entfernung, die ein Fußgänger in einer Stunde zurücklegt. – Einige Zeit darauf verunglückten sieben Schiffer im Horumersiel, die in einer Jölle auf der Jade fuhren und mit ihrem Fahrzeug umschlugen. Die am Minser Deich angetriebenen Leichen wurden alle an einem Tage begraben, und die sieben Wagen mit den Leichen fuhren auf demselben Wege in das Dorf ein, auf welchem der Landmann kurz vorher das nächtliche Abenteuer mit den Pferden gehabt hatte; und man konnte sich das Abenteuer nunmehr leicht erklären; die Pferde hatten den Leichenzug gesehen. (8)

Das Ticken im Schrank

In einem Bauernhaus bei Arle steht noch heute [1968] ein altes Schränkchen auf dem Boden, das vor etwa 150 Jahren in der Küche an der Wand hing. Davon erzählt man sich in der Familie: An dem Tage, als ein Sohn des Hauses in den Krieg gegen Napoleon ziehen mußte, saß die Familie still und bedrückt beim Abendessen. Da hörte die Mutter ein Ticken in dem Wandschrank, und sie fragte ihren Mann: »Hest du dien Uhr in 't Schappke leggt?« Er schüttelte den Kopf. »Wat tickt dar dann in?« – »Dat weet ik nich«, sagte er, »ik hör dat ok.« Und er öffnete den Schrank, fand aber nichts. Da schloß er ihn wieder ab. Doch es tickte weiter, alle hörten es, und es blieb so bei Tag und Nacht, und sie gewöhnten sich daran. Nach langer Zeit, als die Familie wieder um den Tisch versammelt war, hörte plötzlich das Ticken auf. Und es war unheimlich still. Da sagte der Vater mit schwerer Stimme: »Nu is Peter fallen.« Viel später erst kam die Todesnachricht: Der Sohn war gefallen an dem Tag, als das Ticken im Schrank verstummte. (9)

Die Sylvesternacht

Ein Küster ging einmal in der Sylvesternacht zum Turm, um das neue Jahr einzuläuten. Er mußte durch die Kirche, und wie er auf dem Rückwege wieder durch die Kirche kam, sah er eine Anzahl bekannter Personen in den Stühlen sitzen. Er eilte zum Prediger, und dieser kam sofort mit. Beide sahen nun in der Kirche die Leute sitzen, konnten aber wohl bemerken, daß es nur eine Erscheinung, keine Wirklichkeit war, was sie sahen. Um 1 Uhr war alles verschwunden. Im Laufe des Jahres fiel beiden auf, daß alle Sterbefälle, die vorkamen, solche Personen trafen, die sie in der Kirche gesehen hatten, und als das Jahr um war, waren auch alle jene Leute tot. Sie gingen in der nächsten Neujahrsnacht abermals in die Kirche, und die Erscheinung wiederholte sich und kam im Laufe des Jahres wieder genau aus. So haben sie noch mehrere Jahre die Erscheinung gesehen und immer wieder vorhergewußt, wer in der Gemeinde das nächste Jahr sterben müsse. Endlich sahen sie sich in einer Nacht beide selbst in der Kirche sitzen und sind auch beide in demselben Jahre gestorben. (10)

Das Traumgesicht

Ein merkwürdiges Traumgesicht soll ein Helgoländer Mädchen gehabt haben, das an einem Tage drei seiner Brüder auf See verlor. Das Mädchen träumte einst, es säße bei einer häuslichen Arbeit und schnitte sich aus Ungeschicklichkeit drei Finger ab. Wenige Tage später – am 5. Dezember 1817 – fuhren drei Bruder des Mädchens bei stillem Wetter mit einer Jolle nach der Elbe. Sie gelangten auch glücklich an ihr Ziel. Auf der Rückreise aber erhob sich ein furchtbarer Sturm. Die Jolle schlug um und – schon im Angesicht der Heimatinsel – ertranken die drei. Ihre Leichen wurden nicht wiedergefunden. Das unglückliche Mädchen, das seine Brüder zärtlich geliebt hatte und außerdem durch eine stille unerwiderte Liebe trübe gestimmt war, wurde nachdenklich, kopfhängerisch und zuletzt völlig wahnsinnig. (11)

Unglück vorher verkündigt

Es war einmal ein Wangerooger Schiffer, der wollte im Frühjahr zum erstenmal wieder auf Schillfang ausfahren. Als er, den Sack mit seinen Sachen auf dem Rücken, zum Strand hinunterging, kam ihm eine Frau entgegen. Weil das Unglück bedeutet, so kehrte der Schiffer wieder um und wartete bis zum nächsten Tag. Aber auch am nächsten Tag begegnete ihm wieder eine Frau, und er zog es deshalb vor, die Ausreise nochmals um einen Tag zu verschieben. Am dritten Tag beschloß der Schiffer, hinter den Dünen und Gärten herum nach seinem Schiff zu gehen. Er meinte zu seiner Frau: »Zweimal ist mir schon morgens vor der Ausfahrt eine Frau begegnet. Diesmal soll es nicht noch einmal geschehen. Aber mir ist doch bange, daß mir auf dieser Reise ein Unglück wiederfährt. Denn vor drei Nächten habe ich auch geträumt, daß ich ins Wasser gefallen bin und daß mich die Krebse verzehrten. Ich werde wohl nicht wiederkommen!« – »Das ist ein schlechter Trost, den du für mich hast!« meinte die Frau. Damit ging der Mann hinunter, um mit seinen zwei Gefährten zum Schillfang auszufahren. Acht Tage nachher verlor der Schiffer sein Schiff. Um ihr Leben zu retten, ging die Besatzung in eine Jolle. Die anderen beiden retteten sich auch an Land, aber der Schiffer wurde aus der Jolle geschlagen und ertrank. (12)

Das Licht bei der Niebüller Brandkuhle

Wo jetzt das neue Katastergebäude in Niebüll steht, war früher eine sogenannte Brandkuhle. Als ich etwa zehn Jahre alt war, erzählte man sich, es bewege sich manchmal ein Licht von der Knechtekammer der Gastwirtschaft, wo jetzt das ›Friesische Haus‹ steht, den der Wirtschaft gegenüber nach Westen führenden Fangweg hinunter auf die Brandkuhle zu und verweile eine Zeitlang auf deren Mitte und erlösche dann. Ich erinnere sehr gut, daß sehr viele Leute behaupteten, sie hätten das Licht gesehen und ich habe diese Leute sagen hören: »Da wird etwas passieren«. Und es geschah folgendes: Ein Dienstmädchen hatte ein Verhältnis mit dem Dienstknecht der genannten Wirtschaft, das nicht ohne Folgen geblieben war. Eines Abends sucht sie den Knecht in der Knechtekammer auf, teilt ihm ihren Zustand mit, und als er ihr sagt, daß er sie nicht heiraten will, geht sie denselben Weg, den das Licht sich bewegt hatte und ertränkt sich in der Brandkuhle. Nach diesem Vorfall wurde das Licht angeblich nicht wieder gesehen. (13)

Eine blutige Frauensperson

Im Jahre 1842 wurde bei Strücklingen ein Mädchen von ihrem Liebhaber ermordet und der Täter später in Friesoythe hingerichtet. Es war die letzte öffentliche Hinrichtung hierzulande. Am Abend des Mordtages kam der Pastor von Strücklingen von einem Besuche in Ramsloh zurück. Am Kolkweg sieht er plötzlich eine blutige Frauensperson vor sich mit einem Kinde auf dem Arm. Als er sich von seinem Schrecken erholt hat, ist die Erscheinung verschwunden. Zur selben Stunde war das unglückliche Mädchen (das hochschwanger war) von ihrem Verführer auf dem Kreienkamp ermordet worden. (14)

Drei Tropfen Blut

M.B. und seine beiden Söhne segelten mit Saat von Amrum aus nach Holland. Der jüngste Sohn hatte gar keine Lust zu dieser Reise. Er flehte seine Mutter an: »O Mutter, laß mich doch zu Hause bleiben, ich mag nicht mit.« – »Ich kann ja nichts dazu tun, sprach die Mutter, »der Vater will es.« Der Sohn also mußte mit. Als er auf dem Wege nach dem Hafen über den Steindamm in Bosk ging, sagte er zu seiner Mutter und den andern, welche ihn begleiteten: »Gedenket meiner, wenn ihr über diese Steine gehet.« Noch dieselbe Nacht verunglückten sie. M.B.s Schwester K.Sk. wohnte bei ihrem Bruder im Hause. Sie hatte die Nacht ihren weißen Brustlappen vor dem Bett liegen, und am Morgen fand sie drei Tropfen Bluts darauf. Da fühlte sie, daß die Ihrigen im Wasser umgekommen, denn aus den Tropfen Bluts war zu schließen, daß sie die Nacht bei ihr gewesen. (15)

Er sagte nichts

Eine Schifferfrau in Hooksiel erzählt: »Mein Mann war mit seinem Schiffe abwesend, und da wir lange keine Nachricht von ihm bekommen hatten, wurden wir schon ängstlich. Eines Abends lag ich mit meinem Kinde in der Stube im Bette, als die Tür aufging und jemand hereintrat. Der Mond schien hell, und so konnte ich deutlich meinen Mann erkennen. Er hatte eine schwarze Hose und eine blaue Jacke an und ein schwarzseidenes Tuch mit einer doppelten Schleife um den Hals. Er sagte nichts, sondern zog seine Jacke aus, schlug, wie er zu tun pflegte, die weiten weißen Hemdärmel auf und strich sich das Haar weg. Jetzt setzte er den Hut auf den Tisch und kam zum Bette. Ich schrie laut auf und die Erscheinung verschwand. Wie mein Mann später von der Reise heimkam, erfuhr ich, daß in jener Nacht er sein Schiff verloren und nur mit Mühe sein Leben gerettet hatte.« (16)

Zwölf Männer und ein Hund

Einmal war bei der Insel Helgoland ein Schiff gestrandet, das wieder flottgemacht und nach Bremerhaven gebracht werden sollte. Da wollten die Leute auf dem Lande zwölf spukhafte Männer mit einem Hund gesehen haben. Infolgedessen hielt es schwer, die nötige Besatzung für das Schiff zusammenzubringen, denn man sah die Erscheinung allgemein als böses Vorzeichen an. Schließlich fand sich aber doch eine Anzahl Männer zu der Arbeit bereit. Es war gerade ein Dutzend. Diesen Männern gelang es auch, das Schiff flottzumachen. Aber kurz darauf ging das Wrack vor der Insel vollständig unter. Menschenleben waren zwar nicht zu beklagen, aber als die Leute das Schiff verließen, sprang hinter einem von ihnen ein Hund von Bord. Sein Herr hatte ihn heimlich mit an Bord genommen. So erfüllte sich der Spuk bis ins kleinste. (17)

Das Sargholz

Ein Wangerooger, Onne Janssen Wilts, hatte im Anbau seines Hauses seit längerer Zeit einen Stapel trockenes Holz liegen. Da fuhr eines Nachts seine Frau plötzlich aus dem Schlafe hoch und weckte ihren Mann. »Hörst du das Poltern draußen?« fragte sie. »Sieh doch nach; ich glaube, da ist jemand bei unserem Holz!« Aber der Mann hörte nichts von dem Poltern und gab seiner Frau zurück, daß es auf Wangerooge keine Diebe gäbe und sonst ja niemand bei dem Holz etwas zu suchen hätte. Er sah denn auch erst am nächsten Morgen nach dem Holz und fand es unberührt. Kaum aber saß er beim Morgenkaffee, da erschien der einzige Zimmermann der Insel, der auch die Tischlerarbeiten machte, und sagte: »Onne, du hast ja noch Holz im Stall. – Mein Nachbar ist vergangene Nacht gestorben. Nun soll ich für ihn einen Sarg machen, hab' aber kein trockenes Holz mehr. Kannst du mir von dem Holz abgeben?« Wilts erklärte sich gern bereit, und der Zimmermann suchte sich einige passende Stücke aus. Dabei kam das Holz ins Rutschen, und nun hörte die Frau des Wilts noch einmal das Poltern, von dem sie in der Nacht aufgeweckt war. (18)

Der Schatten der Mühlenflügel

Eine Frau auf dem Fehn [Spetzerfehn] schaute in einer mondhellen Nacht aus dem Fenster. Da sah sie, wie sich auf einem Grundstück an der Nordseite des Kanals Mühlenflügel drehten, und doch stand nirgends im Ort eine Mühle. Der Müller des benachbarten Dorfes hörte davon, und weil er wußte, daß die Frau das zweite Gesicht hatte, kaufte er das betreffende Stück Land, um damit zu verhüten, daß ihm dort ein anderer ins Gehege käme. Viel später jedoch kam ein Müller und baute eine Mühle, aber an der Südseite des Kanals. So erfüllte sich die Vorausschau, denn der Mond hatte damals im Süden gestanden, und die Frau hatte den Schatten der Mühlenflügel gesehen. (19)

Eine Kette von Lichtern

Lange ehe die Kleinbahn nach Dagebüll ausgebaut wurde, hat jemand in Deezbüll ›gesehen‹, wie eine Kette von Lichtern vorüberfuhr. Der Betreffende konnte sich die Erscheinung nicht erklären und starb vor dem Bahnbau. Auch die Signal-Lichter des Lindholmer Bahnhofs sind von Deezbüll aus vorher gesehen. (20)

Das brennende Schiff

Auf einer Werft in Großefehn wurde einst ein Schiff gebaut. In einer Nacht wurde der Werftbesitzer von einer unerklärlichen Unruhe getrieben, so daß er nicht schlafen konnte. Er stand schließlich auf und ging nach der Helling. Schon von weitem sah er, wie Flammen aus dem Neubau hochschossen. Er lief, so schnell er konnte, doch je näher er kam, desto kleiner wurde das Feuer, und als er anlangte, war es ganz verschwunden. Er spürte auch keinen Brandgeruch, und so sehr er suchte, er konnte keinen Funken entdecken. Da ging er kopfschüttelnd nach Hause. Als aber das Schiff später auf See war, geriet es in Brand, und die ganze Besatzung kam ums Leben. (21)

Brand bei Langstoft

Östlich der Hofstelle des Nis Richard Nissen in Langstoft (bei Niebüll) lag vor etwa 120 Jahren [so 1932] ein Haus, das von vielen Leuten brennend gesehen worden war. Es war das östlichste Haus der Ortschaft, das nach einer alten Prophezeiung in Flammen aufgehen sollte. Allsonntäglich soll der Pastor Gott gebeten haben, das Haus vor Feuersgefahr zu behüten. Das Haus ist nicht abgebrannt, sondern wegen Baufälligkeit abgebrochen worden. Jetzt war der Hof des Nis Richard Nissen das östlichste Haus der Ortschaft. Dasselbe brannte nieder am 30. August 1872. Zehn Minuten südlich von Langstoft liegt die Ortschaft Süderende. Der zehnjährige Knabe einer hier wohnenden Familie ist mehrere Male, aber an zeitlich weit auseinanderliegenden Tagen in die Wohnstube gerannt gekommen und hat gerufen: »Nis Richards Haus brennt.« Wenn die Bewohner des Hauses hinausgingen, um nachzusehen, sahen sie das Haus unversehrt dastehen. Auch der Knabe sah dann keine Flammen mehr. Die Prophezeihung, daß das östlichste Haus der Ortschaft abbrennen würde, hatte sich erfüllt. (22)

Die Weihnachtsflut von 1717

Die verheerende Christ-Flut von 1717 ist von einem Manne, Hinrich Peters genannt, vorhergesagt worden. – Dieser wohnte in der Dornumer Grode als Heuermann auf einem Platz, so Seiner Exellenz dem Herrn von Dornum zuständig. Derselbe hatte schon an die vier Jahre zuvor gesagt, daß eine gar große Wasserflut kommen würde. Als nun Anno 1715 den dritten März die Fastnachts-Flut hereinbrach, die eine gewaltige Überströmung mit sich führte, und man seine Weissagung darauf deuten wollte, hat er beständig ausgesagt, diese wäre noch die rechte nicht, sie müßte noch viel höher kommen, hat auch ein Wahrzeichen dabei gegeben, nämlich daß ein großes Gaffelschiff sein Haus vorbei segeln müßte, welches er noch in dem vorigen 1716ten Jahr, da gegen den Advent die Deiche durchbrachen, wiederholt hat.

Verständige Leute hielten es für ein Fabelwerk und erdichtetes

Wesen, insonderheit weil der Mann noch jung und zum Trunk geneigt war. Andere trieben ihr Gespött damit, weil sie nicht begreifen könnten, wie es zugehen sollte, daß dergleichen Art Schiffe vom Dornumer Siel, gegen welches er überwohnte, herüber kommen sollten, da doch solche allhier wieder aus- noch anfahren. Wiederum andere wurden durch seine Reden in Furcht und Schrecken gesetzt. Daher nahmen die Prediger zu Dornum Anlaß, nicht nur ihn zu ermahnen, von solchen Prophezeiungen abzusehen, sondern auch die Gemeinde zu warnen, daß sie auf dergleichen Sachen nicht bauen, sondern vielmehr Gott bitten sollten, daß er alles Unglück vom Lande abwenden wolle. Es kam auch so weit, daß dieser Hinrich gerichtlich befragt ward: da er dann ausgesagt, daß er eben nicht von denen wäre, die (wie man hier zu Lande redet) Quaat sehen könnten; dies aber hatte er, als er einsten des Abends nach seinem Viehe auf dem Lande sehen wollen, wirklich gesehen, daß das ganze Land voll Wasser, und daß auf seinem Misthaufen ein großes Gaffelschiff gehalten, welches hernach mit vollen Segeln ins Land hineingefahren.

So wie er den ganzen Handel beschrieben, hat sichs hernach in der Christ-Flut ausgewiesen. Ja noch ungefähr acht Tage vorher, ehe diese Überströmung geschehen, soll er zu seinem Knechte, mit welchem er vom Felde nach Hause gegangen, gesagt haben, die Gang würde ihm so sauer, weil er bis am Halse im Wasser ginge.

Man hat von diesem Manne ausgestreut und in öffentlichen Zeitungen gesetzt, daß er drei Tage vor der Flut sich mit seinen Sachen salviert, auch andere ermahnt hätte, ihm zu folgen, man hätte ihn aber verlacht. Dieses aber ist eine grobe Unwahrheit, zudem er einer mit von denen ersten gewesen, so an seinem Ort in Wassersnot geraten, und alles, was er in Vermögen gehabt, verloren hat, ohne ein einziges Pferd, welches sich mit Schwimmen gerettet hat. Ja, er selber hat nachmals gesagt, er hätte nicht gemeint, daß es so bald kommen würde, sonst hätte er das Seinige in Sicherheit bringen wollen. Man hat auch von ihm ausgestreut, daß er noch von einer größern Flut geweissaget, die drei Dachpfannen höher sein würde, und hierüber von dem Amtmann zu Dornum Herrn Doctor Eyles befragt worden, hat er zur Antwort gegeben, dies würde ihm angedichtet, er hätte nichts weiter gesehen.

Die Weihnachtsflut von 1717 (gleichzeitiger Kupferstich)

Her Jansen, Prediger zu Neuende in Jeverland, führt bei Gelegenheit dieser Historie noch andere Exempla an, nämlich 1. von einem Mennoniten in Neustadtgödens, welcher einige Zeit vor der Flut zur Abendzeit, da er nach Hause gehen will, sich befindet, als wenn er durch lauter Wasser gehen müsse, so daß die Wellen um ihn her schlagen, und deucht ihn auch, als wenn die ganze Neustadt unter Wasser stehe, nur allein das Wagehaus ausgenommen. Er hat solches sofort erzählt, und hat sich's nachmals auch also befunden. 2. Von einem Hausmann auf dem Blexer Sande im Butjadingerland, Cornelius Meiners genannt, welchem in der Christnacht geträumt, er wäre mit seiner Frauen und allen Kindern im Himmel, nur zwei davon hätte er nicht gesehen, die er auch genannt. Die Deutung ist gar geschwinde erfüllt, indem er mit den seinigen in der Flut umgekommen, ausgenommen ein Sohn und eine Dochter, die sich, ein jedweder für sich auf ein Stück Strohdachs begeben, und dortmit fortgeschwommen und endlich im Stift Bremen angekommen, da sie einander unvermutet wieder angetroffen. 3. Von einer Frauen zu Delfsiel, so diese Flut vorher angezeigt, aber ihrer Meinung nach aus Konjunktion der Planeten. [Siehe auch Nr. 149.] (23)

Das Bluteis im Auricher Stadtgraben

Im Jahre 1641 wurden die Auricher in großen Schrecken versetzt, denn in dem Eise ihres Stadtgrabens sah man an mehreren Stellen rote Streifen, die wie Blut aussahen und, so wird uns berichtet, wie Veilchen rochen. Die Naturkundigen deuteten später die Erscheinung auf eine Moosart oder auch auf Insektenausscheidungen. Aber zunächst befürchtete man, ein Zeichen göttlichen Zornes darin erblicken zu müssen, und deshalb verordnete Graf Ulrich [II., 1605-1648], daß am ersten Tage jedes Monats Bettage gehalten und täglich zweimal die Betglocke gezogen werden sollte, daß jedermann Gott um Gnade anrufen möchte und Abwendung aller wohlverdienten Strafen. – Das alles war längst vergessen, wenn nicht etwa die Betglocke daran erinnerte, die noch immer zweimal täglich ertönte, als sich im Jahre 1812, in der Franzosenzeit, das-

Aurich 1653 (Kupferstich von M. Merian)

selbe Vorkommnis wiederholte. Auch diesmal wurden Furcht und Aberglaube in ängstlichen Gemütern erweckt, und Tag für Tag kamen Neugierige, das Bluteis zu betrachten. Einmal stand auch der französische Präfekt auf der Schloßbrücke und wandte sich an einen neben ihm stehenden Bauern: »Was meint Ihr, Alter, was soll das Bluteis bedeuten?« – »Franzosenblut, gnädiger Herr, nichts anderes als Franzosenblut«, entgegnete dieser. Da wandte sich der Präfekt betreten ab, denn es war gerade die Niederlage der Großen Armee in Rußland bekannt geworden. (24)

Jever brennt

In der Nähe von Hooksiel liegen zwei Landgüter, die den Namen Maihausen führen. Auf einem dieser Güter wohnte vor einer Reihe von Jahren Hillern Töllner, ein langer hagerer Mann, von trockenem langsamen Wesen, aber verstandig und voll Mutes. An einem Juliabend wollte Hillern Töllner mit seinem Knechte fort, um auf zwei Wagen Torf aus dem Moore zu holen und schickte etwa bei 11 Uhr den Knecht fort, um die Pferde herbeizubringen. Da der Knecht lange ausblieb, ging der Herr aus der Scheune auf den großen Düngerhaufen, um sich nach dem Knechte umzusehen. Der Himmel war heiter und die Nacht durch den klaren Mondschein

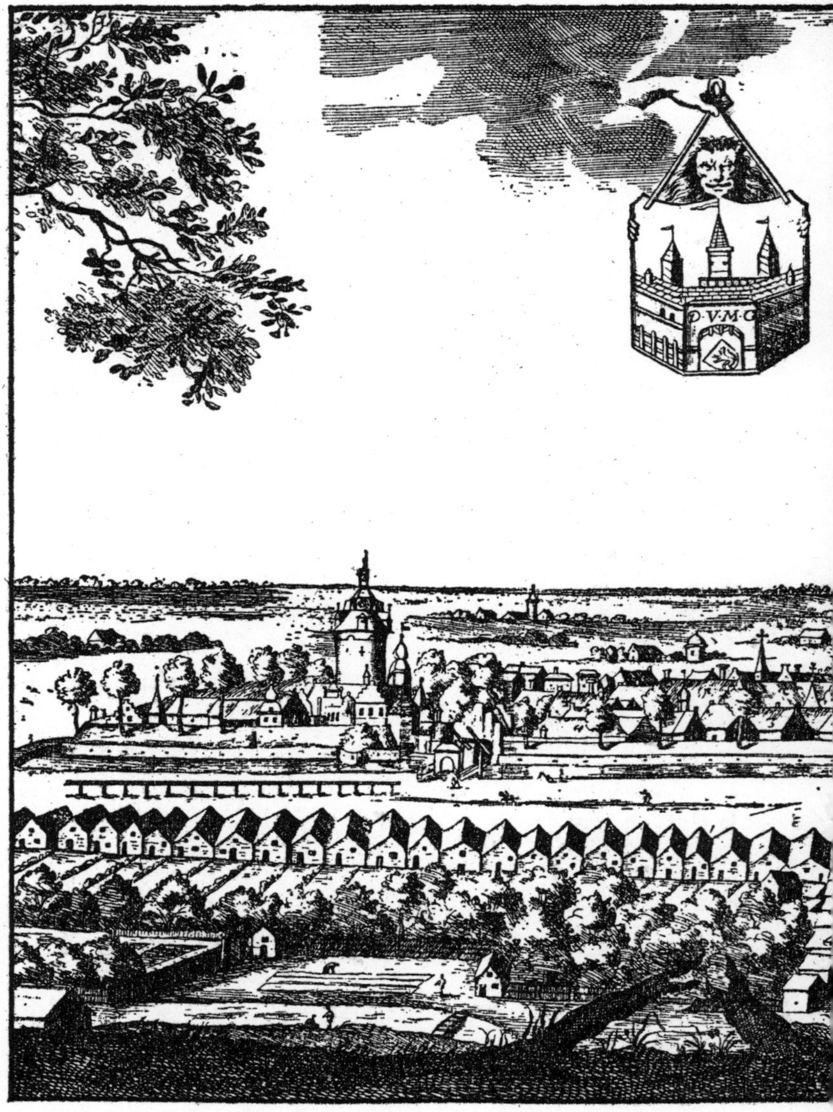

Jever 1721 (Kupferstich aus J. J. Winkelmann, Oldenburgische Chronik)

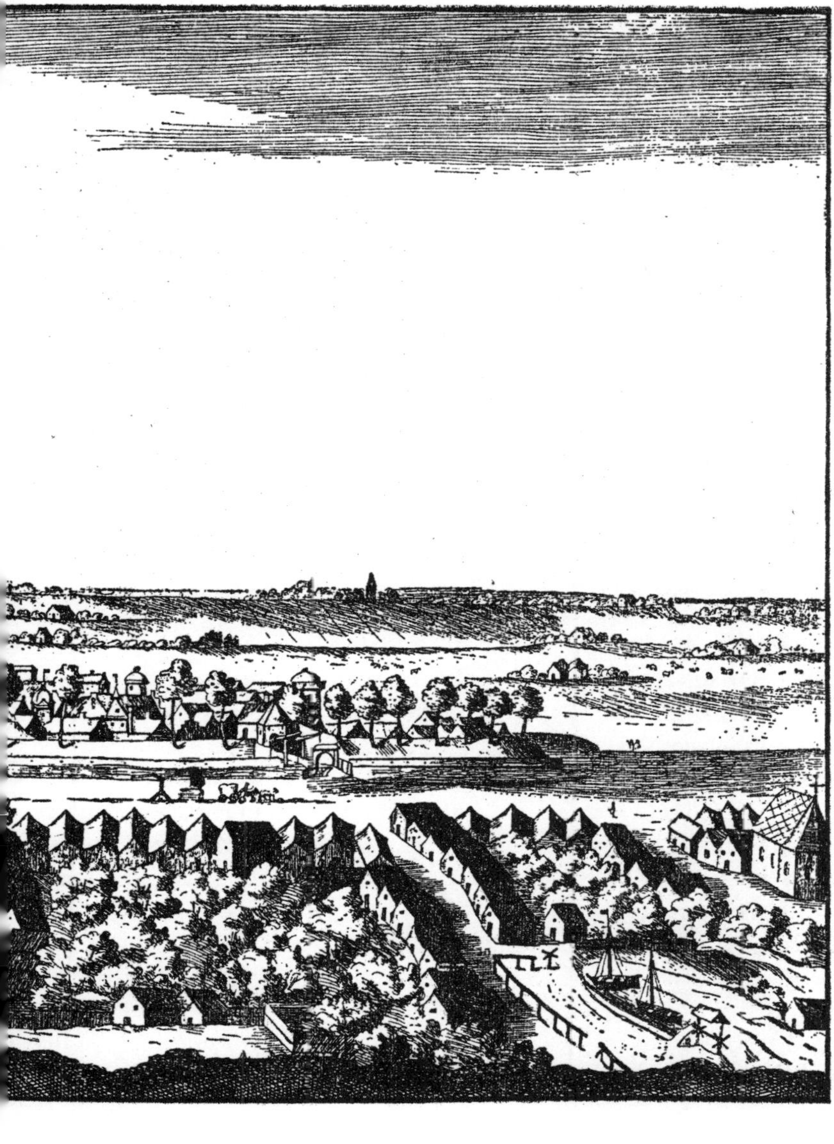

fast taghell. Als der Bauer sich umschaut, erblickt er auf dem Ovelgönner Weg nach Osten ein Blinken und Blitzen, kann aber nichts Näheres entdecken. Inzwischen kam der Knecht mit seinen Pferden; er hatte das Blinken auch gesehen und sich darüber verspätet; er sagte, es komme eine Menge Soldaten den Weg herunter. Die beiden brachten die Pferde in den Stall und gingen dann wieder hinaus. Nun konnten sie russische Soldaten erkennen, die Gewehre blitzten im Mondenschein, daß es zwar grausig, aber schön anzusehen war. Da der Zug den Maihauser Weg hinunterbog, den sie zum Torfholen auch fahren mußten, gab der Bauer die Torfreise auf, ließ sich aber schleunigst ein Pferd satteln, um hinter dem Zuge her zu reiten. So große Eile hätte er übrigens nicht zu haben brauchen, denn der Zug nahm noch immer kein Ende, als das Pferd schon lange bereit stand. Endlich wars vorbei, und Hillern Töllner bestieg sein Pferd und ritt dem Zuge nach. Als er auf den Hauptweg kam, den die Soldaten zogen, wunderte er sich nicht wenig, daß er denselben mit Backsteinen belegt fand. Er ritt immer den Truppen nach, immer auf dem schönsten Steinpflaster. So kam er endlich mit dem Heere in die Stadt Jever, wo er sich aber nicht zurecht finden konnte. Als er zuletzt beim alten Markt dicht beim Schlosse ankam, waren alle Soldaten verschwunden, und er blieb ganz allein. Mit großer Mühe fand er sich wieder aus Jever, mußte aber auf ungepflastertem Wege wieder zurückreiten. Als die Sonne aufging, zog er sein Pferd wieder in den Stall.

Dies ist geschehen, als der Amtmann Minsen in Hooksiel stand, der 1823 oder 1824 gestorben ist. Man wußte damals noch nichts von Backsteinstraßen, aber jetzt führen Klinkerchausseen kreuz und quer durchs Land.

Im demselben Monat Juli, als Hillern Töllner zu Maihausen die Russen nach Jever geleitete, machte auch der Feldhüter Ahrend zu Oldorf sich mit seinem elfjährigen Sohne auf den Weg, um Torf zu holen. Als sie abends 11 Uhr beim Oldorfer Baum waren, sah Ahrend, obgleich heller Mondschein war, glühende Kugeln von der Westseite nach Jever hineinfliegen. Ahrend beobachtete dies längere Zeit, schwieg aber, um seinen Sohn nicht furchtsam zu machen. Endlich aber ward's ihm aber doch zu bunt, und er fragte: »Siehst du wohl?« Der Junge erwiderte: »Vater, siehst du das jetzt erst? Ich habe die schönen Kugeln schon lange gesehen.« Je näher Ahrend mit seinem Sohne Jever kam, desto mehr Kugeln sahen sie. Als sie endlich in Jever anlangten, brannte die ganze Stadt. Sie fuhren durch die brennenden Straßen und kamen nach Sibetshaus, wo sie einkehrten und sich eine Tasse Tee geben ließen. Kaum saßen sie, so kam noch ein anderer Torffahrer, ließ sich eine Tasse Tee geben und erzählte auch, wie Jever brenne. Die brennende Scheldegerstenmühle, sagte er, sei zusammengestürzt und die Flügel dicht hinter seinem Wagen niedergefallen. Als sie noch darüber sprachen, trat ein Knecht aus Kniephausen in die Stube. Er war kreideweiß und über und über mit Schweiß bedeckt und erzählte dasselbe, was die beiden anderen auch gesehen hatten.

Ahrend hat diese ganze Sache dem Amtmann Minsen zu Hooksiel erzählt und sich auch erboten, seine Aussage mit einem Eide zu bekräftigen. (25)

Die Kanonen von Drelsdorf

Um 1862 hausierte in unserer Gegend der alte Peter Jensen mit dem Mostrichtopf (Musterputt). Seine kleine Landwirtschaft auf Drelsdorf Norderfeld hatte er seinem Schwiegersohn Carsten Volquardsen übergeben. Peter Jensen war ein ruhiger ordentlicher Mann, der nicht viel Worte machte. Eines Tages kam nun die Kunde, Peter habe auf dem Drelsdorfer Pastorenacker, zwischen Pastorat und Kirche, eine Anzahl Kanonen aufgefahren gesehen. Wo Peter nun mit seinem Musterputt vorkam, mußte er von den Kanonen erzählen. So auch in meinem Vaterhause. »Aber Peter«, sagte meine Mutter, »wenn die Kanonen an der Kirche auffahren, dann müssen sie wenigstens unsern Roggen auf Scheerkwung in Frieden lassen!« – »Du glaubst mir nicht, Maria«, sagte Peter. »Ich weiß, was ich gesehen habe. Die Kanonen werden sicher kommen, auch wenn jetzt kein Krieg in Aussicht steht. Zu der Zeit werden viele Männer in grauen Mänteln herumlaufen und mancher wird wünschen, die Kerls wieder los zu sein.«

Als Friedrich VII. [von Dänemark, 1808-1863] starb und die schleswig-holsteinische Frage aufgerollt wurde, war Peter Jensen nicht mehr unter den Lebenden. Preußen und Österreich waren in Schleswig-Holstein eingerückt. Die erste Einquartierung in Drelsdorf waren Preußen, die vom Düppelsturm herkamen und dann noch wieder nach Norden zogen, um Alsen zu erobern. Bei Düppel hatte das Regiment (das 7. Brandenburgische Infanterie-Regiment Nr. 60) viele Leute verloren; beim Alsensundübergang war es in Reserve gewesen und ohne Verluste geblieben. Nachher kamen die Österreicher, zuerst böhmische Artillerie, die ihre Geschütze da auffuhr, wo Peter Jensen sie ›gesehen‹ hatte, auf den damals noch uneingefriedigten Pastoratäckern. Dann kamen mehrfach Einquartierungen ungarischer Infanterie. Sie hielten durchweg gute Mannszucht; aber sie waren auch mit großem Appetit begabt und manche Hausfrau wünschte sie bald wieder weg. Die Soldaten gingen außer Dienst stets mit umgehängtem grauen Mantel, wie Peter Jensen sie voraus ›gesehen‹. Wir Knaben sahen sie ungern scheiden; sie waren gute Kameraden. Ich kann mir viele Österreicher noch gut vorstellen. (26)

Der Landbriefträger

In dem ostfriesischen Flecken Detern lebt [so 1918] ein hochbetagter pensionierter Landbriefträger, der im ganzen Orte beliebt und geachtet ist. In früheren Jahren litt der Mann an einem eigenartigen Übel. Von Zeit zu Zeit zwang ihn eine furchtbare Unruhe, nachts aufzustehen und in den Straßen umherzuirren. Alle Bemühungen seiner Angehörigen, ihn zurückzuhalten, waren vergebens; schweißbedeckt riß er sich immer los und wanderte stundenlang ziel- und planlos umher.

Auf diesen nächtlichen Wanderungen sah er nach seiner Meinung wenigstens bei vollem Bewußtsein eigentümliche Dinge. Bald begegnete er einem Leichenzuge oder erblickte eine Feuerbrunst, oder gar durchziehende und kämpfende Truppenmassen. Viel von dem, was er so zu sehen vermeinte, waren natürlich Gebilde seiner wohl krankhaft erregten Phantasie, manches aber von dem, was er auf seinen nächtlichen Wanderungen erschaute, ging später tatsächlich in Erfüllung.

Im Sommer des Jahres 1864 hatte er wiederum in einer Nacht eine seiner Irrfahrten gemacht und kam am anderen Morgen zu dem alten Ortslehrer Rademacher und erzählte: »Herr Rademacher, vannacht hebb ik wat ganz wunnerbares sehn, magg ik hör dat vertellen?« – »Kunrad, Kunrad«, entgegnete ihm der Lehrer, »du sullst in de Nacht leever in 't Bedde blieven, man vertell mi dann man, wat du weer beleevt hest.« Nun berichtete Konrad: »Dor kwammen frömde Soldaten dör Detern, wassen gien van unse König sien, se dragen Uniforms, de kann ik nich. Vörup satt en Hogen up 'n Schimmel. Se stunnen in de Döre und harren all hör Medailjes vör de Bost. As de Hoge even an hör vorbie was, dreihde he sien Peerd um, gung up hör lös, truck sien Sabel un wull hör doodsteken, man off he 't daan hett, hebb ik nich sehen.« Der alte Lehrer lachte über den sonderbaren Bericht, vergaß ihn aber nicht. Und siehe! Was geschah? Drei Jahre später, im Sommer 1867, marschierten einige Kompagnien der 78er, die damals in Emden in Garnison lagen, durch Detern, um ins Manöver zu ziehen. Da dies vorher bekannt war, war natürlich alles gekommen, das Schauspiel anzusehen. – Der alte Kantor, der 1815 bei Ligny und Waterloo als preußischer Landwehrmann tapfer mitgefochten hatte, und immer ein echter Preuße gewesen war, stand natürlich auch in der Tür, um, mit all seinen kriegerischen Denkmünzen geschmückt, seine alten Kameraden einmal wieder begrüßen zu können. Der an der Spitze seiner Kompagnie auf einem Schimmel reitende Hauptmann sah den Alten nicht, wohl aber seine hinter ihm marschierenden Soldaten, die bald dem alten Kameraden zuriefen: »Hoch Veteran!« Als der Hauptmann diesen Ruf hörte, riß er schnell seinen Schimmel herum, eilte zu dem Alten, zog den Degen und salutierte dem glückstrahlenden alten Kameraden.

Noch jetzt leben in Detern ältere Personen, die den eigentümlichen Vorfall mit angesehen haben und die Wahrheit dieses Berichts bezeugen können. Auch Konrad war Zeuge der Begrüßung seines alten Lehrers gewesen und kam gleich nachher höchst erregt zu ihm und rief: »As ick hör dat vör drei Jahr all vörut vertellt hebb, da wullen se 't nich löven. Man, wat seggen se nu, Herr Kantor?« (27)

Weenen sall vergahn

Vor vielen hundert Jahren lag am Fuße des Sandrückens Jeltsgaste eine Stadt, Weenen genannt, mit einer Kirche und einer Burg. Die Einwohner daselbst führten ein sehr rohes und wüstes Leben, statt mit Sand bestreuten sie die Dielen ihrer Küchen mit Mehl, namentlich herrschte aber eine entsetzliche Unmäßigkeit im Trinken, infolge deren der einstige Wohlstand schnell dahinsank und den Leuten auf dieser abschüssigen Ebene schließlich nur noch der völlige Ruin bevorstand. Aber das alles brachte sie nicht zur Besinnung und Einkehr; je mehr der Wohlstand dahinschwand, um so toller trieben sie es, sollte dabei auch der letzte Stüber flöten gehen.

Da erschien eines Tages ein seltsamer, bis dahin ganz unbekannter Vogel ›Jütack‹ (oder nach anderen Berichten der Vogel ›Bülow‹), setzte sich auf einen Baum (nach anderen: auf das Kreuz auf dem Altar der Kirche) und verkündete den Einwohnern der Stadt:

»Weenen, Weenen sall vergahn,
sall gien söven Jahr mehr stahn.«

Darauf verschwand der Vogel. Die Prophezeiung blieb ohne Wirkung, die drohende Warnung wurde in den Wind geschlagen, und die Einwohner trieben das rohe, wüste Leben fortan nur noch ärger als zuvor. Jedoch nach Verlauf von reichlich sechs Jahren erschien der Vogel wieder und verkündete abermals den Untergang der Stadt, diesesmal aber mit den Worten:

»Weenen, Weenen sall vergahn,
sall gien söven Maand mehr stahn.«

Das angedrohte Gericht hatte so wenig Erfolg wie das erstemal; die Einwohner trieben vielmehr ihren Spott mit dem sonderbaren Ereignis und sprachen: »Kommt er je wieder, so drehen wir ihm den Hals um.« Die sieben Monate waren noch nicht einmal vorüber, da erschien der Vogel zum drittenmale und verkündete der Stadt:

»Weenen, Weenen sall vergahn,
sall gien söven Dage mehr stahn,
dann is Weenen undergahn.«

Damit verschwand er. Am siebten Tag brach das Unglück über Weenen herein, die Stadt bis auf einen Mann ging zugrunde; die Stelle aber, wo die Stadt einst stand, ist auf ewige Zeiten in einen abgrundtiefen Sumpf verwandelt worden; wer sie zu betreten wagt, sinkt hinein, immer tiefer und tiefer, und findet doch keinen Grund. Heute noch ist dieses schwammige und schwabbelige Terrain bekannt unter dem Namen Poel und Püttenbollen. – Jener Mann nun, der sich aus dem Untergang Weenens retten konnte, hieß Bon, und, dem Verderben noch zeitig entronnen, zog er nach Westen hin und gründete das nach ihm benannte Bonda (Bunde). Dort, in unwirtlicher Gegend, wo noch kein Mensch wohnte, schlug er seine Hütte auf und lebte vom Fischfang. Er wurde deshalb von den Leuten angrenzender Dörfer ›Hüitjer‹ genannt, und von ihm soll der Sage nach die Familie Hitjer abstammen. (28)

*

Weener verdankt – nach der Sage – dieser untergegangenen Stadt seinen Namen. Später, viel später – so erzählte man sich – sollen Leute auf den Meedelanden beim Graben nach weißem Streusand hie und da auf eine Turmspitze oder ein verwittertes Kirchendach gestoßen sein. Wer aber an einem schönen stillen Sommerabend an die sumpfigen mit Reet und Binsen überwachsenen Bruchwiesen herantritt und hinablauscht, dem kann es begegnen, daß er einen schwermütigen traurigen Klang heraufläuten hört. Es sind die Glocken im tiefen Grunde. Ähnlich heißt's von der im ›großen Meer‹ der Sage nach versunkenen Woldenkirche, ähnlich von Torum. (29)

Der friesischen Sibylle Hertje Prophezeiungen

Anno 1400 ist eine Frauensperson in der Wiedingharde gewesen, mit Namen Hertje, aus der Mutter Leib geschnitten. Etliche wollen sagen, sie sei in der Goßharde geboren, dann endlich zu Bredstedt hingerückt und allda gestorben. Nachfolgende Dinge hat sie geweissagt:

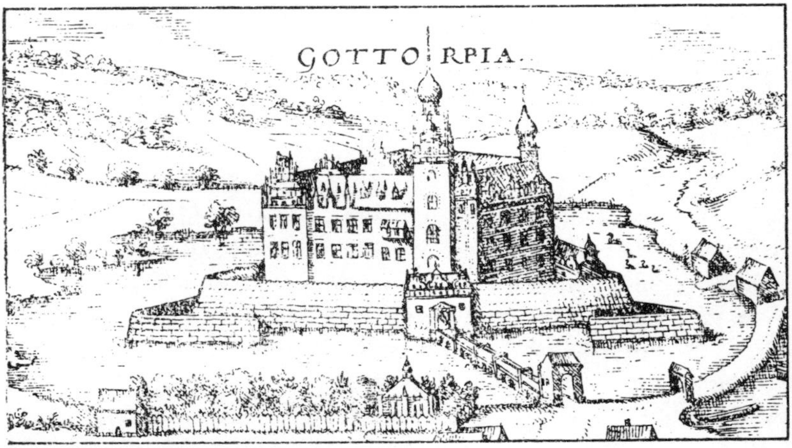

Schloß Gottorp um 1580 (Kupferstich aus Braun-Hogenberg)

»Es wird ein goldener Ring um Wiedingharde kommen, der wird keinen Bestand haben. Danach werden zwei Dämme geschlagen, der eine von Tondern, der andere von Ruttebüll nach Brunsot. Da wird man sieben Jahr an machen und es wird viel kosten, aber nicht lange bestehen. Nach der Zeit wird viel Schande und Laster ins Land kommen und keine Ehre mehr geachtet werden. Danach wird ein Deich aus der Goßharde ins Moor geschlagen! Und nach etlichen Jahren ein anderer Deich aus dem Moor in die Wiedingharde. Die werden beide bestehen! Wehe den Menschen, die dann leben, wenn die Leute vier Arme kriegen und zwei Paar Schuhe über die Füße tragen, und zwei Hüte auf dem Kopf haben, und wenn die Würmer aus den Kleidern kriechen! Wehe den Menschen, die dort leben, wenn die großen Pfenninge kommen, denn wenn die großen Pfenninge gekommen sind, so wird die große Not auch kommen. Wehe denen, die dann leben, wenn Geld von Geld geschlagen wird. Die Zeit wird kommen, daß wenn einer Geld am Abend aufnimmt, so soll er es am Morgen nicht wieder ausgeben können.

Die Zeit nahet, daß Blumen vor jedermanns Tür kommen werden. Die Zeit wird kommen, daß der Priester wird seine Platte bedecken und sagen, er sei kein Priester! Und der Ritter wird sein

Schwert vornehmen und seine Finger emporhalten, er sei kein Edelmann! Der Herr wird seine eigene Gemeinde entsagen. Die Zeit wird kommen, daß man die Menschen nicht wird bei ihren Namen nennen, sondern wie Tiere nennen wird. Es wird die Kuh den Bauern abgeschatzt werden, und wenn die Kuh weg ist, wird ihm selbst das Kalb verboten, und es wird kein Hirt sein, der es verteidigt.

Es wird ein Baum zu Neukirchen aus dem harten Stein wachsen, darauf wird ein schwarzer Vogel weiße Junge bekommen. Nach der Zeit wird ein großes Blutbad geschehen bei Flensburg in Harsledal, daß man bis über die Knöchel im Blut wird gehen!«

Item: »Neukirchen wird ein Fährhaus werden.«

Item: »Neukirchen wird mitten ins Land kommen.«

» Es werden Fremde ins Land kommen nach Wiedingharde, und die Männer dort ins Haff jagen; so werden sie nach den Häusern laufen, um sie zu plündern. Es wird ein alter Mann mit einer Glatze auf dem Kopf sagen: ›Es ist besser ehrlich zu fechten, als so schändlich zu ertrinken‹, und er wird rufen: ›Haltet an, wir wollen ehrlich gewinnen.‹ So werden die Wiedingharder wieder umkehren und schlagen alle, die zerstreut sind.

Die Zeit wird kommen, wenn der Bauer sein Vieh will einhegen, und sehen wird einen Mann in bunten Kleidern, so wird er von seinem Vieh zu seinem Nachbar laufen und rufen: ›Komm und hilf mir den Haremann totschlagen.‹ Ach, Wiedingharde wird noch vergehen vor Not. Wehe denen, die dann leben, wenn Winter und Sommer sich vereinen. Die Zeit wird kommen, daß ein wohlgekleideter Edelmann in einem grauen Rock zu Fuß zu einem Bauern beim Pfluge kommen wird und ihn bittet, er wolle mit ihm seinen Rock tauschen. Wenn die Berge niedergehen, und Unglücksstätten sich erheben, dann wird es schlecht in der Welt stehen.

Es werden auch Deezbüll und Risum vom salzen Wasser vergehen, und ein Priester wird das ganze Moor regieren. Wie Lindholm die erste Kirche ist gewesen, also wird sie auch die letzte bleiben. Es werden zuletzt alle diese Länder durch Wasser vergehen, und der Schiffer wird zu seinem Steuermann sagen: ›Hüte dich vor dem Holmer Sand!‹«

Friedeburg in Östringen (Kupferstich von Caspar Merian)

Hertje hat einmal einen hölzernen Becher voll Doppeltschillinge gehabt, denselben hat sie Agatha Godber Rissens Großmutter zum Aufbewahren gegeben. Als sie denselben wiederbekam, hat sie gesagt und abermal gesagt: »O Treue, ich weiß, daß du von diesem Gelde nicht mehr angerührt hast als diesen einzigen Pfennig, den du hast umgewendet.« Hertje ist einmal nach [Schloß] Gottorp befohlen, damit man ihre Wahrsagungen mal möchte versuchen. Als man sie hieß, sich zu setzen – es waren heimlich Eier unter die Kissen gelegt –, hat sie geantwortet, sie möchte nicht Eier ausbrüten. Hertje ist einmal von einem Totschläger gefragt worden, ob er seines Feindes Zorn und List entgehen könne. »Gehe ihm«, sagte sie, »unverzagt recht entgegen und sieh dich nicht um.« Und es ist geschehen, daß er also unverletzt ist davongekommen. (30)

Büksenspanner – eine in Harlingerland unter alten Briefschaften gefundene Prophezeiung

Die Dieler Schanze wird ruiniert werden, sodaß kein Stein auf dem andern bleibt, und man wird nicht sehen können, wo die Dieler Schanze gestanden hat. Dieses wird das Zeichen sein: Ein geringer Herr wird ein großes Ansehen bekommen, daß ihn Kaiser und Könige und andere Herren um Rat fragen und ihm Völker werden zuschicken müssen, soviel als er deren wird nötig haben.

Dieser Herr wird Ostfriesland großen Schaden zufügen. Das Haus Tiedofeld [bei Bargebur] wird von seinen eigenen Bewohnern in Brand geschossen werden, daß nicht ein Stein auf dem andern bleiben wird, daß man sagen wird: Da hat Tiedofeld gestanden. Nach Ostfriesland werden in einem Jahr dreierlei Völker kommen, wenn die eine Partei aus dem Lande zieht, werden die andern wieder herein kommen. Das Haus Friedeburg wird zu dreien Malen von diesen Völkern eingenommen werden ohne sonderliche Mühe und ohne Verlust. Es wird aber immer wieder an Ostfriesland zurückgegeben werden. Desgleichen soll das Haus Leerort wieder an die ostfriesischen Herren kommen, aber sehr wunderbar. Lütetsburg wird in Besitz eines andern Herrn kommen und von demselben regiert werden. Dadurch werden die Reformierten ihre Freiheit verlieren. Das Haus soll schön erbauet und in demselben die Messe gehalten werden, aber nicht lange darnach soll es mit Lütetsburg gehen wie mit Tiedofeld geschehen ist.

NB. Der goldene Ring, den die Herrschaft von Ostfriesland verloren hat, soll wiedergefunden werden und zwar in einem Maulwurfshaufen. Nun soll Ostfriesland wunderlich von einem N.N. regiert werden

Aus Süden werden deutsche und nichtdeutsche Völker nach Ostfriesland kommen, welche alle Städte (Aurich ausgenommen) belagern und teils einnehmen. Esens soll dann nicht eingenommen werden. Die Hausleute aber werden dadurch großen Schaden leiden. Wittmund wird auch manches leiden müssen. Diese Völker werden dann wieder aus dem Lande ziehen. Wenn auf dem Plytenberg [bei Leer] ein Zelt stehen wird und die Völker dabei gemustert werden, nicht lange darnach werden wieder Völker desselben Herrn nach Ostfriesland kommen, welche aber nicht lange dableiben. Die Hausleute werden viele Schatzungen geben müssen, sodaß sie sagen werden: »Wer sein Gut in Harlingerland hätte und nur nicht ein solcher Sklave wäre!« Die Ostfriesen werden ihre alte Gerechtigkeit wunderlich verlieren, so daß man fragen wird: »Wie sind die Herren des Ritterstandes, die Bürger und der Hausstand so verblendet gewesen, daß sie gehen und dem fremden Lande beistehen. – Bleibet hier!«

Es werden viele Völker an Aurich vorbei marschieren nach

Fahne und Westerende mit Standarten und Fähnlein und zu der Zeit wird eine große Hitze herrschen, sodaß die Soldaten ihre Kleider ausziehen und dieselben über ihre Gewehre hängen, und die Piken werden sie vor Hitze schleppen lassen, und diese Völker werden Emden gewinnen helfen. Und das wird das Zeichen sein, wenn auf der Neustadt in Aurich ein neues Haus gebaut wird, dann soll ein großes Geschütz an Aurich vorbeigebracht werden, davor werden 25 Pferde sein; dann wird es mit Emden nicht lange mehr dauern. Der Flecken Oldersum soll zuerst eingenommen werden, mit Randelen, Sturmpfählen und Palisaden wohl versehen. Einige dieser Heervölker werden anfangen, vor Norden auf der Hörst Schanzen aufzuwerfen, dieselben jedoch nicht fertig bringen.

Diese Völker werden vor dem Herrenhause zwei Schilderhäuser stehen haben und werden in dem Kamp vor dem Gasthaus gemustert werden; dann wird der Kornett mit zwei schwarzen Pferden hinter dem Volk fahren. Wenn die Musterung geschehen ist, so werden diese Völker nicht lange in Ostfriesland bleiben; darnach werden wieder von einem andern Herrn Kriegsvölker nach Norden kommen und werden eine Schanze bei der Osterpiepe anlegen und einen Balken aus dem Osterhause auf die Schanze bringen; dann wird der Feind zu Tausenden von der Kolkbrücke auf die Schanze einrücken, eine Wagenburg schlagen und so auf die Schanze schießen, daß die Völker, welche in der Schanze sind, Reißaus nehmen müssen; teilweise werden sie sich in Häuser und Gärten flüchten und verstecken, einige aber werden in einem Kohlgarten Stand halten. Ein Kornett wird in der Kirchstraße von seinem Fuchs herabgeschossen werden, sodaß er in einen Keller stürzt; dann wird ein Fähnrich ihn in einer Fahne bewickeln. Diese Völker werden kommen von der Kolkbrücke und vom Norddeich durch die breite Lohne.

Es wird eine solche Schlacht geschlagen werden, daß hinter dem Herrenhause so viel Tote liegen, daß man nicht hindurch kommen kann. Zu der Zeit wird ein Weber aus dem Fenster sehen und erschossen werden, und diese Völker werden einander verfolgen bis nach Osteel und werden sich dort lagern und vor Durst einen Brunnen leeren; hernach werden sie wieder nach Norden ziehen. Alsdann werden sie einen Mann bei dem Markt in einer neuen

Pforte hängen, auch mehrere vornehme Leute werden in ihren Türen gehängt. Nachdem dieses geschehen, werden sie Bürger und Hausleute zwingen, mit nach Emden zu gehen, dasselbe einzunehmen; das Norder Fähnlein aber wird das erste sein, das in Emden kommt. Zu der Zeit werden viele Leute zu Schiffe in das Esener Amt kommen und Esens wird ganz ausgeplündert werden. Die Messe wird in der Kirche gehalten werden, weshalb zu besorgen, Ostfriesland werde noch ganz katholisch werden. Auch ist zu besorgen, Dornum werde ganz ausgeplündert werden, von den Häusern wird kein Stein auf dem andern bleiben, ebenso wird es auch Grimersum und Rysum ergehen.

Wenn ein Komet im Nordwesten gesehen wird, alsdann werden die Plagen über Ostfriesland angehen und wenn die beiden Eschen bei dem Kirchhof in Norden abgehauen werden, alsdann wird Norden von Krieg zu sagen wissen. Die Ostfriesen werden ihre Gerechtsame und ihre alten Privilegien verlieren und werden solche nicht eher wieder erhalten, bis daß die Schlacht bei dem Rispel geschehen ist. Dann werden sie ihre Gerechtsame wieder erlangen. Wenn die schwarzen Trommeln in Ostfriesland kommen werden, dann wird alles verzehrt, so daß die Menschen vor Hunger und Kummer umkommen müssen. (31)

Egbert Nannengas Prophezeiung

Ich, Egbert Freerks Nannenga, christlichen reformierten Glaubens, wohne zu Esklum bei Leer, bin 60 Jahre alt, geboren zu Canum, unweit Emden, Sohn von Freerk Egberts und Sophie Nannenga, zur Zeit Landgebräucher in Canum, habe seit meinem 15ten Lebensjahre viele Offenbarungen gesehen, durch Gesichte von schweren und bejammernswerten Kriegsereignissen, welche in Ostfriesland geschehen sollen, und bis hiezu noch nicht erfüllt sind. Ich fühle mich gedrungen, dieselben schriftlich abzufassen, daß die Einwohner meines Vaterlandes, welche durch große Kriegsunruhen leiden müssen, Maßregeln treffen können, um ihr Habe und Gut in Sicherheit zu bringen.

Ich sah zuerst, als ich 15 Jahre alt war, und für meine Eltern nach

Larrelt auf eine Botschaft gesandt wurde, in dem Larrelter Kolk eine Masse Militär-Fußvolk, in roter Uniform, auf der Erde gelagert, und oben auf dem Deiche eine große Anzahl Kanonen und Kriegsmunition. Wie es mir vorkam, wollten die genannten Truppen Emden beschießen.

Ferner: Als ich 20 Jahre alt war, wohnten meine Eltern in Loppersum. Ich ging nach Emden, und sah bei hellem Tage in dem sogenannten Herrenland, gehörend den Erben des weiland Amtmann Wenkebach, zwischen Harsweg und Emden, eine große Masse Kriegsvolk, Infanterie und Kavallerie, etliche standen, etliche lagen auf der Erde. Die Uniform konnte ich nicht unterscheiden, sie führten aber sehr viel Geschütz und Bagage-Wagen mit sich. Dieselben Truppen habe ich zu einer andern Zeit in Emden in das Nordertor einziehen sehen, wo dieselben durch die Straße ›zwischen den beiden Sielen‹ bis an den neuen Markt vordrangen, und mit einem daselbst stehenden Korps, meinem Erachten nach ein französisches, ein Gefecht anfingen, wodurch die Letztgenannten, ohne ihre Waffen mitnehmen zu können, sich durch die Brückstraße aus dem Herrentor flüchteten.

Ein anderes Korps feindlicher Truppen habe ich durch Up- und Wolthusen und Emden nach der ›Knocke‹ ziehen, und den Emsstrom belagern gesehen. Noch ein Korps feindlicher Truppen kam von Neermoor über Simonswolde nach Oldersum, und von da nach Emden, mit Wagen voll Sträuchern (Faschinen). Noch ein anderes starkes Truppenkorps zog von Dornum nach Norden, wurde aber von Truppen, die beim Norddeich sich gelagert hatten, aus Norden hinausgeschlagen. Vor zwanzig Jahren, als ich bei meinen Eltern in Weenermoor wohnte, besorgte ich einmal eine Botschaft nach Leer, zum weiland Kaufmann Cöster in der Osterstraße. Als ich wieder aus dieser Straße ging, sah ich dieselbe voll Truppen in weißer und roter Uniform, mit vieler Ammunition, welche sich gegen ein von Loga kommendes Truppenkorps schlugen. Letzteres führte viel Geschütz mit sich. Die Uniform des von Loga kommenden Truppenkorps konnte ich durch die Rauchwolken, die mir entgegen kamen, jedoch nicht erkennen.

Die Truppen in der Osterstraße müssen meines Erachtens Österreicher und Schweizer gewesen sein. Den von Loga kommenden Truppen schloß sich ein Truppenkorps an, welches von Oberledingerland, von Bakemoor und Breinermoor herbeikam, sich über die Halbinsel Nesse bei Leer zog, und bei den beiden Sägemühlen über den Ledastrom setzte. Es kam, doch auf welche Weise, weiß ich nicht, zwischen den vereinigten und den in Leer stehenden roten und weißen Truppen zu einer blutigen Schlacht und Kanonade, wobei viele getötet wurden, welche mit der Flucht der in Leer stehenden rot und weiß uniformierten Truppen durch die Neuestraße nach Leerort endigte.

Die Osterstraße gerät durch diese ungeheure Kanonade in Brand, und der nördliche Teil brennt ganz ab, desgleichen der übrige Teil bei dem ersten Brunnen. Auch ein Teil der Straße ›zwischen den beiden Brunnen‹ bis Ausmiener Scheltens Haus, und möglicher Weise noch weiter (weil ich es wegen des Dampfs nicht unterscheiden konnte), litt sehr viel durch Brand und Verwüstung.

Zu eben der Zeit, wenn dieses in Leer geschieht, kommt ein Truppenkorps aus Münsterland über Völlen und Halte, und so über die Ems ins Reiderland, schlägt Weener und die Umgegend, zieht sich nach Bunde und Bunderhee, weiter den Deich entlang bis nach Pogum (wo ich auch gewohnt habe). Der Marsch durch Pogum, bald stärker, bald schwächer, dauert sechs Tage; den letzten Tag von Vormittags halb 11 Uhr bis Abends halb 5 Uhr. Der Durchmarsch ist sehr stark, und wird beschlossen mit einem Train von 36 Kanonen, wovon jede Kanone durch acht Pferde gezogen wird. Diese Truppen bestehen aus Fußvolk und Reiterei, und marschieren abwechselnd. Der Marsch geht von Pogum nach Ditzum, und so nach Hatzum. Bei Hatzum wurden diese Truppen von anderen angegriffen, doch weiß ich nicht zu sagen, woher diese kamen. Beide Korps gerieten in ein starkes Gefecht; letzteres wurde durch das erstere in die Flucht geschlagen und nahm seine Retirade über Jemgum, Soltborgersiel und Bingum. Auf dieser Retirade richtete das Volk vielen Schaden aus, besonders hatten die, welche nahe an dem Wege wohnten, viel zu leiden.

Die siegende Partei machte bei Soltborgersiel halt und verfolgte die nach Weener flüchtenden Truppen nicht weiter. Diese sammelten sich wieder auf den Weener Meedlanden, und wurden daselbst angegriffen von Truppen mit roter Uniform, welches Engländer sind, und auch durch andere Truppen, die ich der Ferne wegen nicht unterscheiden konnte. Die Engländer, nur aus Infanterie bestehend, kamen bei dem Weenermoorer Deich vorbei, woselbst dann die von mir genannten fremden Truppen sich mit ihnen vereinigten; woher dieselben kamen, weiß ich nicht. Das bei den Weener Meedlanden und noch stärker bei dem Beschotenweg angefangene Gefecht, welchem ich in der Nähe mit beiwohnte, endigte mit der Retirade der Truppen, die von Jemgum nach Weener geflüchtet waren. In Bunde setzten sich diese Truppen wieder; die Englander und die mit ihnen vereinigten Truppen griffen dieselben an, wobei das Gefecht so heftig sich entspann, daß das Blut über den Weg strömte, und Bunde sehr stark litt, weil es teilweis verbrannt und zusammengeschossen wurde. Die von Jemgum geflüchteten Truppen erlitten auch in Bunde eine Niederlage und flüchteten sich nach Neuschanz. Die weiter nachrückenden Engländer und die übrigen mit ihnen verbundenen Truppen zogen ins Groningerland; ob diese die Fliehenden noch weiter verfolgten, weiß ich nicht. Daß dieser Krieg damit beendet war, dafür meinte ich Gründe zu haben, die ich jedoch verschweigen will. Französische Armeen werden aber dann von Lyon aus durch die Schweiz in Deutschland fallen, in Sachsen geschlagen werden, und die Retirade wird sich zuletzt durch Ostfriesland ziehen, bis wohin sie durch die Überwinder verfolgt werden. Dadurch, wie auch durch die geliehenen Truppen angefallen, entstehen viele andere, nicht zu begreifende Gefechte und Kriegsunglücke in Ostfriesland.

Alle Einwohner, insonderheit die an der Landstraße wohnenden, werden gewarnt, zur Zeit der Erfüllung dieser Prophezeiung, Pferde, Kühe usw. möglichst in Sicherheit zu bringen; wie auch andere wertvolle Sachen einzupacken und zu verbergen. Vorzüglich muß in Emden jeder außer dem alten Neuentore und von der Neutorstraße bis nach dem neuen Markte, sowie von da bis an die Kaserne Wohnende, seine Sachen einpacken und in einen andern Teil der Stadt bringen, weil die genannten Teile von den Engländern niedergeschossen werden sollen. In Leer müssen die Einwohner, insonderheit in der Osterstraße, ihre Sachen bergen, weil, wie gesagt, die meisten Häuser in derselben Straße niedergeschossen und verbrannt werden. In Jemgum, insonderheit in der Langen Straße, müssen die Leute ihre Sachen aus den Häusern bringen, weil in derselben Brand entstehen wird. Den Deich entlang, von Bingum nach Weener, muß ein jeder bedacht sein, sein Vieh zu bergen. In Bunde muß ein jeder so viel als möglich mit seiner Habe flüchten.

Alle diese Maßregeln muß ein jeder treffen, bevor die Franzosen in Sachsen geschlagen werden, weil es nach der Schlacht zu spät ist, denn die Retirade nach Ostfriesland geschieht in aller Eile. – Alle junge Männer werden gewarnt, früh genug aus dem Lande zu flüchten, wo möglich nach Holstein, weil die einrückenden Truppen diese durch das Loos zu nehmen gezwungen sind, um den andern nur noch mehr Kriegstruppen entgegenzustellen. Diese sind indes etwas freundlicherer Art, wovon ich deshalb nichts sagen werde.

Daß es in den übrigen Teilen Ostfrieslands auch fürchterlich aussehen wird, kann ein jeder leicht schließen aus dem, was ich gesehen habe. Inzwischen sage ich weiter nichts, als was ich selbst gesehen habe, und verschweige noch verschiedene Dinge aus besonderen Gründen. Mein Wunsch ist dieser, daß Ihr, meine Landsleute, diese Prophezeiung nicht verachtet, sondern dieselbe zu Eurem geistigen und zeitigen Besten mögt gebrauchen, weil die Zeit, wo dies alles in Erfüllung gehen wird, wohl nicht mehr fern sein mag. Alles aus meinem Munde aufgezeignet, und von mir eigenhändig unterschrieben.

Esklum, im Juni 1826 Egbert Freerks Nannenga (32)

Die letzte Schlacht am Biggenbaum

Im Weltkrieg fragte mich einmal ein Kamerad, ein Student aus Königsberg, nach dem sogenannten Biggenbaum, der irgendwo in meiner Heimat stände. Dort würde eine letzte Schlacht geschlagen, wie eine alte Sage melde. Ich nahm damals an, daß eine Verwechslung mit dem Birkenbaum am Haarstrang in Westfalen vorliege, bei dem bekanntlich die letzte Zukunftsschlacht stattfinden soll.

Später habe ich mein Wissen um diesen Baum an der Straße von Strackholt nach Bagband auf der Grenzscheide zwischen den beiden Dörfern vertieft. Der ›Biggenbaum‹, ein Holzapfelbaum, heißt im Volksmund auch Bichtenbaum. Dort fand zwischen den Nachbardörfern die ›Beichte‹ der feindlichen Parteien und die anschließende Versöhnung statt, wenn sie einander bekriegt und geschädigt hatten. Biggenbaum wurde er genannt, weil die Söldner des Grafen Gerd von Oldenburg dort auf ihrem Raubzug durch das südliche Ostfriesland [1473] ein Siegesmahl abhielten und aus geraubten Abendmahlskelchen soffen. Sie lagen wie Biggen voll und dick unter dem Baum, wie Zeitgenossen berichten.

Der Baum wurde morsch und altersschwach, er krachte im Wintersturm zusammen, ein Schößling wuchs zu einem stattlichen Baum heran, der manche Generation überdauerte. Stamm um Stamm vermorschte, aber die Wurzel trieb neue Schossen, bis der letzte Baum Anfang dieses Jahrhunderts im Grünen und Blühen seine Kraft verströmte. Lehrer Baumfalk (Ihbo) und andere Heimatfreunde pflanzten dann einen jungen Apfelbaum, den jetzigen Träger dieses Namens und Gegenstand der Überlieferung und Sage.

Übereinstimmend wird berichtet, daß die Zukunftsschlacht an dem Biggenbaum von mehreren glaubwürdigen Personen vorhergesehen wurde. Ob freilich eine Zusammenballung von Streitkräften an seiner Stelle sich mit der Strategie eines modernen Krieges vereinbaren läßt, ist wohl fraglich. Die Feinde sollen sich – so sagt man voraus – nicht länger in unserer Gegend aufhalten, als ein Brot im Ofen bäckt. Den Bewohnern wird geraten, die Gardinen von den Fenstern zu nehmen, als wenn die Häuser schon geplündert wären, Gefäße mit Trinkwasser an den Marschweg der Feindkolonnen zu stellen und sich im übrigen ruhig zu verhalten, dann würde ihnen nichts geschehen. (33)

Von Hexen und Zauberern

Menschen mit übernatürlichen Fähigkeiten

Die Traaler

Einmal wanderten wir [der alte Besenbinder Jens Dresfen und ich] durch ein mit kleinen Steinen übersätes Dünental [Amrum]. Hier und da lagen eigentümlich, aber ziemlich regelmäßig gestaltete Steine zwischen dem Geröll. Einige sahen aus wie Töpfe, andere wie Teller und Pfannen. »Wißt Ihr auch, was das für Steine sind?« fragte ich meinen Geleitsmann, indem ich ein paar Gebilde der Art in seine Hand legte. »Söhnchen«, antwortete der Alte, »es ist einmal ganz anders gewesen auf dieser Welt, gleichwie es denn auch nicht immer so bleiben wird, wie's jetzund ist. Diese Steine aber sind Traaldaskar (Töpferware der Zauberer); denn allhier haben Zauberer und Unholde gehaust und ihren Spuk getrieben. Diese Dinger da sind Töpfe und Pfannen, die sie aus Lehm gebrannt haben. Sie haben es aber verstanden, ihre Brennöfen grausamlich heiß zu machen; denn die Traaldaskar sind stärker und fester als unsere Töpfe.«

Die Erklärung des alten Jens hatte mich befriedigt. Nach einer Weile aber verlangte ich zu wissen, ob er denn nicht mehr von den Traalern wisse. – »Ob ich auch mehr weiß! Will's meinen! Weißt du, von der Weestringer Kirche auf Föhr führt ein Fußsteig durch die öde Haide an Sümpfen vorüber nach Dunsum, wo in alten Zeiten viele Traaler wohnten. Ein ehrbarer Mann ging einmal zur Nachtzeit diesen Weg, und hatte nichts Arges im Sinn. Und das war nur gut; denn solchen Leuten konnten die Zauberer und Hexen nichts anhaben. Als er nun in die Nähe des großen Wassers kam, wurde es auf einmal so hell, so hell, daß er die Hand vor die Augen halten mußte, um nicht geblendet zu werden. Nach einer Weile trat er näher und schaute hinein. Da hielten die Traaler ein Fest. Sie tanzten einen Ringeltanz und schwangen Feuerbrände über ihren Köpfen. Alles bewegte sich im Kreise nach der höllischen Musik, die der Böse unsichtbar hervorzauberte. Der Mann konnte nicht wieder wegsehen. Er fühlte sich festgebannt. Er betrachtete die Tanzenden, wild johlenden Gestalten immer aufmerksamer, und – es war schrecklich! – er erkannte Nachbarinnen und Verwandte unter ihnen. Es dauerte auch nicht lange, da wurde er bemerkt. Mit Blitzesschnelle riß eine der Tänzerinnen die Glastür auf, ergriff den Neugierigen, riß ihn mit sich fort in den Saal hinein, und, mocht' er wollen oder nicht, er mußte den Ringeltanz mittanzen. Da verstummte die Musik, und das Mahl sollte gehalten werden. Eine Zauberin bot dem unfreiwilligen Tänzer einen funkelnden Becher mit perlendem Getränk: »Trink, und du wirst sein wie unsereins!« Der geängstete Mann nahm den Becher, wußte aber wohl, was er tun wollte. Denn also sprach er:

»Schall ick denn drinken,
un mut ik denn drinken:
so drink ik
in Jesu Nam!«

Da war's vorbei mit der Zauberei. Es zerstoben die Gestalten; es zerstob das Gebäude, und wieder leuchteten die Sterne, und der kalte Nordwest strich über das öde Haidefeld und über das große Wasser; aber der Mann trug ein Erinnerungszeichen an seinem Rockärmel und seinem Arm: ein paar verschüttete Tropfen aus dem Becher hatten Löcher in den Rock hineingebrannt und rote Stellen auf der Haut hinterlassen.«

»Unsere Alten, die doch ernste Menschen waren und nicht logen, erzählten von den Traalern, daß sie sich zuweilen in schöne grüne Vögel verwandelten. Wollte eine Traal einen Wanderer vom rechten Wege ablocken und irre führen, so erschien sie ihm als ein schöner grüner, aber flügellahmer Vogel, der vor dem Wanderer herflatterte, sich übrigens niemals greifen ließ, wie eifrig jener sich auch bemühen mochte, des Vogels habhaft zu werden. Hatte die Traal ihn endlich in eine unbekannte Gegend verlockt, so zauberte sie einen Nebel hervor, in welchem der grüne Vogel verschwand, und der Wanderer wußte nun, welche Bewandtnis es mit dem schönen grünen Vogel hatte. Die Traaler verstehen es auch, sich in Katzen und Seehunde zu verwandeln, und wehe dem Menschen,

Eine Hexe ruft Unwetter hervor (Holzschnitt aus Olaus Magnus, Historia de gentium septentrionalium 1555)

der einem solchen Tier etwas zu Leide tut. Den peinigen und plagen sie, ohne daß er es sieht. Sie zaubern wohl einen Traalkrans (Zauberkranz) aus bunten Federn in sein Kopfkissen hinein. Und auf einem solchen Kissen läßt sich's nicht sanft ruhen. Der Bezauberte kann kein Auge zutun, fühlt Kopfweh und Mattigkeit und schwindet hin, wie der Tau vor der Sonne. Nimmt man aber den Kranz heraus, so haben die Traaler keine Macht mehr über ihn.«

»Wie die Sachen stehen, und wie sie nicht stehen, einerlei, – ein alter Strandläufer erzählte folgendes: ›Hab in meinen jungen Jahren einen Mann gekannt, der mehr konnte, als Brot essen. Er konnte sich, ich hab's selbst erlebt, in einen grünen Vogel verwandeln. Einmal war ich mit ihm nach dem Strand gegangen. Das Wetter war rauschelich. Wir fanden einen großen Ballen Baumwolle, der sich aber, da er sehr schwer und fest zusammengepreßt war, nicht hantieren ließ. ›Hätten wir doch unsere Kräuel, was für einen Zug könnten wir tun; nun aber, wie lang' wird's dauern, so ist der Strandvogt mit seinen Aufpassern da, und alles geht an unsrer Nase vorbei!‹ Kaum hatte ich das Wort gesprochen, so war mein Genosse verschwunden. Es flog aber in demselben Augenblick ein großer Vogel mit grünen Federn über die Dünen hinweg und schrie: ›Klü-, klü-, klüüt!‹ Es währte nur einen Augenblick, da stand mein Genosse wieder neben mir, den Südwester auf dem Kopf, das Barnseil um den Leib, und – ich seh's noch – meinen und seinen Kräuel beim Barnseil eingesteckt. Ich wich zurück. Unser Maat sagte nur: ›Hübsch reinen Mund gehalten; weißt du nicht: Viel wissen und wenig sagen, nicht antworten auf alle Fragen, daran erkennt man den klugen Mann?‹

Wir brachten den Inhalt des Ballens nach und nach in Sicherheit. Ich schwieg; aber jetzt ist der Mann tot, und ich kann es erzählen. Wie er die beiden Kräuel so geschwind hergebracht, was es gewesen ist mit dem Vogel, und was für ein Vogel es gewesen ist, der zu derselbigen Stunde dreimal um des Strandvogts Haus und Stavenplatz herumgeflogen ist und ›Klü-, klü-, klüüt!‹ geschrieen hat, daß der Strandvogt sich festgebannt gefühlt hat: solch' Erkenntnis ist mir zu wunderlich und zu hoch; jedoch das weiß ich: Dergleichen taugt nicht, taugt nicht im Leben, taugt nicht im Sterben. Unser Maat muß schon in seinen Kinderjahren die Teufelskünste gelernt haben; denn es sollen, wie ich später gehört habe, wunderliche Lieder an seiner Wiege gesungen worden sein, und er ist auch anders gestorben als andere Leute; denn man hat ihn, während er seeltagte, auf einen Stuhl setzen müssen und hat dann einen Topf mit glühenden Kohlen unter den Stuhl gesetzt, dann erst hat er sterben können.‹« (34)

Vom Treiben der Hexen auf Amrum

Von uralter Überlieferung her bis auf unsre Tage herrschen, am häufigsten noch an den Seeküsten des nördlichen Europas, furchtbare Mächte im Reich der Nacht, der Teufel mit seiner Zunft, dem Zaubergeschlecht und allen unholden Geistern. Sie schreiten im Dunkel umher und lieben vor allem die finstern und öden Örter, sie suchen die Haiden auf, die Sandwüsten, die Moore, die einsamen Dreiwege, finstre Scheunen, Kirchhöfe, Totenhügel, steile Kliffe und so weiter. Aber nur die Zauberwesen können sich verwandeln in Tiere mancher Art und sind bei unsern friesischen

Insulanern gewöhnlich Frauensleute. Die Zaubermächte walten noch immer auf diesen Inseln, so wie in Schottland, auf den Hebriden, in Orkney, Shetland, Färöer, in Jütland, Norwegen und Irland in ihrem unnennbaren Reich, und was sie tun, ist oft namenlos. In unserm Friesland und auf den Hebriden habe ich ihre Spur am häufigsten angetroffen, nicht völlig so häufig in Orkney. Nach dem Sagenglauben ist ihr Haar schwarz und hängt los und lang am Rücken, ihre Haut und Zähne gelb, ihre Augen wild und dunkel, sie sind garstig und manchmal bärtig, sind häßlich und scheußlich, werden am Gesicht erkannt, vor allem an den Augen. Sie können sich verwandeln in Vieh- und Vogelgestalt und andre Gestalten, in Katzen und Pferde, wie in Schwäne und Adler. In ihren Zusammenkünften sind sie unverwandelt, und tanzen dann zuweilen nackt einen Reigentanz. Am Freitagabend findet man sie nicht zu Hause, denn das ist die Zaubernacht, dann geschehen grauenhafte Dinge, und wer hernach bei Tage an solche nächtliche Versammlungsörter kommt, sieht wunderbare Überbleibsel, Lumpen allerlei Art und Farbe, Fetzen und Bandstücke, Nadeln, womit sie in Zauberwachs manchem das Herz durchstochen, Blut und Eiter und so weiter. Weder Menschen noch Tiere sind vor diesen Höllenmächten sicher, man nagelt in Schottland und in Dänemark ein Hufeisen verkehrt an die Stall- oder Scheuerntür, was die Friesen nicht tun, sondern bei ihnen begräbt man eine lebendige Eidechse unter der Schwelle der Außentür des Stalles, man steckte einst auch Messer um den Deckel des Butterfasses, wenn keine Butter kommen wollte, wer dann zuerst hereintrat, war die Zauberin. Ein Gebet und Kreuz schlagen, sagt man, helfe auch gegen Zaubermacht.

K.J., der gegen 100 Jahr lebte, ward lahm, erzählte er selbst, durch die Zauberweiber. Um zehn Uhr abends klopften zwei an seiner Tür, wurden seiner habhaft und kratzten ihm beinah die Augen aus, auch nachmals plagten sie ihn sehr. – Ein gewisser Mann, welcher viel Plage von den Zauberinnen hatte, sollte auf die Jagd. Da saß ein Vogel mit wunderschönen Federn. Er legte an, und siehe da, aus der Vogelgestalt ward eine Frauensperson. Auch hat man erlebt, daß Männer bei Nacht nach Hause kamen und die Haustür nicht erreichen konnten, weil das Haus im Augenblick nicht vorhanden war. – Zwei Brüder, welche mit zwei Schwestern freiten, besuchten eines Tags ihre Bräute, und der eine wollte die seinige nicht länger haben, sondern nahm sich eine andre. Als er nun einst bei ihr war und abends nach Hause wollte, kam er an ein Geheg und begann zu taumeln und hörte nicht auf zu taumeln, bis daß er sein Haus erreicht. Das tat seine vorige Braut, welche eine Zauberin war.

Eine Frau war sehr von Zauberei geplagt. Da gab man ihr den Rat, nach dem Kirchhof zu gehen und Erde von einem Grabe in die Tasche zu nehmen. Nachdem sie solches getan, erschien das Zauberweib und sprach: »Was hast du vor?« Sie antwortete nicht, weil es dann nicht gut ist, zu antworten. Aber die Zauberin bemächtigte sich der Erde der Frau und machte sie wieder ohnmächtig. Endlich erhielt sie Hilfe vom Arzt und trug beständig Zauberarznei bei sich. Nun vermochte die Zauberin nichts. Da kam sie mit ihren Gefährtinnen um Mitternacht vor die Fenster der Frau, heulend und ihre Schürzen über dem Kopf, zuletzt aber in Gestalt von vier blankschimmernden Hunden und kratzten an der Haustür. Sie konnten aber nichts mehr tun. – Wenn die Zauberweiber sausend heranfliegen, können sie öfter ihren Flug nicht hemmen und fliegen gegen die Kirchtürme an, wo sie sich zuweilen selbst verletzen. – Dem S.B. starb seine Kuh, er glaubte durch Zauberkunst. Er verschloß die Türen und tat das Herz mit andern Eingeweiden aufs Feuer. Denn wenn das kocht, muß die Zauberin erscheinen.

Man darf den Zauberweibern ja keine Scheren, Nadeln, Messer, überhaupt keine scharfen Instrumente leihen, am wenigsten Nadeln. – K.J.Br. freite mit einem Mädchen im andern Dorf. Er kam in der Nacht daher, und als er halbweges war, begegneten ihm eine Schar Zauberinnen mit fliegenden Haaren, und pfiffen greulich. Als er eben vorbei war, sprang eine ihm von hinten auf die Schultern, denn das war seine Braut, die er verlassen hatte. Sie saß fest und drückte ihm die Arme zusammen, so daß er sein Messer nicht aus der Tasche ziehen konnte. Endlich ward er dessen habhaft, stach zu und traf die Zauberin. Da mußte sie ihn verlassen, sagte aber: »Stich noch einmal.« – »Davor will ich mich schon hüten«, erwiderte er. Am folgenden Tage zeigte es sich, daß es seine gewesene Braut war. Der zweite Stich hätte sie wieder heil gemacht, darum stach er nicht zweimal.

Gi.N. war abends bei schlechtem Wetter in Merham, um Torf zu holen. Da kam ein Dünenstrauch herangefallen, als er schon auf seinem Fuder saß. Den kannst noch mitnehmen, sprach er bei sich selbst, stieg also ab und warf ihn in den Wagen. Eine Weile hernach auf dem Weg sah er sich um, und siehe da, es war kein Dünenstrauch, sondern der alte Mann namens P. war es. – Jemand wollte einst nach einem andern Hause gehen, als die Nacht angebrochen. Da kriegten ihn zwei Zauberweiber zu fassen und drehten ihm sein Halstuch um, um ihn zu erwürgen. Er aber entschlüpfte. Des folgenden Abends kam er wieder und hatte sein Kind auf dem Arm. Nun hatten sie keine Macht über ihn. »Das war dein Glück«, sprachen sie. – Ein Brautpaar kam an einem Wasser in der Nähe des Dorfs D. vorüber, in diesem Wasser segelten Schwäne. Da sprach die Braut: »Ich will ein Weilchen zu dem Wasser gehen«, und sie ging und fand ihre Schwestern, die Schwäne. Nun ward auch sie ein Schwan. Und alle flatterten und schlugen mit den Flügeln. So mußte denn der Bräutigam allein nach Hause. Ein andrer Bräutigam wollte seine Braut besuchen. Sie hatte ihm gesagt, er möge ja nicht am Freitagabend kommen. Er tat es aber doch und nahm jemand anders mit sich. Als sie ankamen, lag ein weißes Pferd in der Tür, wo die Braut wohnte, und sie war nicht zu Hause. Er ging weg und besuchte sie nie wieder. Seitdem hatte er keinen gesunden Tag mehr.

B.E. ward von seinem Vater E.B.T. in der Nacht in einem schweren Wetter nach dem Hafen von St. geschickt, um nach seines Vaters Fahrzeug zu sehen. Auf dem Wege kam er an einem Hause im Dorf N. vorbei, wo Licht brannte. Er trat unter die Fenster und sah drinnen einen Zauberweibertanz, und die vielen Weiber tanzten in blauen Korhlen. Er sprang über den Steinwall, und sie ergriffen ihn und sprachen, wenn er nachsage, wer hier gewesen, solle er keinen gesunden Tag mehr haben. Nach dieser Zeit war er ein ganzes Jahr krank vor Schreck. – E.B.T. saß auf Thangwall am Wasser und zog sich seinen einen Stiefel an, denn er sollte an Bord. Da kam ein Sausen bei ihm, und als er nach dem andern Stiefel langte, saß er auf der höchsten Düne, eine Viertelstunde Weges weiter westwärts. – Die alte W. ging mit ihrem Sohn M. nach den Sanddünen, um Feurung zu holen. Auf dem Hinweg begegnete ihnen ein Weib. »Nun geht's uns wohl nicht gut«, sprachen sie zu einander, denn sie kannten dieses Weib und waren bange vor ihr. Sie kamen aber glücklich mit ihrer Tracht zurück so weit als ganz am Dorfe, nur eine kleine Strecke von ihrem Hause. »Was ist das«, sprach die Alte, »da wird es ja ganz neblig.« Und sie standen auf einmal in dickem Nebel, nicht am Dorfe, sondern eine Viertelmeile nördlich davon, in Grastal, und hatten ein großes Wasser vor sich. Es war ein kalter Tag, und sie mußten durch das Wasser waten, und das Wasser war kalt und tief.

B.B. lag lange krank und ward tot gezaubert, so sagte man im Dorf. Der Friese S., der die Bibel auswendig konnte und einen besondern Abscheu vor dem neuen Gesangbuch hatte, war sein bester Freund. Eines Tages ging S. zu dem Kranken, mit der Hälfte eines Dreschflegels in der Faust. »Jetzt sag' es nur«, sprach S., »wer dir solches antut«, und drohte der Höllenmacht mit seinem Flegel. B.B. aber durfte es nicht entdecken. Es hieß, seine eigenen Leute taten ihm sein Elend. Als der Gestorbene in den Sarg gelegt ward, fiel sein Bein ab. Die Zauberei sollte in seinem Kopfkissen sein. Es ward geöffnet, und fand sich ein Hexenkranz von Federn aller Art und Farbe darin. Der Kranz ward im Ofen verbrannt. – B.P. war ein Jahr krank, er ging nach dem Tode wieder, hieß es. Der Müller sah von seiner Mühle tagtäglich, während jener krank war, ein Weib in den Vordünen. Einst verfolgte er ihre Spur, grub und fand das Bild eines Männchens mit einer Stecknadel im Herzen im Sand. Er zog die Nadel aus, nahm das Hexenbild mit nach Hause und verbrannte es. Danach ward B. alsbald gesund. Als nach seinem Tode seine Güter verteilt wurden, ging die Teilung ungerecht. Darum ging er wieder. – Einem Mann starben Kuh, Schwein und Pferd, natürlich durch Hexenwerk. Er erhielt den Rat, das tote Pferd nachts unter der Stalltür zu begraben, mit den Beinen nach oben, ohne daß jemand solches sehe. Dies geschah, und seitdem starb ihm kein Vieh mehr. (35)

Schutzmittel – silberne Knöpfe

Die alten Hexen waren leicht an den roten Augen zu erkennen, gewöhnlich hatten sie auch eine große, bläuliche Nase; jedoch konnten sie sich sehr verändern. Jüngeren Frauen konnte man nichts ansehen; doch gab es verschiedene Zeichen, woran man eine Hexe erkennen konnte. Eine Hexe konnte nie über einen Besen gehen; wenn man also einen Besen auf die Diele warf, und es kam eine Frau hinein und ging um den Besen herum, so war sie sicher eine Hexe. Wenn man in einem Trollkrug Herz und Eingeweide eines verhexten Tieres kochte, so mußte die Hexe, welche an dem Tode des Tieres schuldig war, das Haus betreten. Fand man irgendwo auf der Erde liegend einen Strick mit einem Knoten darin, so war der Strick verhext und man durfte ihn nicht aufheben; wer ihn aber ohne Schaden aufheben konnte, war eine Hexe. – Es werden unzählige Mittel genannt, durch welche man sich gegen die Hexen schützen konnte. Kreuzweise hingelegte Gegenstände, selbst heimlich gelegte, hinderten die Hexe stets, darüber oder darunter hinweg zu schreiten, gerne benutzte man Teufelsdreck. Den Pferdestall schützte man dadurch, daß man über der Tür einige alte Hufeisen anbrachte, eine Sitte, die man noch jetzt [1911] häufig sieht. Auch begrub man eine lebende Eidechse unter der Stalltür. Von besonderer Wirksamkeit sah man Kirchhofserde an, welche man um Mitternacht holen und im Hause aufbewahren mußte, oder noch besser, eine Handvoll davon unter jeder Tür des Hauses vergraben, so daß keine Hexe ins Haus kommen konnte. Kleinen Kindern legte man Bibeln in die Wiege, oder auch eine kreuzweise geöffnete Schere, auch mußte man, besonders vor der Taufe, nicht versäumen, die Wickelbänder kreuzweise übereinander zu wickeln, damit nicht die Hexen dem Kleinen Schaden zufügen konnten. Gerne trug man die silbernen Knöpfe mit der Kreuzverzierung als Schutzmittel.

Ungefähr halbwegs zwischen Utersum und Borgsum [auf Föhr] liegen zwei große Grabhügel, worin ehemals eine Hexe ihr Unwesen trieb. Als einst spät am Abend ein Mann bei den Hügeln vorüber ging, kam ein großer schwarzer Hund gelaufen, der rund um ihn lief, heulte und bellte, daß er nicht weiter konnte und eilends nach Borgsum zurück lief. Als er hier sein Erlebnis erzählte, gab ihm eine alte Frau den Rat, den Hund mit einem silbernen Knopf zu schießen, da es eine Hexe sei, eine gewöhnliche Kugel aber auf ihn zurück fliegen würde. Als er nun mit einem Gewehr bewaffnet sich wieder auf den Weg machte und der Hund wieder kam, schoß er und traf das Bein des Hundes, der laut heulend im Berg verschwand. Tags darauf lag eine alte Frau in Hedehusum krank und konnte seitdem nicht mehr gehen. – Auf einem Bauernhofe, wo die Knechte in der Tenne mit Dreschen beschäftigt waren, kam jeden Morgen ein großer roter, aber fremder Hahn und sah von der Tür der Arbeit zu. Die Knechte sagten solches dem Herrn und baten um Erlaubnis, den Hahn schießen zu dürfen, was ihnen gewährt wurde. Da nun die Knechte vermuteten, daß der Hahn eine verwandelte Hexe sei, so luden sie das Gewehr mit einem silbernen Knopf und schossen damit den Hahn ins Bein. Am andern Tag lag die Bäuerin wegen eines kranken Beines im Bett; sie war eine Hexe und hatte sich in einen Hahn verwandelt, um zu sehen, ob die Knechte auch fleißig wären. (36)

»Jan, schüt!«

Ein Mann im Saterlande, welcher gern die Hasen belauerte, die sich bei seinem Kohl einfanden, saß eines Abends mit der Flinte an der gewohnten Stelle. Schon mehrere Stunden hatte er gewartet, und fast verging ihm die Geduld, als ein Hase herbeikam und sich vor ihm hinsetzte. »Warte«, dachte er bei sich selbst, »du kommst mir eben recht.« Er legte seine Flinte an, aber obwohl diese sonst recht gut im Stande war, konnte er sie durchaus nicht abdrücken. Der Hase saß vor ihm, als wolle er ihm trotzen. Mehrmals versuchte der Jäger vergeblich, den Schuß abzugeben, bis endlich der Hase ihm zurief: »Jan, schüt [schieße]! Jan, to, schüt!« Da machte der Jäger, daß er von dannen kam. (37)

Eine große, steifbeinige Katze

In Nieblum [Föhr] hatte eine arme Frau am Morgen ihre Kuh auf die Weide gebracht. Am Tage war sie bei einem Manne auf dem Felde beschäftigt gewesen, und da man gerne fertig sein wollte, war es spät Feierabend geworden. Nach Schluß der Arbeit mußte die Frau, obwohl es schon fast ganz dunkel geworden war, doch noch ihre Kuh holen und da es tagsüber warm gewesen war, auch zur Tränkstätte führen. Schon von weitem erkannte die Frau eine schwarze Gestalt am Rand der Tränkstätte sitzen, welche eine Schürze über den Kopf geschlagen hatte; darüber erschrak sie und wäre am liebsten gleich nach Hause gegangen, wenn nicht die durstige Kuh sie mit nach dem Wasser gezogen hätte. Als die Kuh getrunken hatte, wandte sie sich um und schritt auf die Gestalt los, als wollte sie dieselbe stoßen; kaum aber hatte sie den letzten Fuß aus dem Wasser, so wurde die Gestalt zu einer großen steifbeinigen Katze, welche schnell übers Land sprang und verschwand. (38)

Katzen auf dem Deich

Einst fuhr bei Leer ein Schiffer auf der Ems, und neben ihm auf dem Deiche waren wohl tausend Katzen, die tanzten und miauten gar lustig herum. Der Schiffer nahm einen Stein aus seinem Schiffe, denn Steine hatte er geladen, und warf ihn mitten in den Haufen. Aber da wurden die Katzen wie toll und schleuderten große Erdschollen auf den Schiffer, und dieser wäre sicher mit seinem Schiffe gesunken, wenn er sich nicht eiligst fortgemacht hätte. (39)

Hexe erkannt

Einem Bauer ward immer, wenn er gebraut hatte, das Bier über Nacht ausgetrunken, so daß er endlich beschloß, einmal aufzubleiben und die Nacht hindurch zu machen. Als er das nun tut und so bei seinem Kessel steht, kommen eine große Menge Katzen herbei; da ruft er ihnen zu:

Saterländische Trinkgesellschaft (Titelstich zu J. G. Hoche, Reise durch Osnabrück und Niedermünster in das Saterland, Ostfriesland und Groningen 1800)

»Kommt Pusken,
kommt Katken,
kommt wärmet ju wat!«

und da setzen sie sich alle in einen großen Kreis ums Feuer, als wärmten sie sich. Nachdem sie ein Weilchen so gesessen hatten, fragte er sie, ob das Wasser heiß sei. »Eben vor 'm Kochen!« antworteten sie, und wie sie das gesagt, nimmt er die Kelle und bespritzt damit die ganze Gesellschaft; da war mit einem Male alles verschwunden. Andern Tages aber hat seine Frau ein ganz verbranntes Gesicht gehabt und er hat gewußt, wer ihm immer das Bier ausgetrunken. (40)

Hexenversammlungen

Die Hexen, unter denen man in Scharrel wie auch in Uffeln bei Bramsche und an anderen Orten die Waalriedersken [siehe Nr. 83 ff.] versteht, haben bestimmte Orte und Zeiten, wo sie ihre Versammlungen halten. Mal war einer aus Scharrel des Morgens früh hinausgegangen, um die Pferde aus der Koppel zu holen, da traf er eine solche Versammlung, die saßen alle in einem Kreise zusammen und hielten ihren Diskurs; als er aber näher kam, flogen sie als ein Schwarm Raben davon. In Ramsloh unterscheidet man Hexen und Waalriedersken und nennt noch bestimmte Orte, wo erstere zusammengekommen sein sollen. Eine Viertelstunde vom Dorfe stand nämlich ein großer Baum, der nannte man den Huddenjeboom oder Eckbaum und ebenfalls beim Dorfe war ein Pfuhl, der hieß der Buddenjepool, da sollen sie ihre Zusammenkünfte gehalten haben. [...] Man erzählt auch in Ramsloh, ein Saterländer sei einmal nach Holland gekommen, da habe er eine Frau getroffen, welche ihn gefragt, ob er wisse, wo der Blocksberg sei? Nein, sagte er, das wisse er nicht! Darauf hat sie ihn weiter gefragt, ob er wisse, wo der Huddenjeboom und der Buddenjepool wäre. Ja, die kenne er wohl. Nun, hat sie gesagt, sie würde doch wohl nicht wieder hinkommen, ihr goldener Becher und silberner Löffel, die lägen noch da, die möge er sich nur holen und behalten. (41)

*

Bei nächtlicher Zeit verließen die Hexen gewöhnlich ihre Häuser und flogen mit riesiger Fahrt aus dem Schornstein durch die Luft nach ihren Versammlungsplätzen. Sie flogen so schnell, daß sie nicht ausweichen konnten und gegeneinander oder gegen Häuser, Bäume, Kirchtürme und so weiter flogen und sich verletzten, so daß sie den andern Tag krank im Bett liegen mußten. Auf ihren Versammlungsplätzen tanzten, sprangen und sangen sie, ihr Haar war aufgelöst und flatterte wirr und wild um den Kopf, ihre Gewandung war leicht, da weder Frost noch Hitze ihnen etwas anhaben konnten. Auf Föhr werden hauptsächlich drei Versammlungsplätze genannt, nämlich Mursil bei Klein-Dunsum, die Sandgrube zwischen Alkersum und Oevenum und die Borgsumer Burg. Auf der Borgsumer Burg wurden sie aber häufig von Menschen gestört und belauscht, so daß sie diesen Platz zu meiden suchten. Öfters flogen sie nach den Nachbarinseln Amrum und Sylt, wo in den einsamen Dünengegenden treffliche Tanzplätze waren. (42)

Hexenmahlzeiten

An Vollmondstagen ist an der Straße zwischen Dykhusen und Visquard etwas zu sehen, was Furcht einflößt. An einem langen Tische sitzen Hexen und halten ihr Mahl. Sie essen mit goldnen Messern und Gabeln und gebrauchen auch sonst nur goldne und silberne Geräte. Wenn die Dorfuhr 12 schlägt, verschwinden sie. (43)

*

Wenn man den Fußweg von Esens nach Werdum geht, kommt man durch mehrere Stücklande, die man dort Hammen nennt. In einem dieser Hammen ist mal eine Hexenmahlzeit gehalten. Wie lange das her ist, kann ich nicht genau angeben, doch ist wohl schon manchmal darnach der Wind durch die Stoppel gegangen.

Vor fünfzig Jahren oder schon darüber [so 1914] wurde mir diese Geschichte von alten Leuten in Werdum erzählt, und die mochten sie auch wohl nicht selbst erlebt haben: An einem dunklen Abend geht ein Bauer aus der Gegend von Werdum den Weg von Esens nach Hause. Er mag zur Hälfte des Weges gekommen sein, da sieht er in einem Hamm, der vor ihm liegt und den er durchgehen muß, eine große Helle, als von tausend Kerzen. Er traut seinen Augen nicht, überall ist es dunkel, sehr dunkel, nur dort ist es helle, weiter sieht er noch nichts; er will zurück nach der Stadt, doch augenblicklich sieht er zwei Gestalten auf sich zukommen. Die fassen ihn am Arm und ziehen ihn über die Klampe ins Land, er erkennt in ihnen zwei Nachbarfrauen, sie ziehen ihn weiter fort bis da, wo offene Tafel auf dem Rasen gehalten wird. Hier ist eine große Gesellschaft, die Frauen sind ihm fast alle bekannt, nur die anderen Gestalten kann er nicht erkennen, es scheinen Männer zu sein und sind es nicht. Er wird nun förmlich in die Reihe gezogen und genötigt mitzuessen. Die Speise ist ihm unbekannt, sie ekelt ihn an, es wird ihm übel; immer wieder genötigt, ruft er endlich in seiner Herzensangst: »Es ist alles gut und schön, nur eins fehlt hier: Salz«, und – weg ist die Erscheinung, und er sitzt im Finstern mitten in dem Hamm. (44)

Haselhexen

Zwei Hexen [Föhr] trafen einst auf einer Weide eine Kuh; gleich zeigten sie ihren Fürwitz und ihre Bosheit und nahmen alle Glieder der Kuh auseinander. Als sie damit fertig waren, wollten sie die einzelnen Teile wieder zusammensetzen. Dies ging aber nicht so leicht; denn nichts wollte passen, und als sie endlich fertig waren, da hatte die Kuh nur drei Beine, das vierte Bein war in den Bauch hineingekommen. – Nach einer anderen Sage waren die Hexen dabei, die Glieder wieder zusammenzusetzen, als ein Odderbaantjes [siehe Nr. 167 ff.] sich unbemerkt nahte und ein Bein heimlich entfernte. Als nun die Beine eingesetzt werden sollten, nahmen sie statt des fehlenden Beines einen Besen, so daß die Kuh jetzt auf drei Beinen und einem Besenstiel gehen mußte. (45)

Die vergrabenen Kuhrippen

Die Mäher schlugen früher, wenn sie aufs Feld gingen, ein Zelt auf und richteten sich dort wohnlich ein. Einst erschienen in der Nacht zwei Hexen (Jüffers) und ritten um das Zelt herum. Bevor sie fortgingen, verscharrten sie etwas in der Nähe des Zeltes. Als nun die Mäher am andern Morgen zuschauten, fanden sie einige Kuhrippen. In der folgenden Nacht kamen die Hexen wieder, fanden aber die vergrabenen Rippen nicht mehr und riefen: »Klipp, Klapp, Bottermoll [Buttermulde], wor büst?« Sie verschwanden und kehrten nie wieder. (46)

Hexen auf dem Schiff

Es war einmal ein Schiffer namens Ickens Johann. Der lag mit seinem Schiff in Friederikensiel. Abends ging er mit seiner Mannschaft gut und wohl in die Koje. Alles war still. Als aber das Schiff durch die Flut flott wurde, da war das Wasser voll Leben und Tosen. Der Schiffer erwachte davon und stand nun auf, konnte aber nicht aus der Kajüte herauskommen. Er weckte deshalb den Steuermann und sagte ihm, er solle aufstehen. Aber auch der konnte nicht aus der Kajüte herauskommen. Dabei hatten die beiden das Gefühl, daß das Schiff segelte. Die Segel schlugen und klopften, und das Schiff legte sich auf die Seite, wie bei ganz schwerer, hoher See. Dann plötzlich ließ sich eine geheimnisvolle Stimme vernehmen: »Zzz!« Am andern Morgen gelang den Leuten, was sie am Abend nicht vermocht hatten. Ohne Schwierigkeiten konnten sie die Kajüte öffnen. Als sie nun aus ihrem Raum herauskamen, lag das Verdeck voll von Blättern, daß man bis zu den Knien darin einsank, und überall stand es voller Blut. Das Schiff aber lag noch an derselben Stelle, wo es vorher gelegen hatte. Da wußten die Leute, daß des Nachts eine Hexe an Bord gewesen war. (47)

Hexen verschaffen guten Wind

Es war einmal ein Schiffer, der hieß Luters Fauk, der lag eines Tages mit seinem Schiff bei Minsen. Da kamen gegen Abend zwei Frauen aus der Richtung von Wangerooge auf einem Besenstiel geritten. Sie hatten beide einen roten Rock aus Boi an, und ihr Haar stand nach hinten weg wie eine Bürste. Wie sie bei Fauk Luters vorbeigeritten kamen, rief der, ob sie ihm nicht einen guten Wind machen könnten. Er läge schon lange fest. »Ja«, antworteten sie, »geh nur an den Außendeich, da steht ein Baum, von dem reiß den dritten Zweig ab. Als wir da vorbeigekommen sind, haben wir hinaufgespuckt.« Der Schiffer tat, wie ihm befohlen, und kaum hatte er den Zweig an Bord, da erhob sich ein frischer Ostwind, und er konnte aussegeln und war in 24 Stunden in Amsterdam. Dort löschte er seine Ladung, und in 24 Stunden war er wieder zurück nach Horumersiel. Als er zurückkam, meinten sie, er läge noch immer da mit seiner Ladung. »Nein!« sagte er, »ich bin in Amsterdam gewesen und schon wieder ohne Ladung zurückgekommen, aber mich verlangt nicht nach mehr. Das Wasser war grasgrün, aber es sauste und brauste, daß man nicht hören und sehen konnte. Ich habe kein Verlangen nach einer zweiten solchen Reise.« – In der Nacht kam eine Katze zu dem Schiffer an Bord und bat ihn, er möge den Zweig verbrennen. Das tat er auch. Als er aber nach Wangerooge zurückfuhr, lagen seine Schwester und Schwägerin todkrank. Das waren die Hexen gewesen, die ihm den guten Wind verschafft hatten. (48)

Durch Gebüsch und Gestrüpp

Der faule alte Remer aus Bollingen ging eines Sommers als Grasmäher ins Reiderland. Er mähte bei einem Bauern in Marienchor. Der Knecht dort hatte ihm erzählt, die Bäuerin sei eine Hexe. Da sagte Remer dem Knecht, er solle aufpassen, wenn sie nachts hinausginge. Nun hatte die Bäuerin ein Fläschchen auf dem Kaminsims, darin war eine Salbe. Damit schmierte sie sich ein und sagte:

»Heruterdituut,
to 'n Schosteen heruut;
over Busk un Broake [Gestrüpp],
to Bremen in 'n Wienkeller«

Das hört der Knecht, und auch er schmiert sich mit der Salbe ein. Er stellt sich an den Schornstein und sagt:

»Heruterdituut,
to 'n schosteen heruut,
dör Busk un Broake.«

So kommt der Knecht zu der Frau in einen Weinkeller in Bremen, aber all seine Kleider sind zerrissen, weil er durch Gebüsch und Gestrüpp geflogen ist. Sie sitzen dort bis zum Morgen, dann sagen sie zueinander: »Jetzt ist es Zeit, um nach Hause zu gehen.« Das Weib nimmt die Gestalt eines Ziegenbocks an und heißt den Knecht, sich auf sie zu setzen. Der Ziegenbock springt bis zum Zwischenahner Meer. Bevor sie dort anlangen, sagt er dem Knecht, daß er nicht reden dürfe. Dann springt er über das Meer. Da wundert sich der Knecht und sagt: »Das ist ein guter Sprung für einen Ziegenbock!« Da fällt er hinunter. Er mußte zwei Tage gehen, bevor er wieder bei der Frau in Marienchor war. (49)

Unfreiwillige Luftreise

Eine Hexe treibt ihr finsteres Werk im Dunkeln teils durch Beschwörung, teils durch Zaubermittel, welche direkt von der Teufelsapotheke verschrieben werden. Wer sich und sein Hauswesen vor Hexerei schützen will, muß Schwelle und Pfosten der Haustür mit dem Zeichen des Kreuzes versehen, weil dieses Zeichen die Macht der Hexe entkräftet. Auch soll das Tragen einer Stopfnadel im Hemde gegen Behexung hinreichenden Schutz gewähren. Als Beleg dieser Aussage möge folgender wahre Bericht dienen: Ein dem Einsender dieses Aufsatzes bekannter junger Mann litt in seiner Jugend an Drüsen, wie an epileptischen Zufällen. Eines Tages sah ich, daß derselbe in seinem Hemd eine Stopfnadel befestigt hatte. Da ich die Bedeutung derselben weder kannte noch ahnte, sagte ich ihm, daß er sich leicht durch die Nadel verletzen könne und deshalb besser tue, wenn er dieselbe von diesem gefährlichen Platz entferne. Statt meinen Rat zu befolgen, machte er mir folgende Mitteilung: Er glaube ganz fest, daß er behext sei. Nun sei erwiesen, daß eine Hexe dem nichts anhaben könne, der sich durch eine Stopfnadel im Hemde vor ihren Angriffen schütze. So habe denn auch er dieses Mittel gegen Hexerei angewendet und mit Erfolg, denn sein Leiden sei bedeutend gemildert.

Mein zweifelndes Aussehen mochte ihm verraten haben, wie ich an Hexerei nicht glaube; er setzte seiner Mitteilung die übrigens wohlgemeinte Warnung hinzu, ich möge nur keine Hexen verspotten, sintemal ihre Macht sehr groß sei, und sie jede Verachtung derselben auf das strengste ahndeten. So habe auch vor einigen Jahren ein Mann das Vorhandensein von Hexen geleugnet, sei aber durch Schaden klug geworden. Einst habe dieser Mann eine Reise nach Pewsum machen müssen und erst spät sich wieder auf den Heimweg begeben können. In der Nähe von Woquard habe er über sich in der Luft ein unheimliches Brausen vernommen, er sei mit unsichtbarer Hand erfaßt, emporgehoben in die Lüfte und in solch geflügelter Eile fortgetragen über Feld und Flur, daß ihn die Besinnung verlassen habe. Als er am nächsten Morgen aus seiner Ohnmacht erwacht sei, habe er sich zu seinem großen Schrecken auf dem Kirchhofe zu Hamswehrum hinter einem Grabsteine gefunden. – So rächen die Hexen die Verleugnung ihrer Macht. (50)

Die Wasserhose

An einem heißen Sommertage setzte ein Mann aus Nieblum auf Föhr, der in der Wohlmende mit Grasmähen beschäftigt war, sich nieder, um ein Stück Brot in Ruhe zu verzehren. Aber da kam eine große Wasserhose in gerader Richtung auf ihn los. Der Mann, der wohl wußte, daß diese von Hexen herrühren, warf beherzt sein Brotmesser hinein, um die Hexe zu verwunden. Da im Nu ward er gefaßt und wirbelnd durch die Luft getragen, bis er endlich wohlbehalten auf einer kleinen Insel am Ende der Welt wieder den Boden berührte. Er sah den elendesten Tod voraus, denn die Insel war ganz wüst und durchaus unbewohnt, und von einem wilden stürmischen Meer umgeben. In seiner Angst und Not schrie er um Hilfe und bat die Hexe um Verzeihung. Da ward ein Stuhl vor ihm niedergelassen, an dem ein Strick mit drei Knoten befestigt war. Er setzte sich darauf und es kam eine Stimme aus der Luft, die ihm zurief, wenn er wieder nach Hause wolle, solle er den einen Knoten öffnen; ginge dann die Fahrt nicht schnell genug, könne er auch den zweiten lösen; vor dem dritten aber solle er sich hüten. Sogleich ging seine Reise durch die Luft vor sich, als er den ersten Knoten löste. Bald machte er auch den zweiten los, und er fuhr nun so geschwind wie eine Kanonenkugel dahin. Bald lag Föhr wieder vor seinen Augen; da konnte er nicht der Versuchung widerstehen, auch den dritten Knoten zu öffnen. Mit ungeheurer Schnelligkeit ging's nun fort und hätte er nicht auf den Kirchturm zu St. Johannis getroffen, wäre er über die Insel hingeflogen. Bei dem Zusammentreffen mit dem Turmhahn aber verlor der unglückliche Mann beide Beine und hatte nun die traurige Erfahrung gemacht, wie gefährlich es sei, sich mit Hexen abzugeben. (51)

Die drei Hexen

Es war einmal ein großer Zweimaster, der lag in der Türkei, um zu laden. Der Schiffer war an Land gegangen, und der Steuermann lag allein in der Koje. Da begann es plötzlich um das Schiff herum zu spuken. Beständig hörte man Stimmen, und dazu war ein fürchterlicher Sturm, – huhu –, der warf das Laub von den Bäumen, daß das Deck bald voll davon war. Als es Nacht geworden war, hörte der Steuermann, der wegen des Lärms kein Auge hatte zutun können, wie drei Hexen an Bord kamen. Die unterhielten sich darüber, daß es eigentlich eine Sünde und Schande wäre, daß das große, schöne Schiff untergehen sollte. Da meinte die eine: Es wäre schon Rat dafür, wenn die Leute es nur wüßten; es würden drei große Seen kommen, und in jede müßten sie hineinschlagen, einmal mit einer Axt, das zweitemal mit einer Säge und das letztemal mit dem Deichsel. – Die Hexen würden sich gewiß nicht so laut unterhalten haben, wenn sie gewußt hätten, daß sie belauscht würden. So aber hatte der Steuermann Wort für Wort verstanden.

Als der Schiffer zurückkam, erklärte der Steuermann, er wolle die Reise nicht mitmachen. Doch der Schiffer bat ihn inständig, an Bord zu bleiben. Da sagte der Steuermann: »Gut, ich fahre mit. Aber dann will ich auf dieser Reise Schiffer sein, und alle Leute müssen meinem Befehl unterstellt werden.« Der Schiffer wunderte sich wohl über diese merkwürdige Bedingung, aber er ging schließlich darauf ein. Bald darauf trat das Schiff seine Reise an, und schon nach kurzer Zeit erhob sich eine schwere See. Da befahl der Steuermann: »Axt zur Hand!« und dann ließ er tüchtig hineinschlagen. Kaum aber war das geschehen, da war alles ringsum blutig, und auch das Wasser, das über Deck kam, war rot wie Blut. Nach kurzer Zeit kam eine zweite und dann eine dritte schwere See. Auch dieses Mal ließ der Steuermann wieder hineinschlagen, beim zweitenmal mit der Säge und beim drittenmal mit dem Deichsel, und wieder färbte sich das Wasser rot wie Blut. Dann aber hatte man Ruhe, und das Schiff erreichte wohlbehalten seinen Heimathafen.

Als es dort ankam, lag die Frau des Schiffers mit ihren beiden Schwestern lahm und krank zu Bett. Nun erzählte der Steuermann, was er vor der Ausfahrt erlebt hatte. Da ließ sich der Schiffer von seiner Frau scheiden, und sie und ihre beiden Schwestern wurden als Hexen verbrannt. Der Steuermann aber erhielt eine große Belohnung. (52)

Die versteinerte Hexe

Ein junger Mann in Witsum [Föhr] hatte eine Braut, die aber eine Hexe war und sich jede Nacht heimlich entfernte, um mit den anderen Hexen Unfug zu treiben. Als nun die Zeit der Hochzeit kam, wollte der Bräutigam die Trauung wie üblich an einem Freitag, sie aber an einem Montag haben, und sie wußte so viele Gründe anzugeben und den Aberglauben ihres Bräutigams lächerlich zu machen, daß er endlich nachgab. Am Tage der Trauung gingen sie im Hochzeitszug von Witsum nach der St. Laurentii-

Strandung der holländischen Kuff »De Spruit« bei Wenningstadt auf Sylt am 30. 9. 1872

Kirche; denn Witsum gehörte damals noch zu dieser Gemeinde. Als sie eben durch die Witsumer Dünen waren, kam ihnen ein altes Weib entgegengehumpelt, das nur eben Zeit fand, mit ihren Krükken aus dem Wege zu weichen und noch eine spottende Bemerkung der Braut anhören mußte. Als sie jetzt die Braut ansah und sie erkannte, warnte sie den Bräutigam und sagte, seine Braut wäre eine Hexe. Bei diesen Worten erblaßte die Braut und trat einen Schritt seitwärts. Als der Bräutigam dies sah, verlangte er von ihr einen Eid, um sich von dieser Anschuldigung zu reinigen. Da man jetzt in dem nahen Witsum einen Hahn krähen hörte, so schwur sie, daß, wenn die Anschuldigung wahr sei, sie nie mehr einen Hahn krähen hören und sogleich in Stein verwandelt werden wolle. Kaum hatte sie den falschen Schwur getan, als sie auch schon in Stein verwandelt wurde. – Noch vor einigen Jahren [so 1911] stand der Stein dicht an dem Fußsteig, ist aber von mutwilliger Hand umgestoßen worden, und man sagt, wenn er einen Hahn krähen hört, so muß er aufspringen und sich dreimal umdrehen. (53)

»Die Spaten stecken schon im Grab«

Behexbar sind nach Ansicht der Norderneyer nur Personen, in deren Vornamen ein r vorkommt. Diese Leute suchen sich vor den Hexen dadurch zu schützen, daß sie ihr Hemd verkehrt herum anziehen. Am Betreten eines Hauses werden die Hexen dadurch verhindert, daß man drei Paar Stopfnadeln gekreuzt unter die Türschwelle legte oder ein paar Kreuze auf die Schwelle zeichnete.

Vor einer Reihe von Jahren erkrankte eine Norderneyerin. Trotz der besten Pflege wurde sie nicht wieder besser. Da bat ihr Mann eine Nachbarin, ob sie nicht nach Norden zum Wikwiif, das heißt zur Wahrsagerin gehen wolle, seine Frau müsse behext sein. Die Nachbarin entsprach seiner Bitte. Als sie bei der Wahrsagerin eintrat, sagte die: »Ich sehe schon, warum du kommst. Du kommst wegen einer alten Frau!« Damit legte sie die Karten und meinte: »Schüppen stahn al in 't Graft – die Spaten stecken schon im Grab. Aber du kommst noch früh genug. Wenn du nach Haus zurückkommst, mußt du zwei Speiler über Kreuz nehmen und dann die Speiler mit einem Stück Brot darauf unter die Schwelle legen. Wenn dann die Hexe kommt, mußt du drei Hände voll Salz ins Feuer werfen. Dann wird die Kranke Ruhe vor ihr haben.«

Wie die Wahrsagerin prophezeit hatte, so geschah es auch. Kaum war die Frau zu der Kranken zurückgekehrt und hatte die Speiler unter die Türschwelle gelegt, kam ein altes Weib an und bat sie um etwas Feuer. »Komm nur her«, sagte die Frau. Aber das alte Weib zögerte, über die Schwelle zu treten. »Reich es mir nur heraus!« bat sie. Da warf die Frau, wie ihr geheißen, drei Hände voll Salz in das Feuer, daß es nach allen Seiten sprühte und die alte Hexe sich das Gesicht jämmerlich verbrannte. Die Kranke aber hatte fortan vor der Hexe Ruhe und genas in einigen Tagen. (54)

Der Hexenkranz

Das war ein Kind von sechs Jahren in unserer Nachbarschaft. Dieses Kind war das siebente Kind der Leute und als jüngstes auch Liebling aller. Dazu war es das schönste unter den ganzen Geschwistern. Ich habe die gut gekannt, das war wirklich eine Puppe. Die wurde plötzlich krank. Kein Arzt wußte, was ihm fehlte. Es wurde kränker und kränker und kam deshalb schon vorzeitig zur heiligen Kommunion. Von seinen Taufpaten bekam es zur Kommunion eine Uhr geschenkt, und schon nach kurzer Zeit konnte es die Stunden lesen, obwohl es erst kaum fünf Jahre alt war. Und jeden Morgen um sechs blieb diese Uhr, wenngleich sie gerade aufgezogen wurde, stehen. Und dann wurde das Kind schwächer und schwächer. Da ist jemand gekommen und sagte: »Das Kind hat keine natürliche Krankheit. Untersucht doch mal das Bett, ob sich in den Federn nicht ein Kranz, eine Rose oder eine Taube, alles aus Federn, gebildet hat. Dieses muß mit Wursteband zusammengebunden sein, wenn man es findet. Werft ihr es ins Feuer, dann muß die Hexe sterben. Wenn ihr es aber in kochendes Wasser werft, muß die Hexe binnen zwei Stunden auf der Bildfläche erscheinen.« Sie brauchten nicht lange zu suchen, da fanden sie im Kopfkissen des Kindes einen Kranz, wie beschrieben, fast fertig. Das Wursteband hatte sich schon geschlossen zum Kranz, es fehlten nur noch ein paar Federn. Jetzt war es zur Heilung schon zu spät, weil das Wursteband schon zu war. Das Kind mußte daran sterben, und zwar des Morgens um sechs Uhr, also zu genau der Zeit, als seine Uhr immer stehengeblieben war.

Die Eltern haben aber trotzdem noch den Kranz, wie ihnen geraten wurde, in kochendes Wasser auf den Ofen gestellt. Türen und Fenster mußten verriegelt sein, und kein Familienmitglied durfte außer Hauses sein. Als nun das Wasser kochte, kam eine Frau aus dem Dorf fast angekrochen und rief durch das Fenster: »Stellt um Gottes Willen den Topf vom Ofen! Mir sitzen tausend Teufel im Nacken zu hacken. Ich habe es getan. Ich habe es von meiner Mutter, als sie auf dem Sterbebett lag, übernehmen müssen, weil von dieser der Fluch genommen werden mußte, den auch ich wieder weitergeben muß, wenn ich nicht verdammt werden will. Während ich mit diesem Fluch behaftet bin, muß ich einmal einen unschuldigen Menschen opfern.« Dann sagte sie noch: »Euer Kind ist selig geworden.« – Das Kind habe ich selbst mit zu Grabe getragen. Den Kranz habe ich gesehen, wie er ganz zerfleddert aus dem Wasser geholt wurde. Die Frau lebt heute noch. Als ich sie neulich im Ceka traf, lief mir ein Schauer über den Rücken. Sie trägt sehr unter ihrer Last und geht sehr gebückt und ist sehr vergrämt. Sie wollte mir die Hand geben, aber ich dachte: »Nee, du olle Hex, dir geb ich nich die Hand.« (55)

Die Hexenbutter

Wenn die Frauen in alter Zeit beim Buttern waren und die Buttermilch zu schäumen begann, daß die Butter nicht geriet, dann pflegten sie zu sagen, die Butter sei verhext. Aber wenn die Milch in der Karne nur ein wenig gerann, daß es wie Milchstippels aussah, dann nannten sie das Hexenbutter. Kam dann eine Frau über die Arbeit zu, dann war das nach ihrer Ansicht die Hexe. So stand auch einmal eine Wangeroogerin hinter der Karne und konnte keine Butter bekommen, als eine alte Frau zu ihr hereinkam und sie fragte, ob sie nicht etwas Buttermilch für sie hätte. Die Insulanerin ärgerte sich über die Hexe und fuhr sie barsch an: »Ich kann dir keine Buttermilch geben. Die Hexen haben meine Butter verzaubert. Ich kann mit dem Buttern nicht fertig werden!« Sie versuchte es noch einmal mit Buttern, aber ohne den geringsten Erfolg. Da rief sie: »Die alte Hexe hat mir die Butter verzaubert. Ich will sie mir schon wieder holen!« Als die Hexe weggegangen war, legte sich die Frau ruhig zum Schlafen. Am andern Morgen vor Sonnenaufgang machte sie drei Kreuze unter ihre Karne, nahm dann eine Teetasse mit Rahm und ging damit nach dem Haus der Hexe. Dort machte sie mit dem Rahm an jeden Ständer drei Kreuze in Kleeblattform und rief dabei: »Du hast mir meine Butter genommen. Bring sie mir wieder in Jesu Gottes Namen.« Zu Hause hatten ihre Leute inzwischen vor der Haustür ein schwarzes Kreuz von Ruß gezeichnet. Da ging sie hinüber, und nun war die Macht der Hexe gebrochen. Als sie jetzt von neuem zu buttern begann,

Alt-Wangerooge um 1820

bekam sie all die Butter, die am Tage vorher weggeblieben war. (56)

Der böse Blick

Ein Milchmädchen sitzt einmal auf der Weide bei ihrem Melkeimer, da reitet ein Reiter vorüber und gleich darauf fällt sie unter gewaltigen Schmerzen zur Erde nieder. Da eilten die anderen Mägde herbei und sie sagt ihnen, daß eben ein Reiter vorbeigeritten sei, der müsse sie entsehen haben. Daher eilten sie jenem nach, kommen ihm auch auf Richtwegen zuvor, halten ihn an und sagen ihm, er habe es dem Mädchen angetan, nun solle er sie auch wieder gesund machen. Da erschrickt er und sagt, das sei wohl möglich, denn früh morgens habe er sich nicht gesegnet, kehrt auch sogleich um zu dem Mädchen, segnet sie und im Augenblick war sie gesund. (57)

*

Einmal hatte die Kuh eines Wangeroogerins [einer Frau aus Wangerooge] ein Kuhkalb geworfen, und die Leute hatten das Kalb auf den Stall gesetzt. Da erschien eine alte Frau, die als Hexe bekannt war, sah in den Stall hinein, ging dann zu den Leuten in die Stube und meinte: »Ihr habt ein schönes Kuhkalb bekommen!« Als die Hexe weggegangen war, sagten die Leute sofort: »Nun Gnad uns Gott. Nun sind wir unser Kuhkalb los. Die alte Hexe hat es verdorben. Laßt uns einmal nachsehen!« Als sie in den Stall kamen, lag das Kalb richtig mit ausgestreckten Beinen, die Zunge zum Halse heraus, auf dem Boden. (58)

Der Feuerreiter von Bohmstedt

Am Südende Bohmstedts bestand vor der Vermessung und Verkoppelung zu Anfang des vorigen Jahrhunderts die jetzige Dorfstraße noch nicht. Die Fahrt zu den Häusern ging von einem östlich der Hausgrundstücke liegenden, noch jetzt vorhandenen

Wege aus. An diesem Wege stehen, eine Einfahrtsöffnung begrenzend, zwei massive Feldsteine, in welche eingehauen ist: Anno 1650. An die Steine knüpft sich eine Überlieferung: Im Jahre 1650 geriet das auf dem Grundstück stehende Haus in Brand. Da stieg ein Reiter der im Dorfe einquartierten Reiterabteilung zu Pferde und umritt das Feuer in weitem Kreise, wobei er in der Marsch bis Blage und auf der Geest bis Wittensi (weißer See) kam. Als er im schnellsten Galopp den Kreis geschlossen hatte, war man des Feuers Herr geworden. Zum Gedächtnis errichtete man die Steine mit der Inschrift. (59)

Diebe festgebannt

Ein Händler ist mit einem Wagen voll Weißkohl nachmittags von Aurich zum Emder Gemüsemarkt gefahren. Am Abend in Emden angekommen sucht er für sich und seinen Wagen bei einem Gastwirt Unterkunft. Der aber hat nur für ihn und sein Pferd noch Platz, sagt ihm indes zu seiner Beruhigung, er solle seinen Wagen nur unbesorgt auf der Straße stehen lassen, es werde ihm nichts gestohlen werden. Solle das dennoch geschehen, so wolle er für den Schaden haften. Hierauf zeichnet er drei Kreuze an den Wagen und murmelt eine Beschwörungsformel. Darauf begibt er sich mit dem Händler ins Haus. Kurz vor Sonnenaufgang weckt er seinen Gast und führt ihn vor das Haus. Dort bietet sich ihnen ein wunderlicher Anblick. Neben dem Wagen steht ein Mann, den Fuß auf eine Radachse gestellt, in ganz erstarrtem Zustand. Der Wirt erklärt dem Händler, das sei ein Dieb, der von ihm besprochen sei. Seine Zauberkraft aber höre auf, sobald der erste Sonnenstrahl auf die Erde falle. Er müsse den Mann deshalb jetzt erlösen. Darauf macht er wieder drei Kreuze, murmelt dazu seinen Spruch, und im nächsten Augenblick rennt der Dieb in wilder Flucht davon. (60)

*

Ein Bauer aus Neßmersiel war mit Korn nach Norden gefahren und konnte erst am andern Tage zurück sein. Die Bäuerin hatte große Angst vor Einbrechern. Und richtig: Gegen Abend erklang Pferdegetrappel und Klopfen an der Haustür. Die Frau wollte erst gar nicht öffnen. Da stand ein Fremder und bat um ein Nachtlager. Sie hieß ihn sich ans Feuer setzen, und obgleich sie dem Mann nicht traute, ging sie doch schließlich bei den Mägden zu Bett. Bald aber mußte sie wieder heraus, denn es wurde von neuem geklopft. Zwei Männer mit geschwärzten Gesichtern drangen herein und forderten die Schlüssel zu den Schränken und leere Säcke. Der Mann am Feuer kümmerte sich scheinbar gar nicht um die Kerle. Die gingen auf die Upkamer [hochgelegene Stube über dem Keller] und begannen Leinenzeug und alles, was sie vorfanden, in die Säcke zu stopfen. Der Fremde rief ihnen mehrmals durch die offene Tür zu: »Sün ji nu klaar?« – »Ja, glieks sünd wi klaar!« Dann stand er auf, ging zur Tür der Upkamer und rief laut und befehlend: »Well gahn will, de kann gahn, well stahn blifft, de blifft stahn!« Da standen die beiden Diebe steif und wie festgewachsen. Und er rief dem Knecht zu: »Nu willt wi hör wasken, nu man Water un Seep her.« Der Großknecht holte einen Stalleimer mit Wasser und Seife und begann den beiden die Gesichter zu waschen. Mit einem Male rief er aus: »Dat sünd ja Hinnerk-Ohm und Gerd- Ohm!« Es waren die eigenen Arbeiter des Bauern. (61)

Siebdrehen

Zur Zeit eines Krieges hatte ein Schlachter auf Amrum zuviel zu tun, um allein damit fertig werden zu können; er nahm daher den Sohn seines Nachbarn zum Gehilfen und hatte zu diesem so viel Zutrauen, daß er ihm sogar einen Ort zeigte, wo er ein paar hundert Taler aufbewahrt hatte. Der Sohn erzählte das seiner Mutter und beiden kam eine große Lust nach dem Gelde. Als am nächsten Nachmittage auf der Diele des Nachbarn eine Kuh geschlachtet ward, kam die Mutter ans Fenster, um ein paar Pfund

Fleisch zu holen, die bereits für sie abgewogen waren; der Sohn ging hin und reichte ihr den Korb hinaus mit dem Fleisch und dem Geldbeutel, den er zuvor auf den Boden des Korbs gelegt hatte. Nach einigen Tagen entdeckte der Schlachter seinen Verlust. Er warf sogleich Verdacht auf seinen Gehilfen und gab ihm solches zu verstehen. Allein dieser verfluchte sich und beteuerte seine Unschuld bei allem, was heilig ist.

Zu dieser Zeit war in Morsum auf Sylt ein berühmter Hexenmeister, der die Diebe herausbringen und sie zwingen konnte, das Gestohlene wieder zu bringen. Der Schlachter ließ daher seine Frau zu ihm hinüber reisen und der Hexenmeister traf sogleich seine Anstalten. Er ließ sich ein Mehlsieb bringen, legte einen Schlüssel und eine Schere hinein und setzte das Sieb auf ein großes mit Wasser angefülltes Gefäß. Darauf sprach er seine Zauberformeln und die Frau mußte nun die Namen aller verdächtigen Personen mehrmals nennen. So oft sie nun die Namen ihrer Nachbarn nannte, tanzten Schlüssel und Schere herum; und als der Hexenmeister die Frau ins Wasser schauen ließ, sah sie deutlich, wie der Gehilfe ihres Mannes seiner Mutter das Geld reichte. Der Hexenmeister erklärte aber, daß es ihm unmöglich sei, ihr das Geld zurück zu liefern, weil die Diebe schon damit über Wasser gereist wären. – Übrigens ist nachher im Hause der diebischen Nachbarn doch kein Segen gewesen, sondern die Bettüren haben da beständig offen gestanden, weil immer einer krank gelegen. (62)

Zauberbücher

Von alten Leuten wird [1874] noch hie und da eines alten Zauberbuchs erwähnt, welches sie Swart-Saxterbook nennen. Die darin enthaltenen Formeln mußten bei der Zitation vorwärts und bei der Abdankung rückwärts gelesen werden. Ein solches Buch konnte jemand nur durch Erbschaft, Schenkung oder Diebstahl in Besitz bekommen. Es kursiert noch eine Sage, wonach jemand, der gern sein Swart-Saxterbook los sein wollte, um nicht von Zeit zu Zeit Böses tun zu müssen, sich eine silberne Troddel daran machte und sich dann das Buch an einem Markttage im Gedränge bei der

Die Kirche zu Marienhafe (gezeichnet von L. Rohbock, gestochen von G. Rudolf)

Troddel, welche er kluglicher Weise zur Schau trug, aus der Tasche ziehen, das heißt stehlen ließ. – Eine andere Sage ist diese: Ein Knecht auf dem großen Buschhause bei Schott [bei Marienhafe], welcher auch ein solches Buch besaß, hatte dasselbe, als er einst zur Kirche war, nicht verschlossen. Das Buch geriet dem übrigen Gesinde in die Hände, welches darin las. Sogleich erschienen ganze Rudel wilde Schweine, welche alles verzehrten, was in der Küche war. Schon wollten sie über die Hausgenossen herfallen, als plötzlich der Knecht wieder zurückkehrte, eiligst das Zauberbuch nahm und die betreffende Formel rückwärts las, worauf die Schweine wieder verschwanden. (63)

*

Wissen Sie, warum der ›Deibelfuß‹ hieß? Der hat sich als kleiner Junge Nägel in die Holzschuhe geschlagen, und zwar von unten nach oben. Da die Nägel rauskamen, hat er sich auf die Außenseiten der Holzschuhe gestellt. So verkrüppelten langsam die Füße, und er hieß im ganzen Dorf der Deibelfuß. – Dieser Deibelfuß hatte das Sechste und Siebte Buch Mosis. Das Sechste und Siebte Buch Mosis hatten viele, dieser jedenfalls hatte das. Und er war am Sonntag in die Kirche gegangen und hatte ein ungutes Gefühl. Während der halben Messe ist er rausgegangen, und als er nach Hause kam, war die Diele voller schwarzer Krähen. In Wirklichkeit war das aber der Teufel. Er ahnte sofort nichts Gutes, und sein kleiner Sohn war fleißig in diesem Buch am Lesen. Zuerst mußte er nun aber diese Krähen, die den Eingang zur Küche, wo der Junge saß, versperrten, beschäftigen, und weil es nun gerade Erntezeit war, hatte er gedroschenes Korn auf der Diele stehen. Was nun machen? Jetzt hat er einen Sack Hafer und einen Sack Roggen auf einen Haufen geschüttet, und in nullkommanix hatten die Krähen das Korn wieder aufgeteilt. Und dann haben sich die Krähen wieder ganz furchtbar gezankt, und er mußte wieder neue Arbeit schaffen. In seiner Angst hat er Milch und Wasser durcheinandergegossen. Das konnten die Krähen nicht teilen, und in der Zeit, wo sich die Krähen um Milch und Wasser gezankt haben, hat der Bauer die Zeit gefunden, um den gelesenen Artikel von dem Jungen rückwärts zu lesen. Und dann sind die Krähen verschwunden, als es mit der Leserei zuende war. Das ist eine wahre Geschichte vom Sechsten und Siebten Buch Mosis. (64)

Der Teufel im Spiel

Die Teufelsspuren

Auf Föhr in der Marsch zeigt man ein paar ganz kahle, von jeder Pflanze entblößte Stellen, eine halbe Rute im Durchmesser groß. Man hat sie ausgegraben und mit anderer Erde ausgefüllt; aber weder Kraut noch Gras gedieh darauf und kein Vogel läßt sich darauf nieder. Als nämlich der Teufel Helgoland aus Norwegen herholte, kam er über Föhr und hat dabei seine Fußspuren eingedrückt; die Stellen heißen darum auch die Düwelssporen. (65)

Die schwarze Schule

Von der schwarzen Schule wußte man in Nordfriesland und im Dänischen früher besonders viel zu erzählen. Der Teufel ist selber darin Lehrmeister und namentlich angehende Prediger werden unterrichtet. Fast jeder Pastor verstand etwas von der schwarzen Kunst; andre sind dagegen ganz ausgelernt und haben dafür dem Teufel ihre Seele verschreiben müssen, jedoch nur unter bestimmten Bedingungen. Einer mußte zum Beispiel sein Leben lang eine und dieselbe wollene Unterjacke tragen; ein andrer durfte sich nur sonnabends rasieren, ein dritter nur ein Strumpfband tragen, ein vierter verpflichtete sich, nie in die Kirche zu gehen oder nie eine Minute länger als eine oder eine halbe Stunde darin zu bleiben; hätten sie nur einmal aus Versehen die Bedingung übertreten, wäre ihre Seele verloren gewesen.

Jeder, der in der schwarzen Schule gewesen ist, hat Macht über die Geister, und versteht sich besonders auf Bannen der Wiedergänger und Gespenster. Durch ein Wort können sie sich von einem Ort nach dem anderen wünschen, und wissen alles, was in ihrer Abwesenheit in ihrem Hause passiert.

Ein Pastor Fabricius in Medelby war besonders geschickt: Einmal, als er auf einer Kindtaufe in Holt war, zwang er einen Jungen, der einen Apfelbaum im Pastoratgarten plündern wollte, so lange sitzen zu bleiben, bis er zurückkam und ihn befreite. Ein andermal schlug er mitten in der Predigt nur auf das Kissen der Kanzel und rief: »Halt!« Da stand, als die Leute nachher aus der Kirche kamen, ein Mann mit einem Sack voll frischgeschnittenen Grases unbeweglich da, das er während der Predigt vom Kirchhof hatte stehlen wollen. Er hatte auch sehr viele Zauberbücher. Sein Dienstmädchen machte einmal während der Predigt seine Studierstube rein, und neugierig fing sie in einem kleinen Buche an zu lesen. Plötzlich ward es in der Stube lebendig, und eine Menge der scheußlichsten Gestalten und Geister ließen sich sehen, und es kamen immer mehr und mehr, und immer näher kamen sie auf das Mädchen los, das vor Angst fast gestorben wäre. Der Pastor merkte in der Kirche gleich, was in seinem Hause vorging: Plötzlich sagte er mitten in der Predigt Amen, lief nach Hause und brachte die Geister wieder zur Ruhe, die sonst das Mädchen umgebracht hätten.

Der Teufel stellt aber allen, die mit ihm einen Kontrakt gemacht haben, nach, und hätte der Pastor Fabricius je mehr als ein Strumpfband umgelegt, hätte er ihn mitgenommen. Aber Fabricius war klüger als der Teufel; er nahm sich in acht, wenn er am Morgen zwei Strumpfbänder vor seinem Bett liegen sah. Der Teufel hat auch oft das Mädchen, das die Strümpfe für die Pastoren strickte, als Floh geplagt und sie so im Zählen der Maschen irre gemacht. Gewöhnlich war der Strumpf dann zu weit geworden und schlotterte dem Pastoren um die Ferse; woraus dieser sich jedoch nichts machte. Der Teufel hat ihm nie etwas anhaben können. (66)

Steenbock

1713 mußte der schwedische General Steenbock nach längerer Belagerung in Tönning kapitulieren; die Niederlage des sieggewohnten Feldherrn ist eines der wichtigsten Ereignisse in der schleswig-holsteinischen Geschichte. Die Folge war, daß der her-

Tönning um 1580 (Kupferstich aus Braun-Hogenberg)

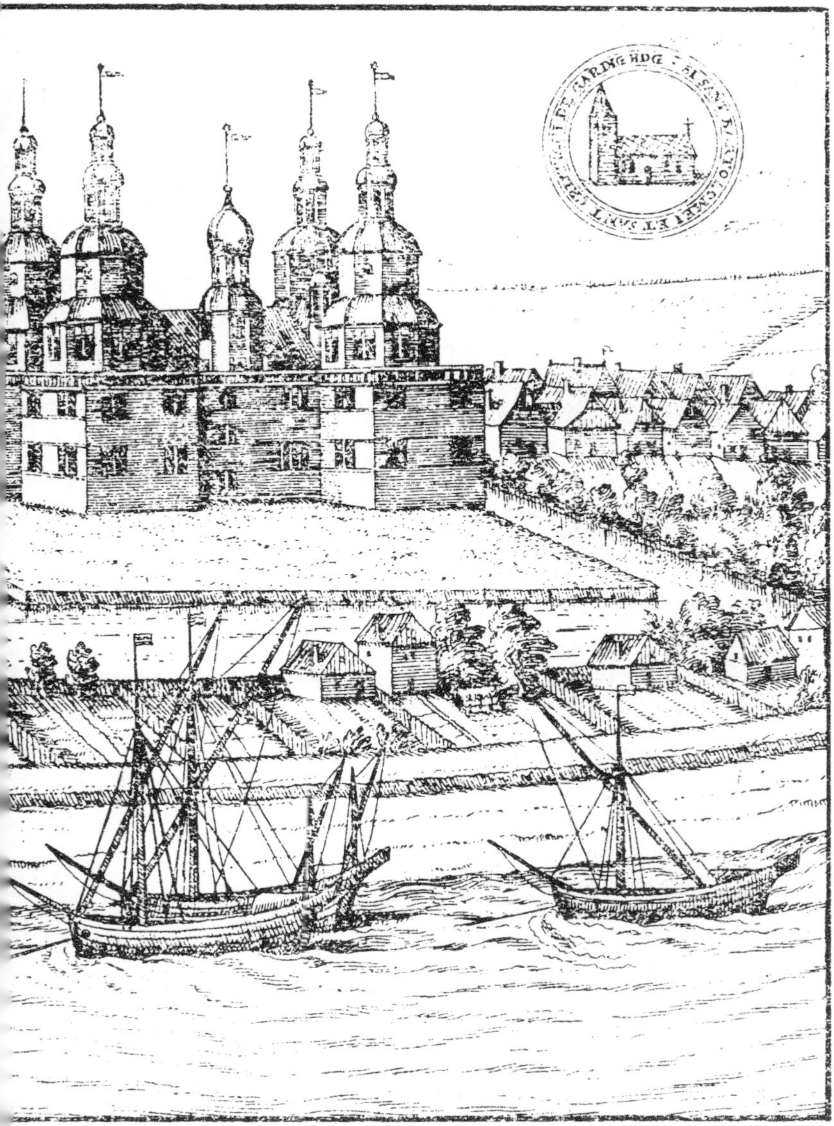
DE GARDINGHDG

zogliche und der königliche Anteil der Herzogtümer miteinander vereinigt wurden. – Steenbock hatte nur wenig Mannschaft bei sich, als er sich in Tönning festsetzte. Unsers Königs Armee aber war sehr zahlreich. Als daher diese heranzog, sah er ein, daß er sich nicht halten könne, sondern ergeben müßte. Aber Steenbock hatte einen Bund mit dem Teufel, und mit dessen Hilfe dachte er sich zu retten. Unsere Armee kam den einen Abend vor Tönning an und am andern Morgen wollte sie den Angriff machen. Diese Zeit benutzte Steenbock und befahl einem seiner Leute, hinaus auf die Straße zu gehen, und wer ihm zuerst begegnete, dessen Herz sollte er ihm bringen. Der Soldat ging hinaus, aber der, der ihm zuerst begegnete, das war sein eigner Bruder. Da konnte er es nicht über sich gewinnen, den zu töten, aber um doch dem Befehl des Generals zu gehorchen, ergriff er den Pudel, den sein Bruder bei sich hatte, schlachtete ihn und brachte das Herz zu seinem Herrn. Da schloß sich dieser in sein Zimmer ein, tat seine Zaubereien, zerlegte das Herz in vier Teile und aß diese noch warm eins nach dem andern auf. Am andern Morgen stand der ganze Wall der Festung voll schwarzer Pudel, alle auf zwei Beinen mit Gewehren in den Vorderfüßen. Hätte der Soldat ein Menschenherz gebracht, so wäre der Wall durch bewaffnete Männer besetzt gewesen und die unsrigen hätten die Stadt nicht so leicht erobert. Nun aber mußte Steenbock sich ergeben. (67)

Barel-Ohm

Ich ging in den Michelistagen 1879 an der Seite des Loquarder Kirchhofs entlang, wo mich zwei durch Abgrabung bloßgelegte Grabsteine durch ihre alte, verwitterte Inschrift fesselten. Ein alter Arbeiter hatte mein lebhaftes Interesse an diesen Grabsteinen bemerkt und trat nun an mich heran, mir folgende mysteriöse Historie zu erzählen: »Früher«, sagte er, »lag hier noch ein dritter Grabstein. Derselbe trug in erhabener Arbeit das Bild eines Bären, sowie den Namen eines Mannes, den der Volksmund Barel-Ohm nannte. Dieser Barel-Ohm hatte einen Bund geschlossen mit dem Satan. Ursprünglich ein Loquarder Bürger, war er nach Rysum

Emden, alte Hafeneinfahrt um 1850 (gezeichnet von L. Rohbock, gestochen von J. Riegel)

verzogen (wahrscheinlich aus Vorliebe für das sogenannte Hexenloog), und lebte in zwar keineswegs glänzenden, aber doch guten Verhältnissen als Halbbauer (ostfriesisch: Köterbuur).

Zu seinem Besitztum gehörte ein Stück Weideland, welches hart an der Grenze der Rysumer Gemarkung gegen Loquard hin gelegen ist und noch heutigen Tages den Namen Barelohms-Fenne trägt. Hier weidete gewöhnlich eine Kuh; alle Tage aber fand Barel-Ohm, wenn er kam, dieselbe zu melken, daß schon ein unbekannter Jemand dies Geschäft verrichtet habe. Das verdroß den guten Mann nicht wenig, und er beschloß, der diebischen Person einen kleinen Denkzettel anzuhängen. Eines Tages holte er seine Kuh vor der sogenannten Melkzeit heim, stellte sich selbst in die Fenne und verwandelte sich in eine Kuh, in dieser Gestalt wartend der Frau, die da kommen würde, ihn zu melken. Endlich war seine Wartezeit denn auch abgelaufen, eine schon ziemlich bejahrte Frau kam, stellte den Eimer unter die vermeintliche Kuh und begann ihr gewohntes Werk. – Jetzt ist's Zeit, dachte Barel-Ohm, und verwandelte sich wieder in einen Menschen, wodurch er die Frau so sehr erschreckte, daß sie ohnmächtig wurde. Stillvergnügt lachend ging er heim, wissend, daß fernerhin seine Kuh nicht wieder von fremder Hand angerührt werden würde.

Einstmals, es war in den Weihnachtstagen eines sehr kalten Winters, wurde bei Barel-Ohm das sogenannte Kindelbier gefeiert, denn seine Frau war eines prächtigen Buben genesen. Zu dieser Feier hatten sich zahlreiche Gäste, darunter Loquarder Frauen (eine derselben ist vor etwa zehn Jahren gestorben), eingefunden. Nachdem tüchtig gezecht worden, stellte Barel-Ohm an seine Gäste die Frage, ob sie gerne Kirschen genössen? Nachdem dieselbe von allen Seiten bejaht war, begab er sich einen Augenblick hinaus, kehrte aber schnell mit einer Schüssel voll der prächtigsten Kirschen zurück, welche von den Gästen mit vielem Behagen verspeist wurden. Sie versäumten denn auch nicht, dieselben in vielen Worten zu preisen. Barel-Ohm aber setzte, geheimnisvoll mit den Augen blinzelnd, hinzu: Die Kirschen waren wohl gut, aber der Überbringer derselben – der Böse – taugte nicht viel.

Ein ander Mal konnte Barel-Ohm auch den Emdern eine Probe seiner Macht geben. Er war nämlich in Geschäften dorthin gereist. Als er so über den Marktplatz geht, sieht er einen Fuhrmann beschäftigt, mit vier Pferden einen kolossalen Balken fortzuschleppen; aber alle Mühe ist vergebens, der Balken widersteht allen Anstrengungen. Barel-Ohm tritt, schnell entschlossen zu helfen, auf den Fuhrmann zu und bietet seine Hilfe an: Gegen eine tüchtige Summe Gelds will er den gewaltigen Balken durch einen mit einem Strohhalm aufgespannten Hahn an Ort und Stelle schaffen. Der Fuhrmann, welcher die Sache für Spaß hält, willigt ein, Barel-Ohm zitiert einen Hahn, spannt denselben an und bringt so, ehe der erstaunte Rosselenker sich's versieht, den Balken an seinen Bestimmungsort, wo er sich die geforderte Geldsumme ausbezahlen läßt. Nun waren aber die Emder nicht gesonnen, Barel-Ohm so leichten Kaufs mit seinem Kapitale ziehen zu lassen; deshalb setzten sie ihm nach, und es gelang ihnen, ihn in der Nähe von Constantia, einem Bauerngut am Larrelter Deich, einzuholen. Doch brauchten sie gar keine Gewalt anzuwenden, um ihres Herzens Begehr zu stillen; denn Barel- Ohm merkte ihre Absicht und sagte gleich, daß er das Geld im Stiefel habe, sie deshalb ersuche, ihm denselben auszuziehen. Aber, welch ein Schrecken ist's für sie, als sie statt des Stiefels das ganze Bein in der Hand behalten! Bestürzt eilten sie davon ohne Geld und Stiefel, Barel-Ohm aber ging, nachdem er sein Bein wieder eingelenkt hatte, ruhig heim.«

Noch mehr erzählte mir der Arbeiter aus dem Leben dieses Mannes, den, wie ich nachher in Erfahrung gebracht habe, noch recht alte Leute gekannt haben. Was mich aber bei dieser Geschichte am meisten fesselte, war das treu-einfältige Gesicht des Erzählers, aus dem ganz deutlich hervorging, daß er die Taten Barel-Ohms zwar nicht verstehe, wohl aber für wahr halte. (68)

Nahber Ock

Nahber Ock war ein leidenschaftlicher Entenjäger. Ob er gelegentlich auch anderes Wild schoß, wollen wir unentschieden lassen. So viel aber ist gewiß, daß er, wenn die Enten kamen oder gingen, bei Mondschein stets in seiner Entenhütte lag. Eines Abends aber, als der Mond erst gegen Mitternacht aufging, warf er sich im Hinterhause auf die Streu, mehr um zu ruhen und die Zeit zu verbringen, als um zu schlafen. Bald war er aber eingeschlummert, als ein Pochen auf dem Dache ihn weckte. Es war, als wenn große Vögel sich da niederließen. Er riß die Augen auf und sah mehrere menschenähnliche Gestalten zum Stiepgatt (eine runde Öffnung in der niederen Lehmwand am Kuhstall behufs Lüftung) hereinschlüpfen. Der böse Feind war mit einer Schar Weiber dort; jener schlug Feuer und zündete ein Licht an, das er an einen Pfahl befestigte. Darauf zog er aus der weiten Hosentasche die Geige hervor und spielte die wildesten Melodien, die seine Begleitung in der tollsten Weise durch Sprünge, Walzer und so weiter ausführte. Nach einiger Zeit kam die Nachbarin und sagte schmeichelnd: »Daar is Nahber Ocke ok noch!« Dann erlöschte das Licht und die saubere Gesellschaft zog wieder durchs Stiepgatt ab und davon. (69)

Die Wahrsagerin Rolf Janßen Ehefrau Liesbeth

Am 14. Oktober 1734 berichtete der Generalsuperintendent Lindhamer über ein Schreiben, das ihm ins Haus gebracht und von dem Pastor K. in Leer verfaßt sei, der aber nicht genannt sein wolle, wo es nicht die höchste Not erfordere. Er hatte dem Generalsuperintendenten mündlich erklärt, daß der Inhalt des Schreibens nicht auf leeren Gerüchten, sondern auf gewissen Gründen beruhe. Das Schreiben trägt die Überschrift: »Zuverlässige Nachricht, welcher Gestalt zu Leer des Rolf Janßen Ehefrau Liesbeth sich höchst verbotener Wahrsagerei befleißige und dadurch viele Menschen von Gottes Wort abwende und sündigen mache.« Es führt im einzelnen aus:

»Es wohnt zu Leer auf der sogenannten Blinke bei der reformierten Kirche in Kempen's Hause zur Miete ein armer Mann, der öfters betteln geht, namens Rolf Janßen, dessen Ehefrau Liesbeth eine strafbare Wahrsagerei treibt. Maßen, wenn sich jemand bei ihr angibt, wegen eines oder anderen erlittenen Unglückes unter Menschen und Vieh, wegen Erscheinung eines Geistes im Hause, oder sonstiger, besonderer Begebenheit halber, Rat und Hilfe zu suchen, sie als dann, innerhalb einer gewissen, gesetzten Stunde, einen Geist pflegt hervorzubringen und damit eine Weile zu sprechen, worauf sie dann die Ursachen der Erscheinungen der Geister, der erlebten Unglücksfälle etc. so verständlich weiß zu erzählen als ob sie wirklich dabei gewesen wäre, mithin auch allerlei Rat den Fragenden erteilt. Daher es kommen, daß, da solches nach und nach bekannt geworden, sie von vielen Orten her deshalb öfteren Zuspruch hat. Wiewohl ihr Mann, wie er sagt, keinen Teil daran hat, sondern mehr darüber klagt und gegen jedermann auf Befragen das gottlose Verhalten seiner Frau umständlich erzählt. Wie er denn noch neulich solches tat und folgendes hinzufügte:

Er wäre einmal neugierig gewesen, das Gespräch seiner Frau mit dem Geist anzuhören, weswegen er sich vorher in dem Hinterhause, da jene (der Geist und die Frau) zusammen kämen, versteckt habe. Worauf dann, als seine Frau zu gesetzter Stunde dahin gekommen, der begehrte Geist in Mannesgestalt, der schöne Kleider an und eine Mütze mit Gold aufgehabt habe, erschienen wäre.

Unter anderen geführten Reden hätte der Geist das Mal seine Frau ersucht, ihm ein getauftes Kind, das zum heiligen Abendmahl gehen wolle, zu verschaffen, worauf aber seine Frau geantwortet hätte: Das könne sie nicht tun, das wolle Gott nicht haben. Seine Frau hätte auch von ihm, ihrem Manne, geredet und dem Geist geklagt, daß er nicht glauben wolle; darauf habe der Geist geantwortet, dazu wolle er ihn wohl bringen. Da es denn gleich hernach geschehen, daß er hätte aufstehen müssen in der Nacht und Geister sehen und wenn er sich geweigert hätte, wäre er durch eine unsichtbare Gewalt stark gekneipet worden und also gezwungen, aufzustehen und Gespenster zu sehen. Solche Plage hätte er acht Jahre gehabt, bis ihm einmal ein neugieriger Jüngling aus Emden begegnet wäre und Geister zu sehen begehrt hätte. Darauf er ihm willfahrt und zu solchem Ende mit einer Nadel sich geritzt habe, auch mit seinem Blut den Jüngling bespritzt und zu ihm gesagt habe, er solle ihm, Rolf Janßen, auf den rechten Fuß treten und über seine linke Schulter hinsehen. Als nun der Jüngling das getan, hätte er den vorhin unsichtbaren Geist sehen können und er, Rolf Janßen, wäre von der Zeit an von der Plage befreit gewesen. Wie es aber dem Jüngling hernach ergangen sei, wisse er nicht.

Übrigens könne die Wahrsagerei der Liesbeth durch ein paar Zeugen aus Großoldendorf bekräftigt werden, nämlich durch Fokke Jürgens, der wegen eines kranken Kindes Rat bei ihr gesucht habe und durch Tamme Walrichs. In dem Hause des letzteren sei lange Zeit des Nachts ein Geist erschienen in Gestalt seines verstorbenen Oheims, und er habe dagegen bei der Wahrsagerin in Leer Rat verlangt. Sie habe ihm, als sie sich zuvörderst mit dem Geist im Hinterhause besprochen, gesagt, daß der erschienene Geist der seines Oheims wäre und darum erscheine, weil er, der Oheim, gewisse Gelder an die Armen in Leer gelobt habe, welche noch nicht bezahlt wären, weswegen er, Tamme, solche Gelder fördersamst bezahlen müsse. Als nun Tamme nichts dagegen einzuwenden gehabt hätte, indes aber doch gefragt habe, ob, weil sein Oheim schon etliche Jahre verstorben gewesen, also der vermachten Gelder wegen auch einige Jahre Zinsen rückständig wären, er denn auch gehalten wäre, die Zinsen zu bezahlen, hätte das Weib geantwortet, was er noch zu fragen habe, müsse er rasch sagen, denn sobald die Klocke (Uhr) geschlagen, könne sie keinen Bescheid mehr geben. Darauf wäre sie wieder in das Hinterhaus gelaufen und nach einer Weile zurückgekommen, um Tamme die erfreuliche Nachricht zu bringen, daß der Geist gesagt, die Zinsen brauche Tamme nicht zu zahlen, sondern er solle nur ihr für ihre Mühe drei Schillinge geben, welches er auch getan habe. – Leute aus Bagband, die auch bei der Frau gewesen, könnten ebenfalls als Zeugen auftreten.«

Die Beamten zu Leer wurden nun unter dem 16. Oktober 1737 zum Bericht aufgefordert. Aber sie konnten nur berichten, daß die Frau bereits gestorben sei. (70)

Die Freimaurer

Ein Dienstmädchen, das sich nicht fürchtete und das [irgendwo in Friesland] bei dem Diener der Freimaurer beschäftigt war, verschaffte sich einmal Gelegenheit, die Freimaurer bei ihrem geheimen Treiben durchs Schlüsselloch zu beobachten. Sie war mit Absicht immer von den geheimen Räumen ferngehalten worden, was ihre Neugierde natürlich nur noch gesteigert hatte. Sie blickte in einen dunklen Raum, dessen Wände schwarz ausgeschlagen waren. Es war keine fremde Person bei den Freimaurern, das hatte sie auch sonst beobachtet; denn wenn die Freimaurer in der Nacht oder am Abend zusammenkamen, waren sie vorsichtig und beobachteten die Eingangstüre, so daß kein Fremder herein durfte. In der Mitte des Raumes stand jedoch ein großer Tisch. Anfangs hatte sie gar nicht gesehen, daß sich unter diesem Tische noch etwas befand. Aber plötzlich bewegte es sich; und sie bemerkte einen großen schwarzen Hund darunter liegen. Das war aber der Teufel. Ihm müssen sich die Freimaurer verschreiben, wenn sie aufgenommen werden und dabei einen schrecklichen Schwur leisten. Wenn sie ihre Sache verraten, müssen sie sterben.

Jedes Jahr stirbt einer von den Freimaurern, doch weiß er seinen Todestag im voraus. Wenn einer von ihnen etwas verraten hat, macht der Logenmeiser eine Zeichnung in Gestalt eines Herzens, schneidet den Namen des Ungetreuen hinein und sticht mit dem

Dolche in dieses Herz. In demselben Augenblick stirbt der Unglückliche.

Die Freimaurer heißen so, weil sie nach ihrem Tode zur Strafe an dem Turmbau von Babel helfen müssen; darum nehmen sie auch Hammer, Kelle und so weiter mit ins Grab. Nur reiche und angesehene Leute finden Aufnahme. Sie werden zuerst von den anderen durch Würfel gewählt und müssen sich mit ihrem eigenen Blut unterschreiben. (71)

Benno Butendiek

Im 16. Jahrhundert lebte auf Nordstrand ein Mann namens Benno Butendiek, reich an Geld, Vieh und Land. Aber sein Reichtum war nicht auf ehrliche Weise erworben. Notleidenden Bauern lieh er Geld; aber selbst für nur wenige Taler verlangte er als Pfand das Land der Bauern. Wurde die Rückzahlungsfrist überschritten, so eignete er sich unverzüglich das verpfändete Gut an. Unmündige und Waisen betrog er um ihr Hab und Gut, und auch das Land der Kirche war vor seinen Machenschaften nicht sicher.

Eines Tages war Benno Butendiek tot. Er wurde, weil er ein reicher Mann gewesen war, mit großer Pracht und mit allen Ehren in einer gemauerten Gruft im Kirchenschiff begraben. Doch in der Nacht nach dem Begräbnis hörten Küster und Nachbarsleute einen großen Lärm in der Kirche. Sie sprangen aus den Betten und eilten zur Kirchentür; aber niemand getraute sich, die Tür zu öffnen. »Nun holt der Teufel seine Seele«, erklärte jemand flüsternd, und da zog sich einer nach dem anderen scheu in sein Haus zurück. Als am nächsten Morgen die Kirchentür geöffnet wurde, sah man, daß die Gruft zwar aufgebrochen, der Sarg mit dem Leichnam aber noch vorhanden war. In der folgenden Nacht brach der Lärm von neuem los, wieder tobte es in der Kirche. Alle Priester der Insel wurden zum Gebet zusammengerufen, aber nichts half. Der Lärm wiederholte sich drei Stunden lang in jeder Nacht. Da gab eine alte Frau den Rat, die Leiche aus dem Sarg zu holen und im Watt zu versenken. Der Scharfrichter von Husum erschien und vergrub den Toten draußen vor dem Deich. Mitten durch den Körper

Husum um 1580

wurde ein Pfahl gerammt, und man nagelte ein Kreuzbrett an das Holz, um den Teufel zu bannen. Mit dem Tag war es im Ort wieder ruhig. Der Pfahl stand noch lange im Watt; erst spät brach er in einem Sturm und wurde von der Flut hinweggespült. (72)

Die Tänzerin von Hoyerswort

Bei einer großen Hochzeit auf dem adeligen Gut Hoyerswort in Eiderstedt (erbaut von dem Staller Kaspar Hoyer) war unter den Gästen auch ein Mädchen, welches weit und breit die flinkste Tänzerin war und gar nicht vom Tanzen lassen konnte. Die Mutter warnte sie, aber sie meinte übermütig: »Und wenn der Teufel selbst mich zum Tanzen auffordern sollte, so schlüge ich es ihm nicht ab!« In dem Augenblick kam ein Unbekannter herein und forderte sie zum Tanzen auf. Das war aber der Teufel. Er hat sie solange im Tanz herumgeschwenkt, bis ihr das Blut aus dem Munde brach und sie tot hinfiel. Die Blutspuren im Saal sind unvertilgbar. Die Dirne selbst aber hat noch keine Ruh. Jede Nacht um Mitternacht muß sie aus dem Grab in den Tanzsaal: höllische Musik bricht los und das ganze alte Schloß hüpft auf und ab. Jeden, der zufällig eine Nacht in dem Saal schläft, fordert sie zum Tanze auf: aber es hat noch keiner gewagt, mit ihr zu tanzen. Tut es aber einmal ein Christenmensch, so ist sie erlöst. Einen jungen Mann, der selbst ein wilder, lustiger Geselle war, hat sie einmal so erschreckt, daß ihm für immer die Lust an Gelagen verging. Sobald er irgendwie Violinen hörte, meinte er den nächtlichen Spuk von Hoyerswort wieder zu hören. – Der Grabstein der Tänzerin von Hoyerswort soll heute [1932] vor dem Haubarg Leutnantshof in Uelvesbüll liegen. (73)

Der Teufel als Pudel

Wenn der Teufel in einem Hause einkehrt, bringt er wohl selten Frieden mit; aber einmal in Maasbüll war's doch so. Da waren in einem Hause am Sonntage Mann und Frau im heftigsten Streit begriffen, und die Frau rief zuletzt aus: »Ich wollte, daß dich der Teufel hole.« Kaum hatte sie das böse Wort heraus, als der Teufel in der Gestalt eines großen schwarzen Pudels in der Tür erschien. Da hatten die beiden Keifenden nichts Eiligeres zu tun, als ein heiliges Buch zu ergreifen und darin zu lesen, damit ihnen der Böse nichts antun könne. Sie hatten aber auch einen gewaltigen Schreck bekommen, und sollen nach diesem Erlebnis mit einander besser haben auskommen können. (74)

Vom Teufel besessen

Jemand war vom Teufel besessen und war ganz wütend, so daß man ihn binden mußte. Da kam der Pastor des Dorfes, um den Teufel auszutreiben, und während er dabei beschäftigt war, schwebten über dem Hause eine weiße Taube und ein schwarzer Rabe, die bissen sich in einem fort, und je mehr der Pastor betete, desto mehr gewann die Taube die Überhand, bis endlich der Rabe tot zu Boden fiel, und da war auch der Teufel von dem Besessenen gewichen. (75)

Das Bullenmeer

In alten Zeiten, als der Teufel noch los war, war im Saterlande ein Mann, in den war der Teufel eingezogen. Da machte der Besessene so viel Lärm und Unfug, daß seine Leute nicht mit ihm Haus halten konnten. Das verdroß die Leute und sie ließen den Pastor holen, der damals in Ramsloh stand. Der hatte erst viel damit zu tun, daß er den Teufel herauskriegte, aber zuletzt wurde er doch Meister. In des Mannes Hause stand just ein Bulle (ein Stier) auf dem Stalle. Der Teufel nun, als er heraus war, fragte den Pastor, wohin er denn jetzt solle? Da flog es dem Pastor unversehens aus dem Munde, und er sprach: »Meinetwegen geh, wohin du willst, und wenn du auch in den Bullen gehst.« Kaum hatte der Pastor das Wort gesagt, so saß auch der Teufel im Bullen. Der Bulle riß Joch und Kette sogleich in Stücke, stieß die geschlossene Tür kurz und klein und lief gerade ins Moor hinein und kam an ein großes Meer, das in dem Moor war. Perdauz! rannte er hinein und ertrank. Daher hat das Meer, das oberhalb Hollen liegt, den Namen Bullenmeer bekommen. Einige alte Leute erzählen, daß der Teufel in Gestalt eines Bullen dort noch immer spuke, und daß man ihn auch schon gesehen habe; brüllen sollen ihn schon genug gehört haben. [Siehe auch Nr. 124.] (76)

Der Stein zu Burhafe

Am Kirchhofstore zu Burhafe (Harlingerland) liegt ein großer Stein, welcher durch eines Menschen Hand dahin gebracht, die sonderlich vom Teufel dazu veranlaßt worden ist. Dies hat sich aber also zugetragen: In alten Zeiten lebte zu Burhafe ein Priester, der war sehr fromm und gottesfürchtig. Und eben deshalb hatte der Teufel seine Lust daran, ihn zu quälen und zu plagen, so daß der Arme nicht wußte, wo aus noch ein. Es erschien aber der Teufel in ganz absonderlicher Weise, so daß nur ein Gottesmann, wie der Priester, es merken konnte, daß es der Teufel sei, der ihn so versuche. So saß der Priester an einem Wochentage in seinem Bücherzimmer und las mit Fleiß die alten heiligen Kirchenväter. Da trat mit einem Male vor ihm hin der heilige Vater Antonius, begrüßte ihn und fing an, sich mit ihm zu unterreden. Zuerst sprach derselbe gar ehrbar und züchtiglich, unvermerkt aber führte er das Gespräch auf die fleischlichen Lüste und riß den frommen Priester unwiderstehlich hin, auf seine lüsternen Worte zu lauschen, und zugleich verwandelte er sich in eine schöne, üppige Jungfrau, deren glühender Atem gar begehrlich redete. Da, in höchster Not, schaute der Priester aufwärts, und erblickte das Bild des Gekreuzigten und hob die Hände auf zu demselben um Rettung. Sogleich verwandelte sich die Jungfrau unter gräßlichem Geschrei in einen Höllendrachen, der zum offenen Fenster ausfuhr, Schwefel- und Peststank hinterlassend.

Zu einer andern Zeit saß der Priester in seinem Garten und erquickte sich am saftigen Obst, da erschien der Teufel in Gestalt eines Reisenden, der sich für einen Gärtner ausgab und dem Pfarrherrn schöne Trauben anbot. Der Pfarrherr ließ sich betören und kaufte etwelche. Als er sie aber essen wollte, wurde er so seltsamlich erregt von dem Würzdufte derselben, daß er fast wäre nakkend gegangen, derohalben er ein Kreuz schlug und zu Gott betete, er möge ihn vom Diabolos erretten. Da fuhr der Satan ab von ihm und rief ihm hohnlachend zu: »Endlich fange ich dich Tuckmäuser doch!«

Darnach wollte der Priester einst zur Metten in die Kirche gehen, da saß Satan über der Kirchen in der Luft, und machte ein Lärmen, daß das ganze Dorf zusammenlief; er vergaukelte aber der Leute Augen, daß sie ihren Priester am Arme eines schändlichen Weibsbildes daher kommen sahen, und wurden darob höchlich erzürnet und stellten den Priester ungebührlich zur Rede. Da beteuerte dieser, es sei alles Blendwerk des Satans gewesen, und schwur, so wahr er jenen großen Stein, der dort hinten auf dem Felde läge, allein und ohne Hilfe an die Kirchhoftür tragen wolle, so wahr sei er unschuldig an dem, dessen man ihn bezüchtige. Und er ergriff den Stein und trug ihn ohne sonderliche Mühe an den angebenen Ort. Da hub der Satan sich ab und ließ den Gottesmann fürder in Ruhe. Der Stein aber liegt noch heutigen Tages [1869] am selben Ort zum ewigen Angedenken. [Vgl. auch Nr. 200.] (77)

Schreckliche Folgen einer Predigt

In früheren Zeiten waren die Beziehungen des Teufels zu den Menschen mehr persönlicher Natur. Einen ganz besonderen Zahn auf den Teufel hatte der Pastor Christian Eberhard Otten zu Werdum bei Funnix (seit 1699), der gelehrte orientalische Studien trieb, dabei aber nicht unterließ, seine Pfarrkinder gegen den Dunkelmann mit dem Pferdefuß aufzuhetzen. Die Folgen zeigten sich bald. Der Pastor wurde verhext, wenn auch nur auf einige Zeit. Der Ruf von dem ›verhexten‹ Pastor drang auch an den Hof nach Aurich, wo er bekannt war, da er dort vor seiner Berufung nach Werdum das Amt eines Pagen-Hofmeisters bekleidet hatte, und nun wurde Otten aufgegeben, den Sachverhalt an den Fürsten

Georg Albrecht [1690-1734] zu berichten. Er tat dies unterm 1. Juli 1710 mit folgenden Worten:

»Durchlauchtigster Fürst, gnädigster Fürst und Herr! Ew. Hochf. Durchl. Hochlöbliches Konsistorium hat mir unlängst injungieret, einen schriftlichen Bericht abzustatten von dem, was mir im Jahr 1701 von Zauberern und Hexen an meiner Person widerfahren. Die Sache verhält sich also. Da ich in obgedachtem Jahre Dominica Oculi (27. Febr.) meine Predigt mit diesen Worten anhub: ›Das ist Gottes Finger! So müssen die Starken bekennen, daß noch ein Stärkerer über ihnen sei (Exod. 8. V. 19). Das ist Gottes Finger, sprachen die ägyptischen Zauberer zu Pharao, als Moses und Aaron ihre Hand ausreckten und schlugen den Staub der Erde, daß Läuse kamen in ganz Ägypterland, beide an Menschen und Vieh. Der Herr, der Gott Israel, hatte bereits über Ägypterland zwei Plagen ergehen lassen. Er hatte das Wasser in Blut verwandelt, er hatte Frösche kommen lassen auf Pharao und all' sein Volk. Allein dies alles konnten die vornehmsten unter den ägyptischen Zauberern Jannes und Jambres auch tun mit ihrem Beschwören. Da aber Aaron zum dritten Mal seine Hand ausstreckte und auf Befehl des Herrn den Staub der Erde schlug, daß Läuse kamen in allen ihren Grenzen, beide an Menschen und Vieh, da huben sie zwar auch ihre Stocken auf und schlugen den Staub, aber ihr Schlagen war umsonst, ihr zauberisches Murmeln war vergebens, sie konnten keine Läuse hervorbringen, sondern mußten bekennen und sagen: ›Das ist Gottes Finger!‹ Armer Teufel, der durch seine Werkzeuge nicht eine Laus machen kann! Ein Fürst der Welt (zu) sein und in der Finsternis dieser Welt (zu) herrschen und nicht eine Laus zu Wege bringen (zu) können, das ist wohl eine schlechte Herrschaft! Seht doch ihr Hexen, was ihr für einem ohnmächtigen Herrn dient!‹

Wie ich nun auf diese und dergleichen Art des großen Gottes Macht erhoben und des Teufels und seines Anhangs Ohnmacht an den Tag gelegt, das Evangelium erklärt und die Predigt geschlossen hatte und aus der Kirche kam, konnte ich mich vor Läusen nicht bergen und mußte mich damit den ganzen Sommer durchschleppen, so daß sie schwadronenweise auf Mänteln, Kleidern, Hut und allem, was ich an meinem Leibe trug, herumliefen, daß ich fast keinem ehrlichen Menschen kommen durfte, bis ich endlich (weiß nicht mehr, ob's an einem Sonntag oder am Michaelsfeste war, da ich die Epistel Apocal. 12. V. 7 sequ. erklärte) einmal, da ich die Läuse so auf meinem Mantel herumspazieren sah und eben von des Teufels Gewalt handelte, meiner Gemeinde öffentlich vorstellte, was für eine Kunst der Teufel an meiner Person erwiesen, indem er mir durch seine Geschwindigkeit oder durch seinen Anhang bisher Läuse zugebracht hätte, da ich denn voller Unmut und Eifer in diese Worte (soviel ich mich annoch erinnere) ausbrach: ›Höre Teufel (ich weiß, daß Du hörest, denn Du hast Deine Kapelle auch mitten in der Kirche Gottes), meinst Du denn, daß Du mich willst dadurch glauben machen, als wenn Du Läuse machen könntest, weil Du durch Deinen Anhang und durch Deine Geschwindigkeit mir solche zugebracht, nein nimmermehr! Daß Du aber durch Deine Geschwindigkeit solche von Einem wegnehmen und den Anderen zuführen kannst, solches hast Du an mir erwiesen. Kannst Du aber mehr, so tritt einmal her und mache Läuse, daß ich's sehe, so will ich's glauben!‹ Wie ich nun dies Mal aus der Kirche kam, waren alle Läuse wieder weg, als wenn sie der Wind weggeweht hätte, so daß ich keine einzige mehr spürte.« (78)

Der Düvelsbanner

In Beschotenweg im Reiderland waren in einem Stall nacheinander verschiedene Tiere eingegangen. Die Leute waren überzeugt: »De is Quaad andaan!« Und ihnen wurde geraten: »De Düvelsbanner mutt daarher!« Nachdem neues Vieh in dem Stall eingezogen war, wurde der Mann, der im Dorf als Düvelsbanner bekannt war, geholt. Er nahm von jedem Tier einige Haare, auch von den Schweinen einige Borsten, bohrte in einen der eichenen Ständer ein Loch und steckte Haare und Borsten hinein, so daß die Spitzen sichtbar blieben. Dabei murmelte er unter allerlei Fisematenten [Faxen] Zaubersprüche und schlug einen Pflock in das Loch. Da war der Teufel aus dem Stall vertrieben, dem Vieh geschah nichts Schlimmes mehr. (79)

Beim ersten Hahnruf fertig

Einst brannte einem Bauer in Eiderstedt sein Haus nieder. Traurig ging er auf dem Felde umher, da kam ihm ein kleiner Mann in einem grauen Rock und mit einem Pferdefuß entgegen und fragte, was ihm fehle. Der Mann erzählte ihm sein Unglück und wie er kein Geld habe, sein Haus wieder zu bauen. Da versprach der Kleine ihm ein Haus mit hundert Fenstern zu bauen, und es in einer Nacht bis zum ersten Hahnkrat fertig zu liefern, wenn er ihm seine Seele verspräche. Sogleich ging der Bauer den Vertrag ein, und in der Nacht fing der Teufel an zu bauen und bald war das Haus fertig, und der Teufel fing schon an die Fenster einzusetzen. Als er nun zu dem letzten kam, da fing der Bauer an zu krähen und klatschte in die Hände; der Teufel lachte. Aber der Hahn im Stalle hatte es gehört und antwortete, als der Teufel eben die letzte Scheibe einsetzen wollte. Da mußte er weichen, drehte dem Hahn den Hals um und ging davon. Das Fenster hat niemand einsetzen können und es bleibt keinerlei Gerät in dem Zimmer, wo die Scheibe fehlt; alles fliegt heraus. Es braucht keiner da rein zu machen; denn es ist da immer besenrein. [Vgl. auch Nr. 193.] (80)

Danklefskoog und Teufelsklaue

Nördlich von Langstoft (bei Niebüll) ist der Danklefskoog. Er hat seinen Namen nach einem gewissen Danklef, der mit dem Teufel eine Fläche Landes gemeinsam hatte, deren Bestellung und Ernte oft zu Streitigkeiten zwischen beiden Partnern Veranlassung gab. Die Bestellung erfolgte meist auf Danklefs Vorschlag, da er sich besser auf die Landwirtschaft verstand; bei der Verteilung der Ernte wußte er den Teufel immer zu bemogeln. Einmal stellte der listige Danklef dem Teufel die Wahl der Früchte bei der nächsten Ernte anheim, indem er ihn fragte, ob er den oberirdischen oder den unterirdischen Ernteertrag haben wolle. Der Teufel entschied sich für den oberirdischen Ertrag. Da bepflanzte Danklef das ganze Feld mit Kartoffeln. So bekam der Teufel nur das wertlose Kartoffelkraut und Danklef die wertvollen Kartoffeln. Voller Wut verlangte der Teufel die unterirdischen Erträge bei der nächsten Ernte. Da besäte Danklef das ganze Feld mit Raps. Er erntete den teuren Samen, und der Teufel ging wieder leer aus.

Um den dauernden Streitigkeiten ein Ende zu machen, schlug Danklef vor, das Land unter die beiden Partner zu teilen. Der Teufel war einverstanden. Danklef schlug dann vor, daß jeder von ihnen soviel Land haben sollte, wie er in einer festgesetzten Zeit abmähen konnte. Der Teufel war auch damit einverstanden. Danklef präsentierte dem Teufel zwei Sensen, eine blanke und eine verrostete und ließ ihn wählen, welche der beiden Sensen er haben wollte. Der Teufel nahm die blanke Sense, und Danklef behielt die verrostete. Die blanke Sense war aber von Blei, mit der nur wenig Gras gemäht werden konnte, während die verrostete Sense aus Eisen war, die scharf war und nach kurzer Zeit blank wurde, mit der Danklef gut mähen konnte. Als die festgesetzte Zeit abgelaufen war, stellte es sich heraus, daß Danklef eine sehr große Fläche, der Teufel aber nur ein kleines, dreieckiges Stück in der einen Ecke abgemäht hatte. Die von Danklef abgemähte Fläche heißt noch heutigen Tags [1932] Danklefskoog, die vom Teufel abgemähte Fläche heißt ebenfalls noch heute Fandens Klov (Klaue des Feinds). Die beiden Flächen sind getrennt durch einen Sielzug. In demselben ist ein sehr tiefes Loch, das heißt Oldemors Graff. Da soll der Teufel seine Urgroßmutter ertränkt haben, weil sie ihn in dieser Sache schlecht beraten hatte. (81)

Das Kerzenendchen

Es war einmal ein Wirt, dem war es lange gut gegangen, aber nach und nach kamen schlechte Zeiten, und als er gar anfing zu bauen, da war es bald mit seinem Gelde zu Ende, so daß er mit dem Bau nicht einmal fertig werden konnte. Da kam der Teufel zu ihm, und der Wirt ließ sich verführen; er verschrieb sich dem Teufel und erhielt so viel Geld, daß er ein reicher Mann wurde. Als nun aber die Zeit abgelaufen war, meldete sich der Teufel, um den Wirt abzuholen, und der Wirt ging, damit seine Frau nichts merken sollte, mit dem Teufel in den Keller. Aber die Frau vermißte ihren

Mann und suchte, und fand ihn im Keller, und als sie auch den Teufel erblickte, wußte sie sogleich, um was es sich handelte, denn sie war eine kluge Frau. Nun hatte sie zufällig ein kleines brennendes Kerzchen in der Hand, da bat sie den Teufel, er möge ihren Mann doch so lange leben lassen, bis die Kerze ausgebrannt sei. Als der Teufel seine Zustimmung gegeben, blies sie schnell das Licht aus. Da merkte der Teufel, daß er geprellt sei, und fuhr mit fürchterlichen Gebrause von dannen. Das Kerzenendchen aber wurde sorgfältig aufbewahrt und nie wieder angezündet. (82)

Verwandelte

Von Waalriederskes und Werwölfen

Waalriederske und Hexe

Die Waalrieders und Waalriederskes, auch Nachtmierjes genannt (in anderen Gegenden Mahrte oder Alpe), sind böse Männer oder Frauen, welche sich Personen im Schlaf und vereinzelt auch im wachenden Zustande in Gestalt einer Katze oder eines Marders auf die Brust werfen und sie zu ersticken drohen. – Ein Schiffer auf Baltrum erzählte mir einst von einem Anfall, den eine Hexe respektive Waalriederske auf ihn gemacht hätte. Er sei eben in seiner Koje zu Tische gegangen und habe gerade seinen Sackkook (Mehlpudding) zerlegen wollen, da sei plötzlich von oben herab ein Tier wie eine große Katze auf seine Brust gesprungen und habe ihm Hals, Brust und Arme dermaßen umklammert, daß er weder einen Laut von sich geben noch sich habe rühren können. Er hätte sofort gewußt, daß es eine Hexe wäre, und auch die Person derselben geahnt. Wie er sich vom ersten Schreck erholt, habe er ihren Namen gerufen, und augenblicklich sei das Tier verschwunden gewesen. Er hätte sich damals kurz vorher verlobt und zwar gegen den Willen der Hexe, welche mit ihrer eigenen Tochter Absicht auf ihn gehabt hätte. (83)

Die zauberische Sängerin

Die Waalrieder treiben ihr feindliches Wesen zur Nachtzeit, in der sie besonders Jünglinge und junge Männer ängstigen und quälen, aber auch die Pferde in den Ställen dermaßen mißhandeln, daß sie mager und hinfällig werden. Gegen diese gibt es verschiedene Vorsichtsmaßregeln, von denen folgende drei stets von Wirkung sein sollen. Sehr zu empfehlen ist: den Riemen, der zur Aushebung der Klinke von außen an dieselbe befestigt ist, aus der Kammertür zu ziehen und das Riemenloch mit einem Pfropfen zu verschließen. Zweitens sind die am Abend ausgezogenen Pantoffeln umzuwenden und so zu stellen, daß sie mit der Spitze nicht dem Bette zugewendet stehen; denn die nächtliche Besucherin muß, wenn sie das Bett des Schlafenden besteigen will, zuvor die Füße in die Pantoffeln desselben stecken. Stehen nun dieselben verkehrt, so ist das ein Strich durch die Rechnung, denn für alle dienstbaren Wesen des Fürsten der Finsternis ist es ein strenges Gesetz, nichts zu verrücken oder zu verändern. Es ist ihnen untersagt, ihrem eigenen Willen zu folgen und ist ihnen für jede nächtliche Störung der bestimmte Weg vorgezeichnet, auf dem sie ihre Opfer beschleichen dürfen. Der Böse liebt die krummen Wege, und darum arbeiten seine dienstbaren Geister in verschiedenen Windungen vom Fuß bis zum Kopfe. Drittens darf man weder auf dem Bauche, noch auf dem Rücken, noch auf der linken Seite liegend einschlafen.

Vergißt man diese Vorsichtsmaßregel, so hat die nächtliche Feindin freies Spiel. Gleich der Hexe kann sie durch Schornstein, Fenster, Türen, Ritzen einkehren; daß sie aber durch das oben bezeichnete Riemloch herausschlüpfen muß, ist allgemein bekannt. Hat sie aber ihren Besuch beendet und will sich wieder entfernen, so ist ihr das unmöglich, wenn das Riemloch mittlerweile verstopft ist. Und das ist ein Beweis, daß sie mit der Hexe keine Verwandtschaft hat. Nachdem sie ihr Opfer erreicht, drückt sie dasselbe wie mit einer zentnerschweren Last; sie hält es fest umstrickt, daß es weder Hand noch Fuß rühren, noch sich irgend wie bewegen kann. Der Hals wird ihm zugeschnürt, der Atem vergeht ihm – es glaubt ersticken zu müssen. Es will schreien, um Hilfe rufen, aber die Stimme versagt ihm ihren Dienst, es kann keinen Laut hervorbringen. – Die Waalrieder geht davon, die Qual ist beendet, der Gemarterte ist schweißbedeckt, der Atem kehrt zurück – er lebt noch.

Es war zur Zeit der Heuernte, das Wetter war ungünstig, denn es hatte viel und heftig geregnet und in Folge davon waren die Gewässer angeschwollen und hatten hier und dort die Wiesen überschwemmt. Auf einer großen Wiese, die an einem Flüßchen lag, war auch das Heu gefährdet, da der Fluß, zu einem breiten Strome geworden, bereits bedeutende Strecken eingenommen hatte und noch immer wuchs. Man hatte sich den ganzen Tage bemüht, das Heu zu bergen und wollte die Arbeit am folgenden Tag fortsetzen. Ein Mann zog es vor, auf der Wiese zu bleiben und die Hütung der Geräte zu übernehmen. Mittlerweile war das Wetter besser geworden, der Himmel war wolkenleer und der Mondschein zeigte nur ein leises Bewegen der Blätter. Der Wärter war in der Nähe des Wassers auf einem Heuhaufen fast eingeschlafen, als die hellen Klänge eines fröhlichen Gesanges an sein Ohr schlugen. Dieser kam aus einer weiblichen Kehle und war so silberrein, so wunderbar, so ergreifend, wie der der Lorelei am Rhein. Die Klänge kamen von jenseit des Wassers, und unser Wärter hatte sich immer weiter aus seinem Versteck hervorgewagt, um die Sängerin zu erspähen.

Endlich entdeckte er einen kleinen schwarzen Punkt auf dem Wasser, der sich seinem Ufer näherte. Dieser erwies sich gar bald als ein leichtes, rundes Gefäß, welches der Sängerin als Fahrzeug diente. Es landete; ein kleines flinkes Weibchen sprang heraus, brachte ihr Fahrzeug unter einen Heuhaufen in Sicherheit und ging dann eiligst davon. Kaum war sie verschwunden, als der neugierige Mann aus seinem Verstecke hervorkroch, das Fahrzeug der zauberischen Sängerin zu untersuchen. Er fand ein ... Sieb. Er versteckte es in einen entfernt stehenden Haufen und legte sich dann wieder schlafen. Beim Erwachen hörte er ein klagendes Wimmern. Es war die Sängerin, die Waalriederin, die von ihren nächtlichen Geschäften heimkehrte und über den Verlust ihres Fahrzeugs klagte. Sie fand den Mann in seinem Verstecke und bat ihn so flehentlich, so bezaubernd um Zurückgabe ihres Eigentums, daß dieser es ihr überließ. Mit Blitzesschnelle schiffte sie sich ein und war im Nu hinübergefahren. (84)

Ein gutes Stück Speck

Die alten häßlichen Waalrieder kommen nicht in die Kammern der Menschen, sondern quälen die Pferde der guten Leute in den Ställen. Dort ist in manchen Nächten ein furchtbarer Lärm. Die

Pferde schnaufen, stampfen, kratzen, rasseln mit den Ketten, schlagen aus – machen mit einem Wort einen Höllenlärm. Dann sind die Waalrieder in voller Arbeit. Niemand wagt sich alsdann in den Stall, ist doch die Nacht keines Menschen Freund und könnte nicht der Feind alles Guten dort sein Wesen treiben? Unsere guten Landleute hüten sich denn auch sehr vor solcher Gefahr. Alles, was sie zu tun wagen, ist, aus gesicherter Entfernung dem Bösen oder seinen Abgesandten, den alten, widerwärtigen Weibern, einen Akkord anzubieten, worauf nie sofort Bescheid erteilt, aber doch am nächsten Tag wortlos die Versicherung gegeben wird, daß er vernommen und akzeptiert sei.

In einem Hause wüteten vor Zeiten die Waalrieder allnächtlich im Stalle auf entsetzliche Weise. Den guten Leuten ging das Schicksal ihrer Pferde sehr zu Herzen, und sie wollten gern Abhilfe schaffen, nur wußten sie nicht, wie. Endlich entschloß sich die beherzte Hausfrau und rief aus der Wohnstube ins Hinterhaus, wo sich am letzten Ende der Pferdestall befindet, hinaus:

»Riedet nich mager, riedet nich fett,
koomt morgen un haalt 'n good Stück Speck!«

Ein Antwort erfolgte nicht, aber am nächsten Morgen kam ein altes, krummes Weib und bat um – Speck. Das war denn doch deutlich genug. Sie bekam, was sie verlangte und mehr. Der Vertrag war damit ratifiziert. So groß war der Glaube unserer Vorfahren an die Heiligkeit und Unverletzlichkeit der Verträge, daß man selbst dem Teufel in diesen Punkt nicht mißtraute. Und der Vater der Lüge rechtfertigte hier das Vertrauen: Im Stalle wurde es ruhiger, die Pferde wurden nach und nach glatt und fett. Daß trotz guter Fütterung und hinlänglicher Pflege die Pferde unter dem Einfluß der Waalrieder leiden, unterliegt keinem Zweifel, wenn man weiß, daß sie in ihren Mähnen unauflösliche Verschlingungen, feine Flechten, wunderliche Knoten zeigen, die ein natürlicher Mensch nicht zu verfertigen vermag. Nur die Kunstfertigkeit und Zauberei des ›leichten Volkes‹ kann solches unter dem Beistande des Bösen hervorbringen und wieder entwirren. (85)

Etje van Leer und die Glocken von England

Einmal fuhr ein Norderneyer Schiff die Ems hinauf nach Leer. Da sahen sie ein weibliches Wesen neben ihrem Schiff, das in einer Heumolle durch den Strom hindurch ruderte. Sie glaubten, in der Insassin des merkwürdigen Fahrzeuges eine Frau zu erkennen, die im Rufe stand, ein Waalrieder zu sein. »Du bist dat, Geerte!« riefen sie, »wi willt di fangen.« Damit suchten sie sie an ihren Haaren zu packen. Aber das Weib schrie auf und rief:

»Griep mi neet in mien Haar,
griep mi neet in mien Kleer,
ik bün de lüttje Etje van Leer.«

und schneller als die Schiffsleute gedacht hatten, ruderte die Waalriederske davon und entschwand ihren Augen. (86)

*

Wie bei diesen rätselhaften Wesen alles leicht und unzuverlässig ist, so auch ihre Gewänder, die aus Zauberfäden und Luft zu bestehen scheinen. Wer eine Waalrieder beim Gewande erfassen will, der greift in die Luft; wer sie bei den Haaren zu erfassen vermag, der hat sie gefangen. Ein junger kräftiger Bursche lag schlaflos auf seinem Lager. Er fühlte ein unheimliches Wesen zu seinen Füßen, welches seitwärts an ihm hinaufkroch und sich endlich auf ihn warf. Er erfaßte sie bei den Haaren und hielt trotz alles Sträubens fest. Die Waalrieder lispelte:

»Faat mi nich in de Haar,
faat mi in de Kleer,
ik bün klein Jantje van Leer!«

Er aber bezwang sie, schlug einen Pfropfen ins Riemenloch der Kammertür – sie war gefangen. Sie wurde des Burschen Frau, gebar ihm einige Kinder und führte mit ihm eine ruhige und zufriedene Ehe. Aber eines Tages sprach sie: »Wat klingen de Klokken in Engeland!« – »Ich höre nichts«, erwiederte er. »So ziehe nur den Pfropfen aus der Tür, dann wirst du es schon hören.«

Er tat's und sie entfloh ohne Zögern durch das Riemloch, ohne jemals wiederzukehren. (87)

Die Riediemeer

Junge Männer werden oft des Nachts von der Riediemeer (oder Bokhexe oder Waalriedersken) gequält. Nur jemand, der seine Schuhe verkehrt vor das Bett stellt, hat Macht über die Riediemeer. Einmal lag eine Schnigge vor dem Friederikensieler Tief. Der Schiffer war so klug, als er sich in die Koje legte, die Schuhe verkehrt herum zu stellen. Kaum lag er im Bett, da kam auch schon eine Riediemeer auf einem Besenstiel von Wagerooge über das Wasser geritten. Sie polterte in die Kajüte hinein und ließ sich mitten auf dem Schiffer nieder. Nun faßte der die Riediemeer gleich mitten in ihr Haar. Da rief die Hexe, die nicht geahnt hatte, daß der Schiffer Macht über sie haben könnte, erschrocken:

»Laat mi löß mien Heer,
un faat mi in mien Kleer.«

Aber kaum hatte der ihr Haar losgelassen, da rief sie »Huhu!« und fuhr auf ihrem Besenstock über das Wasser wieder davon, daß ihr das Haar hinten weg stand wie eine Drahtbürste. Als der Schiffer und die Leute des Morgens an Deck kamen, war da ein richtiger Strom von Blut. Das war die einzige Spur, die die Waalriederske hinterlassen hatte. (88)

Nachtfahrt nach Spanien

Ein Schiffer hatte im Winter sein Schiff zu Emden in den Hafen gelegt und seinen Steuermann zur Bewachung darauf gelassen. Als der Schiffer einmal wieder nachsah, fand er das Schiff nicht mehr ganz auf derselben Stelle, darum verbarg er sich ohne Wissen des Steuermanns auf dem Schiffe, um zu sehen, was der Steuermann damit anfange. In der Nacht wurden die Anker gelichtet, und fort gings in sausender Eile. Gegen Mitternacht wurde das Schiff angelegt, und der Steuermann stieg aus und entfernte sich. Jetzt kam auch der Schiffer aus seinem Verstecke hervor und sah sich um, aber alles war ihm fremd und unbekannt. Da nahm er sein Messer, schnitt einige Stäbe ab, die am Ufer standen, und begab sich mit denselben in sein Versteck zuruck. Nicht lange nachher erschien auch der Steuermann wieder, und zurück ging die Fahrt in gleich sausender Eile; doch einmal erhielt das Schiff auf dem Wege einen tüchtigen Stoß, ohne indes weiter aufgehalten zu werden. Am andern Morgen fragte der Schiffer den Steuermann, was er denn über Nacht gemacht und wo er gewesen. Der Steuermann tat, als ob er von nichts wisse. Da holte der Schiffer die Stäbe hervor, die er in der Nacht an der fremden Küste geschnitten, und siehe da, es war spanisches Rohr. Da beichtete der Steuermann und sagte, er sei ein Waalrieder und müsse seinem Schicksale folgen. Auch fragte er den Schiffer, ob er den Stoß des Schiffes auf der Ruckfahrt wohl wahrgenommen, und gab an, das Schiff habe sich an einem Kirchturm (den er nannte) gestoßen. (89)

Die verlorene Schere

Zwei Kiefelder Mäher senseten einst bei Haren (Holland). Spät abends sanken sie ab. Der eine schlief, doch unruhig. Der andere sah in die Stille der hellen Nacht hinaus und bemerkte an dem Tiefe eine Anfahrt. Er ging und fand als Boot eine Teemse [Milchsieb], in der eine Schere lag. Er steckte sie bei. Am anderen Tage klagte ihm sein Kamerad, daß er von einer Waalriederske gequält sei, die es fast nächtlich tue. »Ich habe ihre Teemse gesehen und hätte dir helfen können!« sagte er. Als er im Herbst zu Hause kam, schenkte er die Schere seiner Frau. Als diese in nächster Zeit eine Nachbarin zu Besuche erhielt, hörte sie von ihr: »Sieh, das ist ja meine Schere, die hatte ich verloren!« – »Das kann wohl sein«, sagte die Frau, »denn mein Mann hat sie in Haren gefunden, du hast sie wohl in Holland liegen lassen « Da wußte man, wer die Waalriederske war. (90)

Das Waalriederpferd

Im Westerende von Leer wußten die Alten von einer Waalriederske, die des Nachts als Pferd an den Häusern entlangstrich. Wenn sie in dieser Gestalt vor einem Fenster Halt machte, dann mußte der Mensch, auf den sie es abgesehen hatte, auf ihren Rükken steigen, und ohne daß er sich dagegen wehren konnte, ritt sie mit ihm in schwindelndem Galopp durchs Land, bis ihm die Sinne schwanden. Und wenn er wieder zu sich kam, fand er sich von Angstschweiß bedeckt in seinem Bett liegen. Wen dies Pferd holte, der wurde krank und siechte dahin. Eines Nachts aber lauerte ein beherzter Mann dem Waalriederroß auf. Als es sich zeigte, sprang er ihm unversehens auf den Rücken. Und weil es nicht ihn geholt, sonders er es gepackt hatte, war es in seiner Gewalt, und er zwang das Tier, mit ihm dahinzurasen, bis es ganz ermattet war. Darauf ritt er mit ihm zu einem Schmied, der mußte ihm die Vorderhufe beschlagen. Als er dann abstieg, war das Pferd im Augenblick verschwunden. Anderen Tags aber fand man eine Frau, die schon lange als Hexe verschrien war, mit verbundenen Händen stöhnend im Bett liegen. Und es ging viel Zeit darüber hin, bis sie die Hände wieder brauchen konnte. Doch von da an wurde das Waalriederpferd nicht mehr gesehen. (91)

Ein Mädchen von unbescholtenem Rufe

Welches bei einem Bauern in Scharrel als kleine Magd diente, war eines Tages von ihrer Herrschaft angewiesen, in einem Nebengebäude den Teig zum Brote zu kneten. Nach einiger Zeit ging die große Magd hin, um einmal nachzusehen, und fand die kleine Magd in gebückter Stellung am Backtrog stehen, anscheinend leblos. Der Pastor wurde geholt, besichtigte die Scheintote und erklärte, es sei eine Weilriderske; der Geist habe den Körper verlassen, um andere Menschen zu quälen, komme aber bald zurück, und man müsse ja den Körper in seiner Stellung belassen, sonst könne der Geist nicht wieder hineinfinden und der wirkliche Tod trete ein. Das Mädchen sei aber deshalb, weil sie eine Weilriderske sei, nicht schlecht, denn sie könne ihr Schicksal nicht ändern; sie sei eine Unglückliche. (92)

Der Werwolf

Die Werwölfe mußten sich zeitweilig in einen Wolf verwandeln, aber diese Zeit stand nicht im Kalender und war ihnen selbst nicht bekannt. Sie verloren dann nicht nur ihren äußeren Habitus, sondern erhielten auch die seelischen Triebe dieses Raubtiers. Aber immer hat der Werwolf ein Vorgefühl des bevorstehenden Wechsels, er kann einige Vorkehrungen treffen, seine Umgebung warnen und sie mit Gegenmitteln versehen. – Ein glücklich verheirateter Werwolf fuhr mit seiner jungen Frau an einem trüben Herbsttage durch einen Wald. Als er an einem hohen Erdwalle entlang kam, hielt er plötzlich an, übergab seiner Frau das Leitseil, stieg aus und bat sie, ein wenig zu harren. Zu gleicher Zeit machte er sie darauf aufmerksam, daß im Walde viele Raubtiere hausten und falls ein solches käme, sollte sie nicht erschrecken. Für alle Fälle sollte sie aber ihren roten Unterrock bereit halten und damit den Räuber ins Gesicht schlagen, bis er seine Wut daran ausgelassen habe. Damit sprang er vom Wagen und verschwand hinter dem Walle. Die Frau blieb auf dem Wagen sitzen, hatte aber dem Rate ihres Mannes zufolge den Unterrock abgestreift und zur Hand gelegt, witterte aber keinerlei Gefahr, da sie meinte, ihr Mann habe mit der Warnung nur gescherzt, wie er solches schon häufig getan.

Aber recht bald wurde ihre Aufmerksamkeit auf den Wall gelenkt: Sie hörte ein unheimliches Knurren, ein unterdrücktes Heulen und einen Augenblick darauf stand auf der Kappe des Walles ein gräulicher Wolf. Mit einem Satze ist er am Wagen, öffnet den Rachen und droht mit seinem furchtbaren Gebiß die Frau zu fassen und zu zerreißen. Aber in dem Augenblicke, da der Wolf sich aufbäumt, um einen Satz auf sie auszuführen, wirft sie ihm ihren schweren, roten Rock über den Kopf, in den er sich verwickelt und dann in seiner vollen Wut diesen in kleine Streifen und Fetzen zerreißt. Befriedigt entfernt er sich unter stetem Umsehen über den Wall. Bald kommt der Mann wieder zurück, nimmt die Zügel zur

Hand und fährt weiter. Er sah freilich etwas bleich und angegriffen aus, sonst war aber nichts an ihm zu bemerken. Kurz nachher, als er sich umwendete, um mit seiner Frau zu sprechen, entdeckte diese zu ihrem großen Schrecken die rote Wolle ihres zerfetzten Unterrocks zwischen seinen Zähnen und hatte nun die traurige Gewißheit, daß ihr Mann ein Werwolf sei. Wenige Wochen nachher war sie eine Leiche. (93)

Schon wieder hungrig

Drei junge Männer waren in Ostfriesland beim Mähen beschäftigt. Während der Zeit der Mittagsruhe legte der eine sich hin und schlief, der zweite tat, als ob er schlafe, und der dritte, als er seine Kameraden schlafend glaubte, legte einen Gürtel um, wurde ein Wolf, fraß in der benachbarten Weide ein Füllen auf und kehrte dann, nachdem er seinen Gürtel abgelegt, als Mensch zurück. Als sie nun abends zusammen nach Hause gingen, klagte der Werwolf über großen Hunger. »Was?« sagte der Begleiter, der ihn um Mittag beobachtet hatte, »du hast erst ein ganzes Füllen gefressen, und bist schon wieder hungrig?« – »Das hättest du mir eher sagen sollen«, erwiderte der Werwolf, »dann hätte ich es dir grade so gemacht.« (94)

Totengeister

Von Wiedergängern und Gespenstern

Der Schimmelreiter

Es muß im Januar der sechziger Jahre gewesen sein. Ich hatte einen Freund in V. besucht und wollte auf der Heimreise bei dem alten Deichgrafen in K. vorsprechen. Am Spätnachmittag trat ich meine Wanderung an. Da beide Dörfer unweit des Deiches liegen, der sie, wie die ganze Landschaft vor den Fluten der Eider schützt, so wählte ich als Weg für die Rücktour den Kamm des Deiches. Der Himmel wölbte sein blaues Zelt klar und glänzend über mir. Nur im Westen standen dunkle Wolken, die den Untergang der Sonne verhüllten. Zu meiner Rechten zog sich der Strom dahin. Noch lag auf seinem breiten Rücken die Eisdecke, hervorgerufen durch den starken Dezemberfrost; aber der Januar hatte mildere Lüfte gebracht, und stündlich erwartete man, daß die stolze Flut die Fesseln des Stromes brechen würde. Zu meiner Linken dehnte sich die fruchtbare Marschlandschaft mit ihren stattlichen Dörfern, ihren auf Warften liegenden, von hohen Bäumen umschlossenen Gehöften aus, und der zarte Schnee glitzerte im Scheine des Vollmondes, der eben aufgegangen war. Rüstig schritt ich dahin. Bereits war die letzte Spur des Abendrotes in dem immer höher aufsteigenden Gewölk verschwunden. Mit wunderbaren Gestalten bedeckte es nach und nach den größten Teil des Firmaments und drohte das freundliche Licht des Mondes, der noch in voller Klarheit über der östlichen Hügelreihe schwebte, zu verhüllen. Lebhafter begann der Wind durch die blätterlosen Zweige der Eschen, Pappeln und Linden, welche die Gehöfte umgaben, zu pfeifen. In phantastischen Gestalten zogen die Wolken dahin, und Licht und Schatten wechselten rasch, so wie der Mond von ihnen verschlungen wurde, oder sich durch ihre finsteren Massen Bahn brach. Ich merkte es deutlich, daß ein Sturm im Anzuge war. Rechts stöhnten und ächzten die Eismassen, von der Flut des steigenden Stromes emporgehoben, als hätten Kobolde und Wassergeister dort ihr Spiel. Links zogen Scharen von Krähen, vom Sausen des Windes aufgeschreckt, kreischend über die weite Ebene dahin und suchten Schutz bei dem Gemäuer der Höfe.

Plötzlich bemerkte ich eine Gestalt vor mir auf dem Deiche. Hell warf der Mond, welcher jetzt aus dunklem Gewölk hervortrat, sein Licht auf dieselbe; es war eine Frau, deren Haar und Gewand im Winde flatterten. Ihre Blicke waren auf den Strom, wo anhaltendes Krachen das Brechen des Eises verkündete, gerichtet. Sie hatte mein Kommen nicht bemerkt. Heftig streckte sie ihre Arme gegen das wildbewegte Wasser, und deutlich hörte ich die Worte: »Dat gifft Unglück, de ol Diekgraf ritt all waller upp sin Schimmel dör de Bröck!« Unwillkürlich folgten meine Augen den Bewegungen ihrer Arme; ich sah ein seltsam gestaltetes Wolkengebild, das schnell über den Strom dahinzog. Als ich die Frau freundlich begrüßte, erschrak sie heftig und eilte auf der ›Schlippe‹, die von dem Kamm des Deiches nach unten führte, den Fischerhütten zu, die dort am Fuße des Binnendeiches lagen.

Auf mich hatte die ganze Erscheinung einen unheimlichen Eindruck gemacht, und ich war herzensfroh, als das stattliche Gehöft des Deichgrafen vor mir lag. Ich wurde von der Frau des Hauses gar herzlich begrüßt; denn schon als Knabe war ich im Hause des Deichgrafen oft gastlich aufgenommen worden. Als ich mich nun nach ihrem Manne, dem Deichgrafen, erkundigte, antwortete sie: »Mein Mann ist schon seit heute morgen nach dem Osterdistrikt und hält Deichschau; ich erwarte ihn aber jeden Augenblick zurück.« Gar bald wurde denn auch Pferdegetrappel vernehmbar; der Deichgraf war von seinem beschwerlichen Ausfluge zurückgekommen. Er war über mein Erscheinen sehr erfreut; denn seit einigen Jahren hatte er mich nicht gesehen.

Bald deckte ein kräftigendes Mahl den Tisch, das nach der anstrengenden Wanderung vortrefflich mundete. Dann saßen wir im trauten Zimmer gemütlich beim wärmenden Trunk und das Gespräch ward bald lebhaft. Als ich dann von meinem Abenteuer auf dem Deiche erzählte und nach dem alten Deichgrafen, der aus dem Bruch herausgekommen sein sollte, fragte, entgegnete er: »Du bist mit der verrückten Lise zusammengekommen, die allenthalben Gespenster wittert.« – »Und der Deichgraf?« – »Ja, das ist eine Geschichte aus alter Zeit, die sich forterbt von Geschlecht zu Geschlecht; wenn es Dir Vergnügen macht, so erzähle ich sie.«

Der Deichgraf erzählte wie folgt: »Es war in der Januarflut des Jahres 1718, als unsere Gegend, wie die Chronisten berichten, von einem großen Unglück heimgesucht wurde. Die steigende Flut hatte die Eisdecke des Stromes zerbrochen und die mächtigen Eisschollen fast bis zur Höhe des Deichkammes emporgehoben. Immer stärker begann der Sturm aus Nordwest zu toben, und die mächtigen Eisstücke, von Wind und Wasser gegen den Damm geschleudert, drohten denselben zu durchbrechen. Die Glocken der Dorfkirchen verkündeten durch ihr Sturmgeläute die Größe der Gefahr und riefen die Bewohner der Landschaft zur Verteidigung ihrer Habe herbei. Alles, was menschliche Kraft und Weisheit vermochten, wurde versucht; aber es schien umsonst zu sein. Laut weinten und klagten die Weiber und die Kinder. Verzweiflungsvoll blickten die Männer auf ihren Deichgrafen, der auf seinem weißen Schimmel bald hier-, bald dorthin galoppierte, um seine Mannschaften im Kampfe gegen das tobende Element anzufeuern. Höher und höher türmten sich die Eisschollen in dem schäumenden Strome, und eine Stopfung in der Mitte desselben erhöhte alsbald die Gefahr. Bereits begann das höhersteigende Gewässer große Eisstücke über den Kamm des Deiches zu schleudern, und ein Durchbruch schien unvermeidlich. Da, als alles verloren schien, beschloß der Deichgraf das letzte Mittel – das Mittel der Verzweiflung – anzuwenden. Ist nämlich keine Hoffnung mehr auf Rettung vorhanden, so öffnet man wohl an einer Stelle, wo die Fluten bei ihrem Eintritt ins Land den geringsten Schaden anzurichten vermögen, den Deich, um dadurch bewohntere Distrikte vor dem ersten Anprall der Wogen zu schützen. Der Deichgraf machte seine Geschworenen mit seinem Entschluß bekannt; aber nur wenige stimmten ihm bei; sie wollten lieber der Barmherzigkeit des Allmächtigen sich anheimgeben, als durch eigenmächtiges Handeln eine große Verantwortung auf sich laden. Aber der Deichgraf war, wie die Chronik berichtet, ein wilder, jähzorniger Mann. ›Mein ist die Verantwortung‹, brauste er auf. ›Eure Pflicht ist es, zu gehorchen.‹

Dort am Deiche, wo du den großen Weiher gesehen hast, ward der Durchstich unternommen. Er ist ein Denkmal aus jener bösen Zeit. Recht oft überschwemmen die Hochfluten die durch niedrigere Deiche geschützten Sommerköge, aber die Gewässer fließen bei eintretender Ebbe wieder ins Meer. Dort aber, wo am Hauptdeich, der die bewohnte Marsch schützen soll, ein Durchbruch geschieht, wühlt die brandende Flut tiefe Löcher ins Erdreich und noch nach Jahrhunderten predigen sie uns von Sturmflut, Überschwemmung und Not. Wild brausten jetzt die entfesselten Fluten durch den Durchstich. Immer größer ward der Bruch, immer größer auch die Verzweiflung der unglücklichen Marschleute. Mit entsetzlichen Beschuldigungen drang man gegen den armen Deichgrafen ein, der starren Auges auf sein Werk schaute, das er hervorgerufen hatte, nun aber nicht mehr hindern konnte. Da plötzlich, von Verzweiflung erfaßt, spornte er sein Pferd an und stürzte sich mit demselben in den Bruch. Bald darauf setzten sich, wie die Chronik erzählt, große Eisblöcke vor die Öffnung. Der Sturm hörte auf, die Wasser mit den Eisschollen zogen dem Meere zu, und das Unglück ward nicht größer. Die Leichen des unglücklichen Deichgrafen und seines Schimmels aber fand man nie wieder. – Das ist die Sage von dem alten Deichgrafen; aber das abergläubische Volk, das allenthalben Gespenster sieht, gönnt ihm in seinem nassen Grabe keine Ruhe. Sobald uns oder der nächsten Umgebung ein Unglück droht, kommt er, der Sage nach, aus dem Bruch hervor, um durch sein Erscheinen das Unheil zu verkünden.« Mein alter Freund schwieg. In dem Zimmer war es ganz still, sämtliche Zuhörer waren sichtlich ergriffen. Jetzt nahm die würdige Hausfrau ein altes Gebetbuch und las mit bewegter Stimme:

»Bewahre uns in dunkler Zukunft Ferne
Vor Sturm und Flut, vor wildbewegtem Meer!
Du zählst ja, Vater, selbst des Himmels Sterne,
Du lenkst der Wogen unermeßlich Heer;
Drum blicken wir voll Zuversicht und Hoffnung
Hinauf zu Dir, der waltet in der Höh';
Du nur allein kannst Jammer von uns wenden
Die ferne Zukunft steht in Deinen Händen.«

»Ja, so ist's recht«, sagte der Deichgraf, »fort aber mit allem Gespensterglauben. Komm, junger Freund, wir wollen noch einmal auf den Deich hinauf, es ist ja meine Pflicht, in den Strom zu sehen.« Gern folgte ich ihm, der Sturm hatte sich gelegt. Klar und ruhig sah der Mond herab und beleuchtete den majestätischen Strom. Mit dumpfem Rauschen zogen die mächtigen Schollen, sich bald übereinander schiebend, bald sich zermalmend, von der Ebbe in Bewegung gesetzt, dem Meere zu. (95)

Von Wiedergängern auf Amrum

Ein paar Tage darauf rief Jens [Drefsen, der alte Besenbinder] über den Steinwall hinüber mir [dem jungen Christian Johansen] zu: »Heut abend spät hol' ich Haidbeerenkraut, und wenn du mitgehst, will ich dir viel erzählen.« – Ich freute mich wie ein König, daß Jens mich zur Abend- und Nachtzeit mithaben wollte; denn es schien mir, die Erzählungen von Gespenstern, Zauberern, Höllenpferden und Klabautermännchen müßten noch schöner anzuhören sein, wenn sie mir in dunkler Nacht am Fuß einer Düne erzählt würden, und ich mich während des Erzählens fest an den Alten anklammern könnte. Der Abend stieg hernieder, als wir uns auf den Weg machten (der strenge Dünenvogt durfte uns Dünenfrevler auch nicht sehen), und wir schritten über die Ackerfelder und Haiden nach dem Vöögashoogh, einem Hügel unmittelbar am innern Saum der Dünenkette Amrums. Als wir an einem Orte angekommen waren, wo man bisweilen zur Nachtzeit ein Klirren und Rasseln hörte, fing Jens an, von den Wiedergängern zu erzählen: »Nicht bloß schlechte Menschen, die in ihrem Leben viel Böses taten, zum Beispiel Grenzsteine verrückten oder Witwen und Waisen betrogen, finden im Grabe keine Ruhe und müssen nach ihrem Tode umgehen, sondern auch Unbescholtene erscheinen bisweilen ihren Angehörigen, sei es nun, ihnen zu zeigen, daß sie als Geister fortleben, oder durch ihre Erscheinung ihr Mißfallen an dem Tun und Treiben der auf Erden zurückgelassenen Verwandten und Befreundeten zu bezeugen. Als die Acker- und Wiesenländereien auf unserer Insel vermessen und verteilt wurden, geschah viel

Unrecht. Viele Witwen, die keinen Fürsprecher hatten oder zu rechtlich waren, als daß sie den bösen Geometer hatten bestechen können, wurden mit dem schlechtesten Land abgefunden. Da muß nun aber der böse Geometer noch lange nach seinem Tode zur Strafe in der Mitternachtsstunde die schwere klirrende Kette über die Äcker hinter sich herschleppen und sich im Grabe fluchen lassen. War eine Mutter im Wochenbett gestorben und bekam das Kind eine böse Stiefmutter, so fand die rechte Mutter keine Ruhe im Grabe. Sie schritt in der Geisterstunde im Sterbekleide nach ihrer früheren Wohnung; die Türen öffneten sich ihr von selbst, und sie trat an das Lager ihres Lieblings, wo sie eine Weile stehen blieb, diesen mit Wehmut betrachtete und sich darauf still, wie sie gekommen war, wieder entfernte. Wurde nun das Kind krank und starb, so erschien die rechte Mutter nicht wieder; denn ihr Kind war aller Fahr entronnen und hatte dort oben das Mutterherz wieder gefunden.

Ein braver Seemann fand sein Grab in den Wellen. Die Witwe ehrte das Andenken des Toten nicht, wie sichs gehört, sondern reichte noch vor Ablauf des Trauerjahres einem andern Manne und dazu noch einem Fremden die Hand und nahm eine Treugabe von ihm an. Als nun eine lustige Hochzeit gefeiert wurde, erschien der erste Mann in später Abendstunde den johlenden Hochzeitsgästen und machte durch seine Erscheinung dem wilden Jubel ein Ende. Er stand vor der Tür, als begehre er Einlaß. Seine Kleider waren durchnäßt, und von den Locken seines Haares floß das Wasser auf die Erde. Die Witwe erlebte auch keine Freudentage in ihrer zweiten Ehe; denn es zeigte sich bald, daß der zweite Mann sie nur ihres Geldes und Gutes wegen gefreit hatte.« (96)

Von Wiedergängern auf dem Meere

Ein Schiff, auf welchem ein junger Sylter als Steuermann diente, war einst mitten auf der See, als sich mehrere Abende nacheinander immer zu einer gewissen Stunde demselben ein Gespenst näherte, auf das Verdeck heraufkam und ganz trübselig und sorgenvoll mit bittender Miene sich den Schiffsleuten näherte und dieselben so fuuch (ängstlich) machte, daß sie alle nach der anderen Seite entwichen, und der gespenstige Fremdling die eine Seite des Schiffes allein hatte. Es wurde aber über nichts anderes gesprochen als über das Gespenst, und den Leuten ahnte nichts Gutes. Einer fragte den andern: »Kennst du den Mann?« Anfangs sagte jeder nein; endlich trat jedoch ein Matrose hervor und sagte: »Ach, es ist Vater, der während meiner Abwesenheit gestorben sein mag und mir gewiß etwas zu sagen hat.« Nun forderten alle von dem Sohne, er solle den Vater fragen, was er wolle. Das tat der Sohn denn auch am folgenden Abend, und man erzählt, der wiedergehende Vater, der bei Leibes Leben ein ruchloser Mensch gewesen war, habe seinem Sohne eine wichtige Nachricht – man weiß nicht, welche? – mitgeteilt. Andere erzählen anders: Der Sohn hätte, statt den Vater zu beruhigen, als derselbe ihm die Hand geboten, demselben ein Stück Holz entgegengehalten und ihn durch diese Lieblosigkeit vom Schiffe verscheucht. (97).

*

Ein Steuermann von Norderney war über Bord geschlagen. Der Nachfolger des Toten befand sich des Nachts auf Wache, da stieg plötzlich mit dem Glockenschlag zwölf auf der Steuerbordseite ein Mann an Bord, ging schweigend über das Schiff und verließ es dann auf der Backbordseite. Der Steuermann erzählte dem Kapitän von dem eigenartigen Vorfall. Der mochte wohl ahnen, daß es der Geist seines ertrunkenen Steuermannes war, der dem Schiff den nächtlichen Besuch abgestattet hatte. Er leistete deshalb dem Steuermann in der nächsten Nacht Gesellschaft. Kaum hatte die Uhr angefangen, zwölf zu schlagen, da rauschte auf einmal das Wasser auf der Steuerbordseite, und wie die Nacht zuvor stieg wieder eine Gestalt auf das Schiff. Der Kapitän sah sofort, daß es tatsächlich sein alter Steuermann war. Er fragte deshalb den Geist, was er auf dem Herzen habe. Da antwortete der, er habe unter einer Bank auf dem Schiff einen Beutel mit Gold aufbewahrt. Wenn sie den fänden und seiner Frau bringen würden, würde er Ruhe in seinem Grab auf dem Meeresgrunde haben. Der Kapitän versprach ihm, nach dem Geld zu suchen und es seiner Frau zuzustellen. »Wenn ich es

Westerland auf Sylt um 1860 (Lithographie von C. P. Hansen)

nicht finde, geb' ich Deiner Frau so viel, daß sie keine Not zu leiden braucht!« setzte er hinzu. Da trat der Geist auf ihn zu und wollte dem Kapitän zum Dank die Hand schütteln, aber der Kapitän wußte, daß man einem Geist nicht die Hand reichen darf. Deshalb

hielt er vorsichtig einen Taschentuchzipfel hin. Den ergriff der Geist, und als er ihn los ließ, war er verkohlt. Dann verließ der Geist auf demselben Wege wie in der Nacht vorher das Schiff und kam nicht wieder. Er hatte seine Ruhe gefunden. (98)

Die Stadt Emden um 1580 (Kupferstich von Braun-Hogenberg)

Das Geisterschiff

Als noch die Stadt Emden im schönsten Flor stand, die Ems unter den Stadtmauern dahinfloß und Schiffe aller Länder und Völker den Hafen füllten, begab es sich einmal, daß ein gewaltiger Sturm aus Nordwest losbrach, der das Wasser der Nordsee in ungeheu-

ren Massen und Wellen der Stadt zuwälzte, so daß es ordentlich eine Not wurde. In diesem Wetter lief ein großes städtisches Kauffahrteischiff, das lange auf fremden und fernen Meeren ›geschwalkt‹ hatte, bei der Einfahrt in die Ems bereits signaliert worden war und nun sehnlichst erwartet wurde, des Nachts mit vollen Segeln an die Stadt. Schon war es nahe vor der Hafenmündung unweit der langen Brücke, nahe dem schützenden Delft, schon sah man im Scheine der aufgehitzten Laternen, die hin und her schlugen, die dunklen Gestalten der Seeleute sich auf- und abbewegen, schon hörte man den Kommandoruf des den Sturm mit Macht übertönenden Kapitäns, hörte das Rasseln des schweren Ankers, der nieder in die Tiefe ging, da: – mit einem Male brach eine so höllische Windsbraut einher, wirbelten die Wasserberge so schrecklich in die Luft hinein, heulte und pfiff der Wind so gellend und eigentümlich, daß es ein Schauder für die am Hafen stehenden Zuschauer war. Das Schiff wurde plötzlich erfaßt, emporgehoben, niedergetaucht und wieder mit einem Ruck aufgehoben, herumgewirbelt und dann in die Tiefe hinabgestampft.

Ein gräßlicher Notschrei ertönte vom Deck, vierzig wettergebräunte Seeleute, fast alle Emder Söhne, sollten hier im Angesicht ihrer Vaterstadt, im Angesicht ihrer am Kai stehenden Eltern und Geschwister so jämmerlich zu Grunde gehen!? »Wo ist die Barge?« rief man am Ufer, aber der Hafenschließer wies in den Delft auf das von ihm dort angeschlossen gehaltene Wachtboot, und sagte kalt und fühllos: »Die Barge bleibt hier, es wäre nutzlos, sie ausgehen zu lassen; auch hat Elfert Giesberts es nicht besser verdient, als es ihm jetzt geschenkt wird da draußen!« Denn der so benannte Kapitän des Schiffes, das da außen eben unterging, war der erklärte Feind des Baumschließers, und der Schließer kannte nicht das Wort der heiligen Schrift: »Liebet eure Feinde«, sondern wußte nur von dem Worte: »Auge um Auge, Zahn um Zahn.« Und obgleich der Schließer Nachricht davon hatte, daß sein eigner Sohn an Bord des Kauffahrers sei, so war doch der Haß gegen den Kapitän in seinem Herzen so groß, daß er keine Hand zur Rettung der Mannschaft ansetzte. Und als man ihn nun gezwungen hatte, den Schlüssel herzugeben, da war es längst zu spät. Mit Mann und Maus war das Schiff versunken in dem Wirbel der Wasserberge, und höhnisch pfiffen die Winde über die Stadtmauer hin. Aber noch immer, wenn ein Sturm aus Nordwest heranzieht, die Wasser der See an den Deich hinanrasen, die Luft ächzt und stöhnt und die Winde gellen und heulen, sieht man in rabenschwarzer Mitternacht ein Geisterschiff in bläulichen Lichtschimmer eingehüllt heranstürmen, hört man das Klappern der Taue, das Rasseln der Ketten, das

Rufen des Kapitäns und den mark- und beinerschütternden Angst- und Todesschrei der Sterbenden. Und wer den Schrei hört, fährt schauernd zusammen und eilt von jener Unglücksstätte hinweg. (99)

Sein letzter Wunsch

Claus Janssen Wilters, ein Wangerooger Schiffer, befand sich mit seinem Schiff auf hoher See – nach seinem letzten Brief an der schottischen Küste –, da gebar ihm seine Frau ein Kind. Wangerooger Kinder wurden oft getauft, während ihr Vater draußen war. So geschah es auch in diesem Fall. Freunde und Verwandte versammelten sich im Hause, um der stillen Feier beizuwohnen. »Wäre doch Claus Janssen erst wieder da!« meinte einer der Gäste, während er den Täufling betrachtete. Da sah auf einmal ein weißer Kopf durch das Fenster hinein, gerade als ob auch er den Täufling betrachten wollte. Als die Gäste nun hinaussahen, um festzustellen, wer vor dem Fenster stand, war das Gesicht plötzlich verschwunden. Kurz darauf traf ein anderer Gast, der inzwischen noch einmal nach Hause gegangen war, vor dem Taufhause einen Mann, den er nicht sofort erkannte. »Was stehst du denn hier?« redete er den Fremden an. Aber ehe er die Erscheinung erkannt hatte, verschwand sie vor seinen Augen. Dadurch wurde der Gast erst recht stutzig. Er überlegte und sagte sich schließlich, daß der Vater des Kindes inzwischen verunglückt sein mußte und nun noch einmal zurückgekehrt war, um der Taufe seines Kindes beizuwohnen. In tiefen Gedanken kehrte der Gast zu der übrigen Gesellschaft zurück. Seiner Frau fiel sofort sein gedrücktes Wesen auf. Sie fragte ihn deshalb, was ihm fehle. Erst wollte er nicht recht mit der Sprache heraus. Schließlich antwortete er: »Ich glaube, Claus Janssen ist nicht mehr.« Er sollte recht behalten. Unmittelbar vor der Taufe war der Vater des Kindes, ohne daß man in Wangerooge davon wußte, auf der Heimreise nicht weit von der Insel mit seinem Schiff untergegangen. Sein letzter Wunsch war gewesen, sein kleines Kind noch einmal zu sehen. Deshalb war sein Geist nach Hause zurückgekehrt. (100)

Mutterliebe über das Grab hinaus

Es ist nun rund 100 Jahre her, da verlor ein Wangerooger seine junge Frau an der Schwindsucht. Um für sein Haus wieder eine Hausfrau und für seinen kleinen Sohn eine Hüterin und Pflegerin zu haben, heiratete er nach einiger Zeit aufs neue. Allein die Stiefmutter kümmerte sich wenig um das Kind der ersten Frau und behandelte es streng und ungerecht. Als das kleine Kind so eines Abends, Tränen in den Augen, in der Stube saß, erschien plötzlich eine weiße Gestalt vor dem Hause, warf den großen Hund, der vor der Tür lag, beiseite und trat in die Stube. Es war niemand anders als die Mutter des Kindes. In demselben weißen Hemd, mit dem man sie in den Sarg gelegt hatte, war sie in ihr Haus zurückgekehrt. Mit liebevollen Worten tröstete sie ihr Kind, und erst als dessen Tränen getrocknet waren, verschwand sie wieder. So geschah es jedesmal, wenn die zweite Frau ihr Stiefkind schlecht behandelt hatte.

Als der Mann von diesen Dingen erfuhr, mochte er es zuerst nicht glauben. Er hatte seine zweite Frau für besser gehalten, als sie war, und glaubte darum auch nicht an das Erscheinen der Verstorbenen. Er bat deshalb den Himmel um ein Zeichen und betete, daß die Verstorbene auch ihm noch einmal so erscheinen möge, wie er sie im Leben gesehen hatte. Und richtig, als er am nächsten Abend in der Stube saß, erschien die Tote auch ihm, verweilte eine Zeitlang in der Stube und verschwand dann durch ein kleines Fenster. Nun mußte der Mann wohl einsehen, daß die Tote Grund gehabt hatte, zurückzukommen, und er sorgte dafür, daß seinem Kinde fortan Recht geschah. Der Geist der Verstorbenen aber kehrte nun nicht mehr zurück. Er hatte Ruhe im Grabe gefunden. (101)

Das Haus für Schiffbrüchige

Der alte Besenbinder Jens Drefsen erzählt: »Dort jenseit des Wassers in einem Dünental auf Hörnum [Sylt] ließ der Sylter und Föhringer Vogt Peter Matthiessen vor hundert Jahren [so 1862] ein Haus für Schiffbrüchige erbauen. Eines Abends, als das Haus fertig dastand, war eine Jungfrau mutterseelenallein in demselben beschäftigt, Ruhebetten für die Schiffbrüchigen zu machen und weiche wollene Decken zu säumen. Als sie sich nun so einsam fühlte in der Dünenwüstenei, wurde sie so ängstlich, daß sie nicht wagte, von ihrem Nähzeug wegzublicken, bis das herabgebrannte Licht sie daran erinnerte, daß sie die lang herabhangende Schnuppe abtrennen müsse. Sie machte die Lichtschere auf, setzte sie an den Docht und wurde in demselben Augenblick einen fremden Mann gewahr, der durch die geöffnete Tür zu ihr an den Tisch trat. Sie erschrak dermaßen, daß sie den abgetrennten Docht auf ein Leintuch fallen ließ, das vor ihr auf dem Tische lag. Der glimmende Docht brannte sofort ein großes Loch in das Leintuch hinein, und es loderte eine große Flamme empor. In demselben Augenblick sah die Jungfrau im Geist, wie das ganze Haus vom Feuer ergriffen und zerstört wurde. Sie wollte entfliehen, mußte jedoch starr vor Entsetzen an ihrem Platze bleiben. Da trat der Fremdling herzu und löschte den Brand, indem er seine nasse Hand auf das Leintuch legte, verschwand aber gleich wieder, ohne dem Mädchen ein anderes Andenken als sein Bild zu hinterlassen, das von der Zeit an immer vor ihrer Seele stand. – Das Haus in der Dünenschlucht stand nur wenige Jahre da. Die Strandläufer sollen es zerstört haben, und daran haben sie nicht wohlgetan.« (102)

Auf ewig verloren

Ein Schulknabe hatte seinen Mitschülern erzählt, er könne Mäuse machen. Der Lehrer, dem dies zu Ohren gekommen war, fragte ihn, ob er denn auch schon Mäuse mit Schwänzen machen könne. Das könne er noch nicht, erwiderte der Knabe, aber seine Tante wolle es ihn heute abend noch lehren, und als anderen Tages der

Lehrer seine Frage wiederholte, antwortete er: Ja, nun könne er es. Als der Pastor dies erfuhr, schalt er den Lehrer tüchtig aus und nahm den Knaben zu sich, der auch ein guter Junge wurde. Aber von da an siechte der Knabe hin und starb nicht lange nachher. Vor seinem Tode mußte der Knabe dem Pastoren versprechen, ihm zu erscheinen und ihn zu benachrichtigen, ob er selig geworden sei. Als nun einst der Pastor in seinem Garten ging, kam eine Krähe herangeflogen und setzte sich auf einen Püttschwengel. Der Pastor fragte: »Jan, büst du't?« worauf die Krähe antwortete: »Ja, Gott un de Hillgen eenmal verswaren, is ewig verlaren!« und davonflog. (103)

Auf ewig sein

Bei einem Bauern dienten ein Knecht und eine Magd, die einander treu liebten und sich zu heiraten gedachten. Aber das Schicksal wollte es, daß der junge blühende Bräutigam starb. Die Braut begleitete ihn zu Grabe und nahm sich vor, auch dem Toten die Treue zu halten und keines anderen jungen Mannes Bewerbungen anzunehmen. Nicht lange, so hieß es, daß der Bräutigam in dem Hause, wo die Magd diente, sich habe sehen lassen, bekleidet mit dem weißen Totenhemde und seiner weißen Schlafmütze. Die Magd beschloß, sich sobald wie möglich von der Wahrheit dieser Rede zu überzeugen. Als sie nun eines Abends an dem Kirchhofe vorbei mußte, begegnete ihr eine weiße Gestalt, eine weiße Mütze auf dem Kopfe, und schwebte stumm an ihr vorüber. Rasch griff sie nach der Mütze, erfaßte sie und eilte mit ihr nach Hause; dort untersuchte sie die Mütze und fand, daß es wirklich die Mütze ihres Bräutigams war. In der nächsten Nacht klopfte der Geist an die Tür, aber niemand hatte den Mut, ihn anzureden. Dies wiederholte sich jede Mitternacht. Endlich nahm sich der Hausherr zusammen und fragte den Geist, was seine Ruhe störe. Der Geist antwortete, er könne eher keine Ruhe finden, bis ihm die Magd an seinem Grabe die Mütze wieder aufgesetzt habe. Die Magd überwand ihre Furcht und begab sich um die nächste Mitternacht mit ihrem Herrn auf den Kirchhof, um den Willen des Geistes zu erfüllen. Als sie

Grabstein auf dem Kirchhof St. Johannis auf Föhr

hinkamen, stand der Geist schon stumm und regungslos an seinem Grabe. Sie trat herzu und setzte ihm die Mütze auf, da umfaßte sie der Geist, und mit dem Rufe: »Auf ewig mein!« zog er sie mit sich ins Grab. (104)

Der Gonger

Vor einigen hundert Jahren gab es im heutigen Halligmeer noch zahlreiche große und kleine Halligen. Sie sind im Laufe der Zeit der See zum Opfer gefallen. Eine davon war die Oselichshallig, die nur eine Warft hatte und darauf ein Haus. Dort wohnte eine Witwe mit ihrer Tochter Ose. Da Ose ein ungewöhnlich schönes Mädchen war, konnten sich die beiden über mangelnden Besuch nicht beklagen. Von Nordstrand, Hooge, Oland und anderen Halligen kamen Jünglinge und warben um Oses Gunst. Owe von Bothfluth war es schließlich, der unter den zahlreichen Freiern Oses Jawort erhielt. Der Hochzeitstag wurde festgesetzt. Vorher aber ging Owe, zusammen mit anderen jungen Männern von den Halligen, noch einmal zur See, »zur letzten Reise«, wie er seiner Braut versprach. Am Tag der Ausfahrt stand Ose lange am Ufer und schaute der entschwindenden Schmack nach.

Frühling und Sommer vergingen, Zugvögel klagten im Watt, und die ersten Stürme fielen über das Land her. Der Hochzeitstag rückte näher, aber Owe war noch immer nicht zurückgekehrt. Da hörte die Mutter eines Nachts eine Unruhe vor der Tür. Es klopfte und seufzte; aber als die Mutter herausschaute, war kein Lebewesen zu erblicken – nur eine Wasserlache auf dem Pflaster vor dem Haus. Da wußte die Frau, was geschehen war: Owe war als ›Gonger‹ zurückgekehrt. Sie erzählte am Morgen ihrer Tochter unter Tränen, der Bräutigam sei gewiß ertrunken.

Es war der Morgen des festgesetzten Hochzeitstages. Ose zog ihr Brautkleid an, an dem sie den ganzen Sommer gearbeitet hatte und ging hinab zum Ufer. Es war Flut, und das Meer rauschte geheimnisvoll um die Hallig. Ose blickte über das Meer, bis der Wind ihren Blick trübte. Da sah sie über den Wellen das Segel eines Schiffes auftauchen, das mit schäumenden Bug rasch näher kam.

Am Ruder stand ihr Bräutigam Owe und winkte. Querab vom Ufer drehte das Schiff bei und dümpelte in den Wellen. Owe winkte noch einmal, und Ose sprang vom Ufer in die graue Flut. Die Mutter hatte immer wieder voll Unruhe aus dem Fenster nach ihrer Tochter gesehen, die unbeweglich am Ufer stand. Plötzlich war das Ufer leer, und die Mutter stürzte an den Strand. Von Ose aber war nichts mehr zu sehen; nur ihr Kopftuch lag naß am Strand. (105)

Der Diakonus zu Drelsdorf

Als noch zwei Geistliche an der Drelsdorfer Kirche angestellt waren, erkrankte der Diakon schwer und bat um Erteilung des Abendmahls. Der Pastor mit dem Abendmahlsgerät war auf die Vordiele des Diakonats gekommen, als er hörte, wie der Kranke fluchend ausrief: »Der hat mir nur im Wege gesessen, nun fehlt mir nichts mehr!« Zornig ging er weg, ohne das Abendmahl ausgeteilt zu haben. Der Diakon starb in der folgenden Nacht; er erhielt nachher sein Grab in der Kirche, wie früher üblich. Früher ging über den Drelsdorfer Kirchhof ein öffentlicher Fußweg. Als kurz nach der Bestattung des Diakons ein wandernder Siebmacher wieder einmal seine Drelsdorfer Kunden bedienen wollte und über den Kirchhof ging, sah er dort den ihm bekannten Geistlichen stehen, wie dieser sich über eine Pforte lehnte. Der Diakon trug nach der Begrüßung dem Siebmacher auf, den Pastor herzubestellen. Der Mann, der von dem Ableben seines Auftraggebers noch nicht wußte, richtete die Botschaft aus und ging dann zu seinen Kunden. Der Pastor wußte sogleich, was es mit der Botschaft auf sich hatte, er nahm das Abendmahlsgerät und ging dahin, wo er erwartet wurde. Dann hat man gesehen und gehört, wie Pastor und Diakon um die Kirche herumgingen und heftig disputierten. Der Pastor schloß dann durch die vorsorglich mitgebrachten Schlüssel die Kirchtüren auf und beide gingen in die Kirche. Nach einer guten Weile kam der Pastor allein wieder heraus ... Der Diakon hat die Ruhe im Grabe gefunden. (106)

Das Schloß zu Jever um 1850 (gezeichnet von J. H. Sander, gestochen von A. H. Payne)

To lang

Vor langer Zeit hörten die Leute, die im Dunkeln beim Neermoorer Kirchhof vorüberkamen, oft ein Rufen, das klag wie: »To lang! To lang!« Und wenn der Vollmond schien, sah man eine weiße Gestalt zwischen den Gräbern stehen. Eines Abends kam ein Bauernknecht spät von einem Nachbarort nach Hause. Er mußte am Friedhof vorbei. Da hörte er auch das langgezogene Klagen: »To lang, to lang!« Und in der mondhellen Nacht sah er etwas Weißes gespenstisch durch die Bäume schimmern. »To lang – to lang!« klagte die Stimme. Da blieb der Knecht stehen und rief: »Dann riet der doch en Enne of!« und ging seines Weges. Am anderen Tag fand man bei einem Grabe einen Streifen von einem weißen Totenhemd. Und seitdem war das Rufen verstummt, und kein Gespenst wurde mehr gesehen. (107)

Der Ochsenkopf

Am alten Fahrwege von Hooksiel nach Waddewarden, wo der Weg nach Jever abbiegt, stand bislang ein altes Bauernhaus, Mehringsburg genannt. In alten Zeiten ist hier einmal die Hausfrau gestorben, und wie sie beerdigt werden soll, hält ihr der Pastor von Waddewarden vor versammelten Leidtragenden die Leichenrede. Ehe er aber damit zu Ende ist, röten sich auf einmal die Wangen der Verstorbenen, und kurze Zeit darauf erhebt sie sich im Sarge und lebt wieder. Aus Dankbarkeit für ihre Genesung beschenkte die Frau den Pastoren mit einem fetten Ochsen, behielt aber den Ochsenkopf zum Andenken für sich und ihre Nachkommen und hing denselben an dem Hahnebalken des Hauses auf. Nach langen Jahren kam die Mehringsburg in die Hände einer anderen Familie, und der neue Besitzer, der von der Geschichte nichts wußte, fand auch den alten beräucherten Ochsenkopf und warf das unnütze Ding in eine Ligusterhecke neben dem Hause. In der folgenden Nacht hörten die Hausbewohner einen großen Lärm in der Scheune im Viehstall, und als sie aufstanden, fanden sie alles Vieh verkehrt auf dem Stalle stehend in großer Unruhe. Der Eigentümer erzählte dies seinen Nachbarn, da sagte ihn ein alter Mann, das komme davon, daß er den Ochsenkopf aus dem Hause entfernt habe; er solle denselben nur wieder an den Hahnebalken hängen, dann werde so was nicht wieder vorkommen. So ist es denn auch geschehen, und die Ruhe war wieder hergestellt. (108)

Das Fräulein im Bunder Steinhaus

Im Steinhaus bei Bunde wohnte vor grauen Jahren ein Fräulein, das war schön wie die Sonne, aber kalten Herzens wie Eis. Ein junger Ritter verlor sein ganzes Herz an die gefühllose Schöne, um die all sein Werben umsonst blieb. Er härmte sich krank und bleich und fühlte, daß er bei solcher Kälte des angebeteten Mädchens nicht länger leben könne. Da sprach er eines Tages: »Den Genuß soll die Grausame nicht haben, mich hier gebrochenen Herzens sterben zu sehen. Auf ins gelobte Land! Noch habe ich Kraft, den

Rittern des Kreuzes zu folgen. Dort wird ein Heidensäbel mich erlösen, wenn Gott mir gnädig ist.« Sprach's und zog fort von der Minne hartem Dienst. Es war aber eine alte Frau, die wußte um den Schmerz des Ritters, fühlte Mitleid und beschloß bei sich, ihm zu dem Fräulein zu verhelfen. Sie braute deshalb auf geheimnisvolle Weise einen Liebes-Zaubertrank, den sie dem schönen Fräulein heimlich zu trinken gab. An einen Balken des Hauses aber schrieb sie sieben rätselhafte Zeichen. Die Folge des Zaubers blieb nicht aus, und die Spröde verging nun ihrerseits in Sehnsucht nach dem Ritter. Täglich stand sie am Fenster und schaute unverwandt nach Süden, wohin er gezogen war. Aber der Ritter kam nicht heim. Vor Antiochien hatten sie ihn begraben, und eine Zypresse neigte sich über sein Grab. Als diese Nachricht kam, ertrug die Dame die Trennung nicht, bald folgte sie dem Toten ins Grab.

Aber das Grab gab ihr die ersehnte Ruhe nicht, sie ging als Geist allnächtlich im Steinhaus um. Viele Leute erblickten die weiße Gestalt, schlugen ein Kreuz und eilten vorüber. Endlich aber schlug für die Sehnende die Erlösungsstunde. Ein neuer Bewohner des Steinhauses wollte seinen Torf einheimsen, kam dabei auf den Oberboden und erblickte die seltsamen Zeichen an dem Balken. In der Meinung, diese Zeichen seien Produkte seines kleinen Sohnes, sprach er: »Daar hett de dumme Jung sien Kreienpoten ok an de Balke margelt. Gien Minske kan 't lesen, un doch is de Bengel al 'n halv Jahr bi 't Schrieven.« Und in gerechter Entrüstung löschte er die Runen aus. Seit der Zeit hat das arme Fräulein Ruhe im Grabe, und niemand hat hinfort die weiße Gestalt am Fenster gesehen. (109)

Der Turmgeist

Wenn die Ortsuhr zu Marienhafe die Mitternachtsstunde verkündet, hört man in den unteren Räumen des Turmes ein gewaltiges Poltern und lautes Stöhnen; zuweilen auch sieht man dort eine männliche Gestalt wandeln, welche ihren blutigen Kopf unter dem Arm trägt. Das ist ein Räuber aus der Schar Störtebekers, der, hingerissen von der Schönheit eines edlen weiblichen Wesens, nach demselben freite und da sie seinen Antrag ablehnte, weil sie bereits einem jungen Ritter verlobt war, mit seinen Helfershelfern sie raubte, entführte und in den Turm zu Marienhafe brachte. Aber die Unglückliche zog den Tod der Schande vor und stürzte sich aus dem Fenster des Gemaches in die sie verschlingende Flut. – Der Räuber wurde später enthauptet, aber das Grab konnte ihn nicht halten, er muß wandeln bis zum jüngsten Tage. (110)

Der Junker von Klixbüllhof

Klixbüllhof war früher von einem tiefen Graben umgeben, dessen Reste noch heute zu sehen sind. Auch eine Mauer soll in alten Zeiten den Bauern Schutz vor herannahenden Feinden geboten haben. Im Herbst und Frühjahr, in der Zeit der großen Fluten, stieg das Wasser der Nordsee ganz bis an die Burg heran, und hielt so Eindringlinge noch mehr ab.

Auf dieser Burg hauste einst ein finsterer jähzorniger Junker. Die leibeigenen Bauern hatten ein hartes Los zu ertragen; er schonte niemanden und wer ihn nicht kannte, mochte ihm lieber aus dem Wege gehen. Seine Leidenschaften waren Karten, Würfel und Wein. Einst kam der Junker von Bosbüll, der dort eine ähnliche Burg hatte (das alte Bosbüllhof?) nach Klixbüll, um mit dem Junker ein Spielchen zu machen. Die beiden waren gut befreundet, und was der eine an Kraft und Roheit besaß, hatte der andere an List und Verschlagenheit. Sie kamen öfter zusammen, um über die nächsten Schandtaten, die sie aushecken wollten, zu beraten. Bei solchen Gelegenheiten kam das Trinken nie zu kurz. An jenem Tage jedoch setzten sie sich sofort an den schweren Eichentisch und bald rollten Würfel und Goldstücke klappernd über die Platte. Der Klixbüller Junker verlor den einen Dukaten nach dem andern, ließ sich jedoch nichts anmerken, sondern versuchte sich am Wein zu trösten. Stunde um Stunde verrann, es wurde Nacht. Die Köpfe der Spieler wurden immer heißer. Plötzlich stieß der Gastgeber einen heiseren Wutschrei aus, er hatte bemerkt, daß die Würfel mit Blei ausgegossen waren. Er riß sein Schwert aus der Scheide und stürzte sich, betrunken wie er war, auf den Falschspieler. Der war aber auf der Hut, zog ebenfalls sein Schwert und nun entspann sich ein erbitterter Kampf. Es währte jedoch nicht lange, nach wenigen Augenblicken stürzte der Bosbüller tödlich getroffen zu Boden.

Es währte nur Stunden, dann war die Mordtat bekannt. Der Junker wurde gefangen genommen und auf seiner eigenen Burg eingesperrt. Beim nächsten Ting, als der Abgesandte des Königs kam, wurde er unter starker Bewachung nach Tinningstedt, wo die Tingstätte war, geführt und dort zum Tode verurteilt. Als letzte Gnade bat er sich aus, drei Mal um seinen Hof reiten zu dürfen; dann sei er bereit, zu sterben. Es wurde ihm gestattet, und er rüstete sich zur letzten Stunde. Er zog seinen Rappen, den er während seiner Gefangenschaft mit Milch und Weizenbrot gefüttert hatte, aus dem Stall und ritt in langsamen Galopp erst zweimal um die Mauer. Als er das dritte Mal die Nordseite erreicht hatte, sprengte er plötzlich mit einem gewaltigen Satz über den Graben und galoppierte in rasender Flucht querfeldein. Man versuchte, ihn einzuholen, blieb aber weit zurück. Der Junker hatte sein Leben gerettet, doch wurde er in der Fremde nicht wieder froh. Nach seinem Tode konnte er im Grabe keine Ruhe finden. Als Geist irrt er in der Welt umher und manchmal noch zeigt er sich mitternachts zwischen Klixbüllhof und der Klixbüller Kirche. (111)

Die zwölf ungerechten Richter

Vor nicht langer Zeit [so 1867] ging einmal ein Küster um Mitternacht bei Mondenschein über den Kirchhof, da hörte er in der Kirche einen Lärm, wie wenn gekegelt würde. Er lief zum Pastoren und meldete es ihm, aber der lachte ihn aus und schickte ihn fort. In der folgenden Nacht ging der Küster wieder über den Kirchhof und hörte denselben Lärm. Der Pastor lachte diesmal nicht, sondern sagte: »Ich kann heute nicht aufstehen, denn ich bin heiser; höre aber morgen nacht wieder zu, und wenn dann gekegelt wird im Gotteshause, dann wollen wir nachsehen.« Am dritten Abend war der Mond um 12 Uhr nicht aufgegangen, und es blieb alles ruhig. Beim nächsten Mondschein hörte der Küster den Lärm wieder, er weckte den Pastor; dieser ging mit und fand es so, wie der Küster gesagt hatte. Sie schauten durch das Schlüsselloch und erblickten zwölf schwarz gekleidete Männer, von denen sechs mit Totenköpfen kegelten und sechs sich bückten, als wenn sie die Kegel aufrichteten. Um eins war alles vorüber. Am folgenden Abend gingen Pastor und Küster früher hin und sahen nun, wie die zwölf schwarzen Männer einen Sarg hinter dem Altare herholten, die Beinknochen und zwei Köpfe herausnahmen und mit diesen nach jenen kegelten, was wieder bis 1 Uhr dauerte.

Da verordnete der Pastor, der Küster solle da, wo die Kegel standen, einen Kreis ziehen, in denselben einen Tisch und einen Stuhl bringen, auf den Tisch drei Lichter stellen und zwei Schwerter kreuzweise übereinander legen; dann solle er eine Bibel nehmen, sich während der Geisterstunde auf den Stuhl setzen und im Evangelium St. Johannis lesen. Das tat der Küster. Als es 12 schlug, kamen die zwölf schwarzen Männer, holten die Beinknochen und die Totenköpfe hervor und wollten ihr Spiel treiben; weil sie aber nicht über den Kreis konnten, stellten sie die Kugeln vor denselben auf und kegelten. Da begab es sich, daß ein Totenkopf in den Kreis rollte, und die schwarzen Männer baten den Küster: »Gib uns den Kopf heraus.« Der Küster aber antwortete: »Wollet ihr ihn, so holet ihn«, und las in der Bibel. Die Männer baten dreimal dasselbe, der Küster antwortete nicht weiter. Als sie aber zum dritten Male gebeten hatten, schlug es eins, und alles war verschwunden. Am anderen Tage ließ der Pastor den Sarg öffnen, da fand sich eine Rolle, auf der stand geschrieben: »Hier ruhen zwei unschuldige gerichtete Männer, und diese sind bei Gott. Die zwölf Richter jedoch, die sich haben bestechen lassen, sollen so lange bei Mondenscheine mit den Köpfen der beiden Männer kegeln, bis sie durch Gottes Wort verscheucht werden.« Und es geschah also. Wo aber die Seelen der zwölf ungerechten Richter geblieben sind, das weiß kein Mensch. (112)

Der unehrliche Landmesser

Vor vielen Jahren wurde der Ackerkoog zwischen Klockries und Niebüll geometrisch aufgenommen und auf die Gemeinden Lindholm und Niebüll verteilt. Die Arbeit wurde von einem jungen Landmesser korrekt und reell ausgeführt. In einer Nacht versetzte ein höherer Landmesser den Grenzstein zu Niebülls Gunsten. Die Moorscheide wurde durch einen breiten Graben bezeichnet, der noch vorhanden ist und der Jordan heißt. Als dem unehrlichen Landmesser von den Lindholmern vorgeworfen wurde, daß die Grenze falsch sei, behauptete er, sie sei richtig; wenn sie nicht richtig sei, so wolle er zur Strafe ewig nachts an der Grenze auf- und abgehen. Nun wandelte er allnächtlich mit seinem Hund, der beim Verrücken des Grenzsteins zugegen war, am Graben auf und ab, die klirrenden Meßgeräte hinter sich herziehend. Es soll unter den jetzt [1932] lebenden Leuten solche geben, die ihn gesehen haben. Die Hirten sollen sich vor ihm fürchten und in der Dunkelheit den Grenzstein meiden. An einer Stelle ist eine Überfahrt über den Graben, von wo aus ein Fußsteig nach Süden führt; er soll aber noch heutigen Tages bei Dunkelheit gemieden werden. (113)

Der Bankrotteur

Ein reicher Mann in Emden dachte durch Betrug seinen Reichtum noch zu vermehren und machte einen falschen Bankrott. Allein sein Gewissen ließ ihm keine Ruhe, und er brachte sich selbst ums Leben. Nahe bei seinem Hause wohnte ein Müller, der aber seine Mühle draußen vor der Stadt hatte. Eines Abends begab sich der Müller von der Mühle auf den Weg nach Hause; da es aber sehr stark zu regnen anfing, spannte er seinen Schirm auf. Der Weg führte ihn am Kirchhofe vorbei, und wie er bei diesem vorüberging, kam ein Mann vom Kirchhof herab, trat mit unter den Schirm und ging mit ihm des Weges weiter. Der Müller fing an zu reden über das schlechte Wetter und dies und das, bekam aber keine Antwort, sodaß er bei sich dachte: »Wer mag das sein?«, konnte ihn aber bei der Dunkelheit nicht erkennen. Als sie in die Stadt und zu dem Hause jenes Kaufmanns kamen, der sich selbst getötet hatte, trat der Mann unter dem Schirme weg, bestieg die Treppe, öffnete die Tür und ging hinein. Der Müller blieb stehen, um das Weitere zu beobachten. Er sah, wie der Mann Licht machte, in sein Kontor ging und unter Papieren kramte, und jetzt erkannte er deutlich den Selbstmörder. Wie betäubt ging der Müller nach Hause und sank ohnmächtig zu Boden. Als er sich erholt hatte, erzählte er sein Begegnis, verfiel aber hernach in eine Krankheit, an der er auch bald darauf starb. (114)

Der Bröddehoogmann

Auf dem Bröddehoog, einem alten Grabhügel zwischen Braderup und Kampen auf Sylt, haben viele Leute, oft bei hellem Tage, einen Mann von mittlerer Höhe, grau gekleidet, mit einer altmodischen Mütze auf dem Kopfe stehen sehen. Den Kopf hatte er gesenkt und mit nachdenklicher, schwermutsvoller Miene schaute er vor sich nieder. Er hieß der Bröddehoogmann. Einst wohnte er in einem der nördlichen Dörfer Sylts und erwarb sich durch See- und Strandraub ein großes Vermögen. Die von ihm ausgeplünderten und ermordeten Schiffbrüchigen verscharrte er in der Gegend des Bröddehügels. Vor den Augen der Leute und seiner eigenen leichtsinnigen Söhne verbarg der geizige Mann seine Schätze sorgfältig in dem geräumigen Gewölbe jenes Hügels. Während der Nacht aber schlich er oft dahin, zählte sein Geld, und saß stundenlang in seiner unterirdischen Schatzkammer auf seinen Säcken. Er brütete auf seinen Goldeiern, wie man sagte, und davon bekam der Hügel den Namen Brütehügel. Der Mann starb, ohne seinen Söhnen Nachricht von seinem Reichtum zu geben. Aber ob diese eine Ahnung davon hatten, oder dem Vater einmal nachgegangen waren, sie stellten wenigstens gleich in jenem Hügel eine Nachsuchung an. Aber unrecht Gut kommt nicht an den dritten Mann. Während sie im Steinkeller arbeiteten, stürzte er ein und begrub die habgierigen Söhne des geizigen Mannes, der hinfort auf dem Grabe seiner Kinder und zugleich der ermordeten Schiffbrüchigen als Gespenst umgehen muß.

Es wird auch so erzählt, daß ein Mädchen aus Braderup an einen Kampener verheiratet diesem ein großes Heidefeld bei dem Bröddehoog (also meint man Briddhoog, Brauthügel) zugebracht habe. Nach ihrem Tode haben die Kamper es nicht, wie es Gesetz gewesen wäre, an die Verwandten der Frau zurückgeliefert. Ihr (meineidiger?) Ratgeber in dieser Sache soll nun jenes Gespenst sein. – Der Hügel ist [1845] vor einiger Zeit abgetragen und man fand den gewöhnlichen Inhalt solcher Gräber. (115)

Das Gespenst mit dem Grenzpfahl

In den niedrigen Fennen zwischen Lindholm und Maasbüll, Amt Tondern, die im Winter meist unter Wasser stehen, tobte allnächtlich ein Gespenst. Es war ein Mann mit einem großen Pfahl auf dem Nacken, und indem es umherstürmte, schrie es beständig: »Wo schall ik den Paal daalschlaan? Wo schall ik den Paal daalschlaan?« Die ältesten Leute hatten davon schon von ihren Eltern gehört und immer ging das Gespenst noch umher. Es tat keinem etwas zu Leide und jeder ging still vorüber; es bekümmerte sich niemand weiter darum. Einmal aber kamen zwei Nachbarn miteinander vom Markte zurück, und der eine war etwas betrunken. Als sie nun an die Stelle kamen und das Gespenst rief, fragte er: »Wat seggt de Kerl?« – »Um Gottes Willen, so schwieg doch«, sagte der andere, »he deit di niks.« – »Ik will awer weten, wat he seggt«, erwiderte der andere mürrisch und rief das Gespenst an: »Wat seggst du?« Gleich stand es vor ihnen und schrie: »Wo schall ik den Paal daalschlaan? Wo schall ik den Paal daalschlaan?« Vor Schreck plötzlich nüchtern faltete der Mann die Hände und antwortete: »In Gottes Namen schlaag em daal, wo he fröer staan hett.« Unter lautem Danke, weil es auf dieses Wort schon über hundert Jahr gehofft hatte, rannte das Gespenst nach einer Stelle, schlug den Pfahl da hinunter, so daß das Wasser weit über seinen Kopf und über den Pfahl hinweg stob, und war zugleich verschwunden. Der Mann hatte nämlich bei Lebzeiten den Grenzpfahl verrückt und hatte damit umgehen müssen, bis jemand ihn anredete und dadurch erlöste. (116)

Hark Olufs, der Sklave des Beis

Hark Olufs (1708-1750), ein Amringer von Geburt, ward auf dem mittelländischen Meer von Seeräubern gefangen genommen, in Algier als Sklave verkauft und kam so in die Dienste des Bei Assin von Constantine. Dem diente er treulich zwölf Jahre, ward sein Schatzmeister und General und schlug den Bei von Tunis in einer großen Schlacht. Da erhielt er endlich Erlaubnis, in seine Heimat zurückzukehren, und lebte nun die übrige Zeit seines Lebens auf Amrum von seinen Schätzen, die er im Türkenlande gesammelt hatte. – Er soll nach dem Tode wiedererschienen, oder wie man auf Friesisch sagt, wiedergegangen sein. In voller Gestalt begegnete er E.B.T. in der Morgendämmerung auf seinem Rückwege nach dem Kirchhofe. Er hatte seine silbernen Schnallen auf seinen Schuhen, trug seine tägliche Kleidung, und im Gehen schlug sein Rock vom Winde gegen einen Pfahl, an dem er vorüber kam. Er sah sich um mit schrecklich weißem Angesicht. Th. und H.C. gingen in der Abenddämmerung nach dem südlichsten Dorf auf Amrum [Wittdünn]. Hark Olufs, welcher hier gewohnt hatte, kam ihnen nach vom Kirchhof her. Th. wollte ihn fragen, konnte aber nicht dazu kommen, denn es war ihr, als ob sie stumm geworden. H.K. der Küster, und H.C., hieß es, haben nach diesem ihn gefragt, warum er wiederginge. Er soll geantwortet haben, er habe etwas in seinen Papieren hinterlassen, was er nicht ausgestrichen, und überdies ein Gefäß mit Geld unter dem Ofen begraben. Darauf ist er nicht wieder erschienen. (117)

Die Wertpapiere

Als man auf dem Lindholmer Kirchhof einst einen Toten begrub, kam einer, der sich etwas verspätet hatte, längs dem Kirchensteig, während der Leichenzug schon am Grabe war. Siehe, da begegnete ihm der Verstorbene in leibhaftiger Gestalt und darüber höchlichst verwundert, redete er diesen an: »Was, kommst du da schon wieder? Gehe du hin und ruhe in Frieden!« Der Tote antwortete nicht; aber mit der Hand gab er ein Zeichen, indem er zu wiederholten Malen auf den Arm schlug. Darauf verschwand er. Als man nachher die Kleider des Verstorbenen durchsuchte, fand man in dem einen Ärmel des Kamisols zwischen Tuch und Unterfutter Wertpapiere, von welchen niemand etwas gewußt hatte. Das hatte der Tote offenbaren wollen. – Wenn jemand auch nur vier Schillinge versteckt hat, ohne einem andern Menschen davon zu sagen, so muß er nach seinem Tode wiedergehen. (118)

Das goldene Bein

Eines Pastoren Frau wurde sehr krank an einem Beine, und alle ärztliche Hilfe war vergebens. Da ließ der Pastor einen Wunderdoktor kommen und gab diesem die Frau in Behandlung. Dieser erklärte, die Frau könne wohl gesund werden, aber dann müsse ihr das Bein abgenommen und dafür ein goldenes angesetzt werden. Der Pastor ließ schnell ein goldenes Bein machen und der Wunderdoktor setzte es an die Stelle des kranken. Nun wurde die Frau gesund. Nach längerer Zeit jedoch wurde die Frau abermals krank und starb, und als sie begraben wurde, legte ihr der Pastor das goldene Bein mit in den Sarg. Die Magd aber, die das goldene Bein bei Lebzeiten oft gesehen und nun auch gesehen hatte, daß es mit in das Grab gekommen war, ging des Abends heimlich zum Grabe und holte das Bein wieder heraus, nahm es mit nach Hause und verschloß es in ihre Kiste. Als sie am nächsten Abend sich auskleidete, hörte sie vor ihrem Kammerfenster eine Stimme, die rief: »Mien golden Been, mien golden Been!« Die Magd fürchtete sich und ging schnell zu Bette. Am andern Morgen erzählte sie dem Pastoren, was sie gehört, sagte aber nicht, daß sie das goldene Bein genommen habe. Der Pastor antwortete: »Wenn du die Stimme wieder hörst, so frage: ›Weer hett dien golden Been?‹« Als nun am Abend die Stimme wieder rief: »Mien golden Been, mien golden Been!« Da fragte die Magd: »Weer hett dien golden Been?« Da rief die Stimme: »Du hest mien golden Been!« Die Fenster wurden zertrümmert, eine weiße Gestalt stand vor der Magd und gab ihr einen Schlag, daß sie tot zu Boden sank, dann nahm der Geist das goldene Bein aus der Kiste und verschwand. (119)

Der Fluch der bösen Tat

Vor langen Jahren strandete einmal bei Wangerooge ein Schiff, eine englische Zweimasterbrigg. Die Besatzung sprang in die Schaluppe, um sich mit ihr an Land zu retten. Als letzter suchte der Eigentümer der Ladung, ein Kaufmann, der die Reise mitgemacht hatte, in das Boot zu springen. Aber er war etwas unbeholfen und wurde auch durch eine große Geldkatze, die er sich umgebunden hatte, behindert. Er sprang vorbei, geriet zwischen Schiff und Boot und ertrank. Auf der Insel sprach es sich schnell herum, daß der Kaufmann mit einem großen Beutel voll Geld ertrunken war. Die Leute suchten deshalb Tag und Nacht den Strand ab, ob der Tote nicht antreiben würde. So begaben sich eines Nachts wieder einmal zwei Leute, ein Fremder und ein Wangerooger, nach Schottsaun und suchten nach dem Toten. Noch vor Tagesanbruch kamen sie dorthin und fanden auch wirklich die Leiche. Schleunigst nahmen sie ihr das Geld ab und kamen, noch bevor der Tag graute, nach Hause. Dann schickten sie eins von ihren Kindern zum Vogt: er möge mit einem Wagen an den Strand fahren, da läge ein toter Mann.

Der Vogt fuhr sofort hinaus und untersuchte den Toten. Als er sah, daß ihm sein Geld fehlte, fiel sein Verdacht auf die beiden Männer, und er fragte sie aus, ob sie das Geld hätten. Aber die beiden leugneten den Besitz des Geldes hartnäckig und blieben trotz aller Fragen und Verhöre bei ihrer Aussage. Da sie das Geld vorher gut versteckt hatten, fand man es auch nicht bei ihnen, und so konnten sie ihren Raub behalten. Aber sie sollten an dem unrechten Gut keine Freude erleben. Ausgeben konnten und durften sie nichts von dem Geld. Auch hatten sie seit jenem Tage keine Rast und Ruhe mehr auf Erden. Überall um sie herum spukte es. Wenn sie in der Abenddämmerung ausgingen, lief der Tote mit bloßem Haupte hinter ihnen her. Ja, es nützte ihnen nichts, daß sie ihr Haus abschlossen. Des Nachts lief der tote Kaufmann in seinem blauen Anzug ihre Stube entlang. So dauerte es wohl drei, vier Jahre. Schließlich soll der Pastor den Spuk vertrieben haben. (120)

Der Dikjendälmann

In der Gegend des alten Eidums auf Sylt liegt das Dünental Dikjendäl [d.h. das Tal, wo der Deich zu Ende ist]. Hier strandete einst in einer Sturmnacht (man sagt in der Christnacht des Jahres 1713) ein in Archsum wohnender Schiffer. Mit großer Gefahr und Mühe rettete er sich und seinen Geldkasten auf den heimatlichen Strand und hoffte einen menschenfreundlichen Landsmann zu finden, der sich seiner annehmen, ihn erquicken und zu den Seinigen führen würde. Doch raubgierige Strandläufer hatten seine Ankunft und seinen Geldkasten bemerkt und statt sich seiner anzunehmen, fielen sie mitleidlos über ihn her, schlugen ihn mit ihren Knitteln zu Boden und verscharrten ihn in den Sand. Noch einmal richtete sich der Sterbende wieder empor, doch die Unmenschen traten mit Gewalt den Kopf des Unglücklichen in den weichen Grund, hieben seinem stets wieder aufstrebendem rechten Arm die Hand ab und schleppten den Geldkasten davon. Seit der Zeit wandert, den blutigen Stumpf des abgehauenen Armes emporrichtend und Gerechtigkeit fordernd, allnächtlich in jenem Dünentale, wo der Mord geschah, ein Gespenst umher, das nach dem berüchtigten Tale der Dikjendälmann genannt wird. (121)

Adrian Michelsen

Die Helgolander haben in ihrer Geschichte so seltsame, verwikkelte, zu mancherlei zweideutigen ober geradezu unmoralischen Handlungen auffordernde Perioden gehabt, daß das Vorhandensein mehrerer seltsamer Sagen und Erzählungen nur zu begreiflich ist. Eine der merkwürdigsten, weil sie einen Blick in die Schattenseiten des unheimlichen Treibens zur Zeit der Kontinentalsperre gewährt, ist mir die Erzählung vom Adrian Michelsen gewesen. Bekanntlich hatte die Schmuggelzeit eine große Menge von Kaufleuten nach Helgoland gezogen. Das Unterland war ein großes Warenlager. Mancher Kaufmann wurde in wenigen Tagen reich, mancher mochte große Summen zu überwachen haben. Unter diesen befand sich auch ein Mann, namens Adrian Michelsen, welcher eines Tages auf geheimnisvolle Weise verschwand. Niemand wußte zu sagen, wohin er gegangen oder was aus ihm geworden. Im Drängen und Treiben jener bewegten Zeit achtete man weiter nicht darauf.

Nach einer langen Reihe von Jahren fügte es sich, daß ein junger Mensch als Zimmerlehrling in derselben Bude arbeitete, welche einst jenem Michelsen als Lager gedient hatte. Dieser junge Mann wurde beständig von einer Gestalt verfolgt, die ihm winkte, ihr zu folgen. Anfangs ging jener nicht darauf ein, als aber bei Tag und Nacht die düstere Gestalt ihm keine Ruhe ließ, da folgte er ihr endlich in großer Angst in einen Winkel. Das Gespenst deutete auf den Boden und enthüllte ihm pantomimisch die schreckliche Tatsache, daß jener Adrian Michelsen von einem noch auf der Insel lebenden Andreas Hornsmann an jener Stelle ermordet und begraben sei. Und zwar so genau mit allen Details, daß der junge Mensch genau die Kleidung des Adrian zu schildern wußte, seine Kopfbedeckung, seinen Stock, die weiten blauen Strümpfe, die er über die Beinkleider heraufgezogen hatte usw. Der Geist zog sich zurück; dem Jungen aber ließ es keine Ruhe, bis er die Sache bei Gericht angezeigt. Unter seiner Leitung wurde die Ausgrabung vorgenommen; wirklich fand man die Überreste eines Leichnams, die Schilderung des jungen Menschen stimmte genau mit der Gestalt des Adrian überein, wie frühere Bekannte von ihm sich seiner noch erinnerten. Was sollte das Gericht davon halten? Auf diese geheimnisvollen Anzeichen hin ließ sich kein Strafverfahren gründen. Es blieb beim Verhör, in welchem der Angeklagte hartnäckig leugnete. Aber, ob schuldig oder unschuldig – auf der Insel war seines Bleibens nicht länger. Die innere Unruhe trieb ihn fort nach Amerika, wo er bald verstorben ist. Jener junge Mann ist gegenwärtig [1869] ein angesehener und tüchtiger Schiffskapitän.

Daß diese Erzählung eine Erfindung sei, läßt sich nicht annehmen, da viele und zum Teil sehr nüchtern denkende Leute der Sache als Augenzeugen beiwohnten. Vielleicht erklärt sie sich auch einfach dadurch, daß ein Mitwisser des Mordes, von Unruhe getrieben, jenem Knaben in der Gestalt eines Vermummten erschienen sei, um unerkannt zu bleiben. Wie dem auch sei, gewiß ist es, daß jeder Helgolander von der Wahrheit der Erzählung überzeugt ist. (122)

Gebannte Geister

Folgende sagenhafte Überlieferung ist dem verstorbenen Koogsinspektor und Amtsvorsteher Christian Sibbern Melssen während seiner Studienzeit in Kiel von einer alten Kieler Handwerkerfrau berichtet worden, die in ihrer Jugend (um 1830) auf Marienhof gedient hatte. Hinrich Jessen hatte durch seinen Konkurs besonders viele kleine Leute geschädigt und um ihr sauer erworbenes Geld gebracht. Deswegen konnte er im Grabe keine Ruhe finden, sondern ließ sich in seiner früheren Gestalt, die Ställe und Scheunen Marienhofs durchwandernd, häufig sehen. Einem Beschwörer, dem man seine Not geklagt, gelang es, den Geist im Stalle in die Erde zu bannen und die entstandene Öffnung durch Einschlagen eines starken Holzpflockes so stark zu verschließen, daß die Spukgestalt sich seitdem nicht mehr blicken ließ. Nach einer Reihe von Jahren kam ein neuer Knecht ins Haus, der von den früheren Vorgängen nichts wußte. Dieser stieß beim Herauskarren von Dünger häufig mit der Schiebkarre gegen den hervorragenden Pflock und versuchte, ihn herauszuziehen. Zuletzt gelang es ihm und seitdem ließ das Gespenst sich wieder sehen.

Der erschrockene Besitzer wandte sich wegen Rat und Hilfe an Pastor Jessen in Deezbüll (1788-1814), von dem es im Volksmund hieß, daß er mehr könne als andere. Der Pastor wurde im Wagen abgeholt; die Fahrt ging glatt vonstatten, bis der Wagen in die Trist einbog, die nach Marienhof führt. Hier wurde es den Pferden schwerer und schwerer, den Wagen zu ziehen; schließlich konnten sie überhaupt nicht weiter. Da befahl der Pastor dem Knecht, die Linse des rechten Hinterrades herauszuziehen, diese mit auf den Wagen zu nehmen und so weiterzufahren, aber ohne sich umzusehen. Der Knecht tat wie ihm befohlen wurde, konnte es aber nicht unterlassen, einen Blick verstohlen nach hinten zu werfen. Er sah mit Grausen, daß eine menschliche Gestalt neben dem nunmehr leicht beweglichen Wagen herlief und einen Finger in die Nabe des

Wagenrades hielt. Auf dem Hof verlangte der Pastor, daß man ihn im Stall allein lasse. Hier ging es scharf zwischen ihm und dem Geist her. Man konnte hören, daß der Pastor dem Geist Fehltritte aus dessen Jugendzeit vorwarf. Endlich trat Ruhe ein. Seitdem hat der Wiedergänger sich nicht wieder blicken lassen. (123)

*

Vor nicht langer Zeit [so 1867] soll einst einer in Ramsloh nach seinem Tode wiedergekommen sein. Er machte den Leuten in dem Hause, aus dem er war, soviel zu tun, daß sie nicht aus noch ein mehr wußten. Jede Nacht zwischen zwölf und eins kam er ins Haus, ganz pechschwarz, daß die Leute ihn allemal ganz gut sehen konnten. Er ließ ihnen die Kühe auf die Diele laufen und drehte den Tieren die Schwänze um, daß sie vor Pein brüllten und nicht wußten, wo sie hin sollten. Die Pferde jagte er ihnen aus dem Stalle, die Schweine aus dem Koven und die Hühner vom Rick, daß alles durcheinander rannte, als wenn wirklich der Teufel selbst dazwischen wäre. Die Leute konnten es unmöglich länger aushalten und ließen den Pastoren kommen. Der Pastor zitierte den Wiedergänger, er solle sofort zu ihm kommen. Er kam. Da fragte ihn der Pastor: »Warum bist du wiedergekommen?« – »Ums Stehlen«, war die Antwort. »Gaudiebe haben hier nichts zu tun, die müssen in der Hölle bleiben.« – »Was willst du denn?« sagte darauf der Geist, »du hast über mich ja nichts zu sagen, du hast ja selbst eine Ähre gestohlen.« – »Das ist nicht wahr, oder sie ist an mir hangen geblieben, ohne daß ich es gewußt habe; unwissend sündigt nicht.« – »Deiner Mutter hast du einen halben Stüber gestohlen, was du doch wohl gewußt hast.« – »Das ist schon wahr, aber dafür habe ich weiß und schwarz gekauft, um zu lernen, wie ich dich vertreibe.«

Da wußte der Geist nichts mehr und mußte sich gefangen geben. Der Pastor nahm eine kleine Butterdose aus der Tasche und sprach zum Geiste: »Spazier hier hinein!« Als er den Geist darin hatte, ließ er einen Wagen mit vier Pferden bestellen. Da sagte einer: »Was soll das bedeuten? Vier Pferde? Wohin wollt ihr denn damit?« – »Er soll nach dem Bullenmeer zum Teufel hin, da können sich die beiden Gesellschaft leisten.« – »Dann ist's ja wohl nicht nötig, die Dose kann ich ja selbst hintragen.« – »Ja«, sagte der Pastor, »ihr solltet erst einen Spuk kennen, das wird uns noch schwer genug werden mit den vier Pferden!«

Derweilen kam der Wagen an; die Butterdose mit dem Geist hinauf, und nun ging's aufs Bullenmeer los. Je näher sie hinkamen, desto schwerer mußten die Pferde ziehen, daß sie schwitzten wie Ottern. Sie hättens fast zugeben müssen, aber mit vielem Quälen kamen sie doch beim Bullenmeer an. Da ließ der Pastor den Geist aus der Dose. Der Geist fragte: »Was soll ich hier nun?« – »Heide zählen sollst du.« – »Wenn ich das getan habe, was soll ich dann?« – »Wenn du das getan hast, sollst du immer wieder von vorn anfangen bis an den jüngsten Tag.« Nun läuft der Geist dort noch immer und zählt Heide, aber nicht jeder kann ihn sehen. – Im Bullenmeer spukt auch der Teufel in einem Bullen. [Vgl. dazu Nr. 74.] (124)

*

Herr Norberg zu Detern war armer Leute Kind und hütete als Knabe bei einem Bauern die Gänse. Später, als er zum Jüngling herangewachsen war, wurde er wegen seiner Fähigkeiten als Schreiber angestellt. Bald hatte er sich Geld erworben, und die Leute kamen, um von ihm zu leihen. Er aber fragte bei allen zuvor, ob sie lesen und schreiben könnten, und sagten sie ja, so hatte er nichts zu leihen. Sagten sie nein, so schrieb er einen Wechsel, und wenn er den Leuten nur zehn Taler auszahlte, schrieb er hundert Taler hinein, das mußten sie dann mit einem Kreuze unterzeichnen. – Schon bei seinen Lebzeiten wurde er auf mehreren Stellen zugleich gesehen; nach seinem Tode aber ging er wieder, sodaß alle Hausgenossen vor Furcht das Haus verließen, und dem Nachbar wurden 25 Taler zugegeben, daß er das Haus nur bewohnte. Eines Tages ging die Frau nach dem Abtritt, hatte sich aber kaum hingesetzt, so setzte sich Herr Norberg neben sie. Sie schrie heftig auf, lief fort und rief: »Peter, Peter, der Teufel ist da!« Jede Nacht hat er das ganze Haus durchlärmt, hat in jedes Bett hineingesehen, und wenn dann die Bewohner geschrien: »Der Teufel ist da!«, so ist er schleichend davongegangen. Um nun des Teufels los zu werden, ließen sie einen Pastor kommen, der hat ihn durch sein Beten in eine Graft verwiesen, welche er mit einem bodenlosen Eimer leer tragen mußte. Nun war der Teufel weg. Als aber ein trockener Sommer kam, wurde die Graft leer, und der Teufel stellte sich wieder ein. Der Pastor wurde abermals gerufen und verwies ihn nun in einen Sandberg, der Eichenberg genannt, wo er die Sandkörner zählen muß. Dort ist er noch jetzt [1867] und springt des Nachts manchem Furchtsamen, der des Weges kommt, auf dem Rücken. (125)

Der Dränger

Zu Vollerwiek an der Eider lebte auf einem Hofe ein Lehnsmann, der ein gottloses Leben führte, und von dem es hieß, daß er sich dem Teufel verschrieben habe. Als er nach seinem Tode umging, bannte man ihn über den Eiderdeich hinaus. Unaufhörlich strebt er nun in jeder Nacht seinem Hofe zu, kann aber trotz aller Arbeit nur alle sieben Jahr einen Hahnentritt weiter tun. Jetzt [1845] ist er bis an das eine Wagengeleis des Weges gekommen, der vor dem Deiche hinläuft; wenn er erst das andre erreicht, wird der Deich bald einstürzen, und die See kommt ins Land. Darum heißt er der Dränger. Es ist nicht gut, ihm in den Weg zu kommen. Man sieht ihn nicht, aber man kann nicht vorwärts und es drängt einen mit übermenschlicher Gewalt von dem Geleise zurück. Viele Leute haben stundenlang schweißtriefend mit ihm gerungen; aber nur wer das Geleise meidet und sich näher an den Deich hält, der begegnet ihm nicht. (126)

Die Mühle Naarstigheid

Vor vielen Jahren stand in der Nähe von Emden abseits vom Fehntjer Tief die Mühle Naarstigheid. Und nicht weit davon war der Richtplatz, auf dem sich ein Galgen erhob. Eines Tages wurde ein Mann mit Namen Albrecht de Ruyter zum Tode durch Erhängen verurteilt, wiel er einen Juden im Fehntjer Tief ertränkt hatte.

Als er nun unter dem Galgen stand, redete ein Priester ihm ein letztes Mal ins Gewissen und beschwor ihn, an seine arme Seele zu denken. Da rief der Mörder: »De kann van mientwegen in de olle Möhlen fliegen!« Und ohne Reue ging er in die Ewigkeit. Seit der Zeit hörte man zu nächtlicher Stunde oft ein Stöhnen im Gebalk der alten Mühle, und unheimliche Laute zeigten dem, der in der Nähe war, an, daß sich die ruchlosen Worte erfüllt hatten – die Seele des Gerichteten flog ruhelos durch die verfallenen Räume. (127)

Die Wittfrau und die drei Gespenster

Man erzählt von einer frommen Wittfrau in Esens, daß sie dereinst am Weihnachtsfestmorgen durch Glockengeläute aufgeweckt zum Gotteshause ging, wo schon die sieben metallenen Kronen von Hunderten von brennenden Kerzen strahlten. Aber daß sie sich dann in der weiten Säulenhalle mutterseelenallein fand, während vom hohen Chore drei Gespenster langsam, feierlich herbeischlürften, bis zu ihrem Stuhle, wo sie die Erde und dann in der Gruft wieder einen Totenschrein aufbrachen, mit Hacken und Spaten. Inbrünstig betend hört sie sie eine lange Weile hantieren, und als das Geräusch endlich verstummt, und sie wieder aufblickt, sind alle Lichter ausgelöscht, und nun muß die Frau bis zur Frühmesse warten, bis der Küster kommt und die Türe öffnet. Aber als sie da hinaus schlüpfen will, macht er rasch wieder zu und abermals ist sie gefangen, bis der Pfarrer im vollen Ornate erscheint, die bösen Geister zu bannen. (128)

Das Boekzeteler Meer

Ein junger Schiffer vom Boekzetelerfehn hatte einst eine Braut in Timmel. Diese wollte er an einem Winterabend über das Eis besuchen, brach auf dem Meere ein und ertrank nach vergeblichem Hilferufen. In vielen darauffolgenden Jahren will man in den Winternächten noch das angstvolle Rufen: »Helpt mi! Helpt mi!« vernommen haben. Die Eisfläche des Boekzeteler Meeres wurde seitdem von keinem Schöfler [Schlittschuhläufer] bei Nacht oder Abend gerne allein überquert.

Einst bot ein reicher Jude bei Nachtzeit einem in der Nähe des Meeres wohnenden Manne namens Jakob für das Übersetzen mehrere Goldstücke aus einem prallen Säcklein an. Mitten auf dem Meere übermannte den Fährmann die Gier nach dem Golde, er erwürgte den Juden, warf die Leiche über Bord, nicht ohne vorher das Säcklein an sich genommen zu haben. Als Sühne für diese ruchlose Tat sollte er im Grabe so lange kein Ruhe finden, bis es ihm gelungen sei, mit einem hölzernen Gefäß ohne Boden, einem ›Stabke‹, das Meer auszuschöpfen. Es soll Leute gegeben haben, die ernsthaft behaupteten, ihn aus der Ferne beim Schöpfen gesehen zu haben. Da nun das Meer von Jahr zu Jahr – allerdings durch Verlandung – zusehends an Umfang und Tiefe verliert, ist das Ende der ›ewigen Verdammnis‹ des Sünders Jakob abzusehen. (129)

Esens 1714 (Zeichnung von Chr. Wilh. Schneider)

Die Überfahrt der Seelen

Seelenfahrt nach Brittia

Da ich nun in meinem Bericht [über die Insel Brittia] so weit gelangt bin, muß ich auch einer reichlich märchenhaften Geschichte Erwähnung tun: Sie machte mir zwar einen ganz und gar unglaubwürdigen Eindruck, obwohl sie immer wieder von zahllosen Leuten vorgebracht wurde, die die Vorgänge erlebt und mit eigenen Ohren davon gehört haben wollten; gleichwohl möchte ich sie nicht völlig übergehen, damit ich nicht für immer in den Ruf komme, als hätte ich bei meiner Schilderung [...] etwas von den Dingen dort nicht gewußt. Die Seelen der Abgeschiedenen werden immer, so heißt es, zu diesem Ort hinübergebracht. Wie dies geschieht, werde ich sogleich berichten und kann mich dabei auf die wiederholten, eingehenden Schilderungen der dortigen Einwohner stützen, deren Redereien ich freilich auf eine gewisse Macht von Träumen zurückführen möchte.

An der Küste des Ozeans gegenüber der Insel Brittia liegen zahlreiche Dörfer. Darin wohnen Leute, die sich mit Fischfang, Ackerbau und Handelsverkehr nach dieser Insel abgeben. Sie sind im übrigen fränkische Untertanen, brauchten aber noch nie eine Abgabe zu entrichten. Seit alters ist ihnen diese Bürde erlassen, und zwar angeblich wegen einer Dienstleistung, von der ich jetzt sprechen will: Den Leuten dort obliegt, wie man erzählt, der Reihe nach die Aufgabe, die Seelen hinüber zu geleiten. Wer nun in der folgenden Nacht das Amt übernehmen und sich zu dieser Dienstleistung einfinden muß, begibt sich gleich nach dem Dunkelwerden in sein Haus und pflegt hier der Ruhe, wobei er auf den Anführer des Zuges wartet. Mitten in der Nacht merken sie plötzlich, wie an die Türen geschlagen wird, und vernehmen die Stimme eines Unsichtbaren, der sie zum Werk zusammenruft. Daraufhin erheben sie sich sofort von ihren Lagerstätten und gehen zum Gestade, von einem gewissen Zwange getrieben, aber ohne recht zu wissen, welcher Art dieser ist. Dort sehen sie dann Kähne zur Abfahrt bereit, aber völlig menschenleer, nicht ihre eigenen, sondern irgendwelche fremde, in die sie einsteigen, um die Ruder zu ergreifen. Und sie merken, wie die Nachen von zahllosen Fahrgästen belastet werden, so daß sie bis zu den obersten Planken und den Ruderschlitzen ins Wasser einsinken und kaum einen Finger breit mehr herausragen. Von den Insassen aber bekommen sie keinen zu Gesicht. Sie landen auch schon nach einstündigem Rudern in Brittia, während sie mit ihren eigenen Fahrzeugen, wenn sie keine Segel setzen, sondern nur rudern, zur Überfahrt mindestens eine Nacht und einen Tag brauchen. Nach der Landung auf der Insel entleeren sich die Schiffe, und die Männer treten sogleich die Rückfahrt an, wobei ihre Fahrzeuge, plötzlich erleichtert, so weit aus dem Wasser herausragen, daß sie bloß noch bis zum Schiffskiel eintauchen. Keinen einzigen Menschen sehen sie mitfahren oder aus dem Schiffe steigen, nur eine Stimme behaupten sie von der Insel her zu hören, die den am Ufer Wartenden den Namen jedes Mitfahrers anzukündigen scheint. Sie nennt außerdem seine früheren Würden und ruft ihn nach seiner väterlichen Herkunft auf. Fahren auch Frauen mit hinüber, so ertönt der Name des Mannes, mit dem sie das Leben teilten. Dies alles soll sich nach dem Bericht der dortigen Einwohner so zutragen. (130)

Justus Wetters Höllenfahrt

Justus Wetter, der Kanzler von Esens unter der Gräfin Agnes von Rietberg von Harlingerland, lebte in der zweiten Hälfte des 16. Jahrhunderts. – Die Strenge dieses Kanzlers hatte seinen Namen auch nach seinem Tode allgemein so verhaßt gemacht, daß die alberne Leichtgläubigkeit des Volkes auf Grund eines damals sehr weit verbreiteten Gerüchtes sich, ohne zu zweifeln, einredete, an dem Tage, an dem Wetter in Esens starb, sei einem aus Norwegen in diese Gegend zurückkehrenden Schiff bei den Harlinger Inseln ein anderes Schiff begegnet, das wegen seiner Segel und der übrigen Ausrüstung und selbst auch wegen seiner Besatzung, die schwärzer als Pech gewesen seien, schrecklich ausgesehen habe. Diese unheilvollen Schiffsleute hätten, als sie der Sitte gemäß gefragt wurden, woher, wohin und warum sie reisten, mit furchtbarem Gemurmel geantwortet, sie führen die Seele des eben verstorbenen Kanzlers von Esens zu dem berühmten Berg Hecla in Island. Weil an diesem Ort das Eis durch Felsenklippen gespalten ist und häufig Flammen durch die klaffenden Risse der Felsen aus schwefeligen Höhlen hervordringen und durch dauerndes Zischen und Dröhnen die Ohren der vorbeifahrenden Schiffer belästigen, glaubte das verrückte Volk in dieser ganzen nördlichen Gegend einst ganz fest, daß die Seelen der Zukunftsdeuter und anderer Übeltäter durch diesen Berg wie durch die Tür des schwarzen Dis zur Hölle herabstiegen und gleich beim Eintritt, durch die erbärmlichsten Martern gequält, ein derartiges Heulen und Wehklagen im ganzen umliegenden Küstenbereich verbreiteten. (131)

Die Fahrt zur weißen Insel

An der ostfriesischen Küste herrscht eine [...] Tradition, worin die altheidnischen Vorstellungen von der Überfahrt der Toten nach dem Schattenreiche [...] am deutlichsten hervortreten. Von einem Charon, der die Barke lenkt, ist zwar nirgend darin die Rede, wie denn überhaupt dieser alte Kauz sich nicht in der Volkssage, sondern nur im Puppenspiele erhalten hat; aber eine weit wichtigere mythologische Personage erkennen wir in dem sogenannten Spediteur, der die Überfahrt der Toten besorgt, und der dem Fährmann, welcher des Charons Amt verrichtet und ein gewöhnlicher Fischer ist, das herkömmliche Fährgeld auszahlt. Trotz ihrer barocken Vermummung werden wir den wahren Namen jener Person bald erraten, und ich will daher die Tradition selbst so getreu als möglich hier mitteilen:

In Ostfriesland, an der Küste der Nordsee, gibt es Buchten, die gleichsam kleine Häfen bilden und Siele heißen. An den äußersten Vorsprüngen derselben steht das einsame Haus irgend eines Fischers, der hier mit seiner Familie ruhig und genügsam lebt. Die Natur ist dort traurig, kein Vogel pfeift, außer den Seemöwen, welche manchmal mit einem fatalen Gekreische aus den Sandnestern der Dünen hervorfliegen und Sturm verkünden. Das monotone Geplätscher der brandenden See paßt sehr gut zu den düsteren Wolkenzügen. Auch die Menschen singen hier nicht, und an dieser melancholischen Küste hört man nie die Strophe eines Volksliedes. Die Menschen hier zu Lande sind ernst, ehrlich, mehr vernünftig als religiös, und stolz auf den kühnen Sinn und auf die Freiheit ihrer Altvordern. Solche Leute sind nicht phantastisch aufregbar, und grübeln nicht viel. Die Hauptsache für den Fischer, der auf seinem einsamen Siel wohnt, ist der Fischfang, und dann und wann das Fährgeld der Reisenden, die nach einer der umliegenden Inseln der Nordsee übergesetzt sein wollen.

Zu einer bestimmten Zeit des Jahres, heißt es, just um die Mittagsstunde, wo eben der Fischer mit seiner Familie, das Mittagsmahl verzehrend, zu Tische sitzt, tritt ein Reisender in die große Wohnstube, und bittet den Hausherrn, ihm einige Augenblicke zu vergönnen, um ein Geschäft mit ihm zu besprechen. Der Fischer, nachdem er den Gast vergeblich gebeten, vorher an der Mahlzeit Teil zu nehmen, erfüllt am Ende dessen Begehr, und beide treten bei Seite an ein Erkertischchen. Ich will das Aussehen des Fremden nicht lange beschreiben in müßiger Novellistenweise; bei der Aufgabe, die ich mir gestellt, genügt ein genaues Signalement. Ich bemerke also folgendes: Der Fremde ist ein schon bejahrtes, aber doch wohlkonserviertes Männchen, ein jugendlicher Greis, behäbig aber nicht fett, die Wänglein rot wie Borstorfer Äpfel, die Äuglein lustig nach allen Seiten blinzelnd, und auf dem gepuderten Köpfchen sitzt ein dreieckiges Hütlein. Unter einer hellgelben Houppelande mit unzähligen Krägelchen trägt der Mann die altmodische Kleidung, die wir auf Porträts holländischer Kaufleute finden, und welche eine gewisse Wohlhabenheit verrät: ein seidenes papageigrünes Röckchen, blumengestickte Weste, kurze schwarze Höschen, gestreifte Strümpfe und Schnallenschuhe; letztere sind so blank, daß man nicht begreift, wie jemand durch den Schlamm der Sielwege zu Fuße so unbeschmutzt hergelangen konnte. Seine Stimme ist asthmatisch, feindrähtig und manchmal ins Greinende überschlagend, doch der Vortrag und die Haltung des Männleins ist gravitätisch gemessen, wie es einem holländischen Kaufmann ziemt. Diese Gravität scheint jedoch mehr erkünstelt als natürlich zu sein, und sie kontrastiert manchmal mit dem forschsamen Hin- und Herlugen der Äuglein, so wie auch mit der schlecht unterdrückten flatterhaften Beweglichkeit der Beine und Arme. Daß der Fremde ein holländischer Kaufmann ist, bezeugt nicht bloß seine Kleidung, sondern auch die merkantilische Genauigkeit und Umsicht, womit er das Geschäft so vorteilhaft als möglich für seinen Kommittenten abzuschließen weiß. Er ist nämlich, wie er sagt, Spediteur und hat von einem seiner Handelsfreunde den Auftrag erhalten, eine bestimmte Anzahl Seelen, so viel in einer gewöhnlichen Barke Raum fänden, von der ostfriesischen Küste nach der weißen Insel zu fördern; zu diesem Behufe nun, fährt er fort, möchte er wissen, ob der Schiffer diese Nacht die erwähnte Ladung mit seiner Barke nach der erwähnten Insel übersetzen wolle, und für diesen Fall sei er erbötig, ihm das Fährgeld gleich vorauszuzahlen, zuversichtlich hoffend, daß er aus christlicher Bescheidenheit seine Forderung recht billig stellen werde. Der holländische Kaufmann (dieses ist eigentlich ein Pleonasmus, da jeder Holländer Kaufmann ist) macht diesen Antrag mit der größten Unbefangenheit, als handle es sich von einer Ladung Käse, und nicht von Seelen der Verstorbenen.

Der Fischer stutzt einigermaßen bei dem Wort Seelen, und es rieselt ihm ein bißchen kalt über den Rücken, da er gleich merkt, daß von den Seelen der Verstorbenen die Rede sei, und daß er den gespenstischen Holländer vor sich habe, der so manchen seiner Kollegen die Überfahrt der verstorbenen Seelen anvertraute und gut dafür bezahlte. Wie ich jedoch oben bemerkt, diese ostfriesischen Küstenbewohner sind mutig und gesund und nüchtern, und es fehlt ihnen jene Kränklichkeit und Einbildungskraft, welche uns für das Gespenstische und Übersinnliche empfänglich macht: unsres Fischers geheimes Grauen dauert daher nur einen Augenblick; seine unheimliche Empfindung unterdrückend, gewinnt er bald seine Fassung, und mit dem Anschein des größten Gleichmuts ist er nur darauf bedacht, das Fährgeld so hoch als möglich zu steigern. Doch nach einigem Feilschen und Dingen verständigen sich beide Kontrahenten über den Fahrlohn, sie geben einander den Handschlag zur Bekräftigung der Übereinkunft, und der Holländer, welcher einen schmutzigen ledernen Beutel hervorzieht, angefüllt mit lauter ganz kleinen Silberpfenningen, den kleinsten, die je in Holland geschlagen worden, zahlt die ganze Summe des Fahrgelds in dieser putzigen Münzsorte. Indem er dem Fischer noch die Instruktion gibt, gegen Mitternacht, zur Zeit wo der Mond aus den Wolken hervortreten würde, sich an einer bestimmten Stelle der Küste mit seiner Barke einzufinden, um die Ladung in Empfang zu nehmen, verabschiedet er sich bei der ganzen Familie, welche vergebens ihre Einladung zum Mitspeisen wiederholte, und die eben noch so gravitätische Figur trippelt mit leichtfüßigen Schritten von dannen.

Um die bestimmte Zeit befindet sich der Schiffer an dem bestimmten Orte mit seiner Barke, die anfangs von den Wellen hin und her geschaukelt wird; aber nachdem der Vollmond sich gezeigt, bemerkt der Schiffer, daß sein Fahrzeug sich minder leicht bewegt und immer tiefer in die Flut einsinkt, so daß am Ende das Wasser nur noch eine Hand breit vom Rand entfernt bleibt. Dieser Umstand belehrt ihn, daß seine Passagiere, die Seelen, jetzt an Bord sein müssen, und er stößt ab mit seiner Ladung. Er mag noch so sehr seine Augen anstrengen, doch bemerkt er im Kahne nichts als einige Nebelstreifen, die sich hin und her bewegen, aber keine bestimmte Gestalt annehmen und in einander verquirlen. Er mag auch noch so sehr horchen, so hört er doch nichts als ein unsäglich leises Zirpen und Knistern. Nur dann und wann schießt schrillend eine Möwe über sein Haupt, oder es taucht neben ihm aus der Flut ein Fisch hervor, der ihn blöde anglotzt. Es gähnt die Nacht, und frostiger weht die Seeluft. Überall nur Wasser, Mondschein und Stille; und schweigsam, wie seine Umgebung, ist der Schiffer, der endlich an der weißen Insel anlangt und mit seinem Kahne stillhält. Auf dem Strande sieht er niemand, aber er hört eine schrille, asthmatisch keuchende und greinende Stimme, worin er die des Holländers erkennt; derselbe scheint ein Verzeichnis von lauter Eigennamen abzulesen, in einer gewissen verifizierenden, monotonen Weise; unter diesen Namen sind dem Fischer manche bekannt und gehören Personen, die in demselben Jahr verstorben. Während dem Ablesen dieses Namenverzeichnisses wird der Kahn immer leichter, und lag er eben noch so schwer im Sande des

Ufers, so hebt er sich jetzt plötzlich leicht empor, sobald die Ablesung zu Ende ist; und der Schiffer, welcher daran merkt, daß seine Ladung richtig in Empfang genommen ist, fährt wieder ruhig zurück zu Weib und Kind, nach seinem lieben Hause am Siel.

So geht es jedesmal mit dem Überschiffen der Seelen nach der weißen Insel. Als einen besonderen Umstand bemerkte einst der Schiffer, daß der unsichtbare Kontrolleur im Ablesen des Namenverzeichnisses plötzlich innehielt und ausrief: »Wo ist aber Pitter Jansen? Das ist nicht Pitter Jansen.« Worauf ein feines, wimmerndes Stimmchen antwortete: »Ik bün Pitter Jansens Mieke un hebb mi up mien Manns Naam inskreberen laten.« (132)

Die Seelen von It Eilân

Als es noch keinen Kirchhof auf ›It Eilân‹ (der Insel, so nennt man am Ort Schiermonnikoog) gab, wurden die Seelen unserer Toten mit einem Schiff weggebracht. Sie waren nicht ohne Gewicht, denn bei jedem Eintritt sank das Schiff tiefer. Zum Schluß war es so schwer beladen, daß es kaum über Wasser blieb. Ich weiß nicht, in welcher Zeit es war, aber auf jeden Fall ist es lange her, noch bevor das Christentum kam. Der Älteste auf der Insel mußte diese Seelen wegbringen, das fand meistens im Herbst statt, wohl bei Vollmond, dann war es zugleich neblig. Sie mußten nach dem festen Wall, aber sie durften nicht wissen, wie sie dahin kamen. Ich kann darum auch nicht sagen, durch welche Rinnen und Priele die Fahrt ging. Es war nur eine schmale Durchfahrt, durch die man kam.

Es wohnte damals auf der Insel ein Mann mit einer Tochter. Diese Tochter hatte einen Freier gehabt, aber er war mit einem Schiff weggefahren. Sie war schwanger von ihm, und ihr Vater dachte, daß er sie im Stich gelassen hätte. Sie wohnte mit ihrem Vater in einem Haus. Als die Geburt des Kindes bevorstand, bekam der Vater so einen Anruf, das Liebeswerk (denn das war es) der Überfahrt zu tun. Es wurde gewöhnlich an die Mauer getickt, und dann hatte er zu kommen. Er fuhr dann auch mit seinem Schiff voll Seelen ab und wußte ebensowenig wie alle anderen, wo er unterwegs überall durchkam. Aber als sie an der anderen Seite angekommen waren, wurden einzeln die Namen der Menschen aufgerufen, die im vergangenen Jahr gestorben waren, und dann kam das Schiff wieder zusehends höher zu liegen. Zum Schluß hörte er, wie sein eigener Name aufgerufen wurde. Das kann ja nicht sein! dachte er – seine Zeit war noch nicht da, er mußte ja mit dem Schiff zurückfahren. Aber da kam ihm plötzlich in den Sinn, daß es nicht sein Name wäre, sondern der von dem Kind, das soeben geboren sein mußte, und das ja nun augenscheinlich auch schon ›mit‹mußte. Und das konnte er nicht übers Herz bringen, und darum ist er selbst an die Stelle seines Enkels getreten, denn er dachte: Er muß meinen Namen doch tragen, da meine Tochter unverheiratet ist! Aber mit ihm ist das Schiff hochgegangen, und man hat es nie zurückkommen sehen! (133)

Wir müssen ›Schau‹ halten

Da wohnte einmal hinter dem Seedeich ein Fischer, der hatte eine Tochter. Der Mann fischte nicht draußen auf See, sondern im Binnenwasser. Er fing nicht allzuviel. Doch eines Abends, als er das Boot für den anderen Morgen klarmachte – es war ein ganz diesiger Abend im Spätherbst –, da stand dort ein Mann in einem großen grauen Mantel neben ihm. Der sagte: »Willst du heute abend für mich fahren?« Der Fischer wollte das wohl, und er fragte nach dem Wie und Was. Und der Mann sagte: »Ich habe diese Nacht eine Fracht für dich, die über See muß.« Da antwortete der Fischer: »Dann habt Ihr den verkehrten Mann vor Euch, mein Boot liegt an der Binnenkante vom Seedeich, und ich kann es nicht hinüber kriegen.« – »Das laß unsere Sorge sein«, sagte der Mann, »wenn du fahren willst, dann kommt das Boot in See.« Nun nahm der Fischer es an und machte alles dafür bereit. Da wurde das Boot aus dem Wasser gehoben und über den Deich in die See hinein. Der Mann in dem grauen Mantel sagte zu dem Fischer: »Du brauchst weiter nichts zu tun als am Ruder zu stehen und zu fahren, du brauchst nichts zu sehen und nichts zu hören, und alles, was geschieht, mußt du vergessen, und du darfst nie darüber sprechen!«

Das Boot lag auf See, der Fischer ging an Bord und stellte sich ans Ruder. Und da hörte er von fern den Wind sausen. Er sah nichts, und ein dichter Nebel kam auf. Und da merkte er, daß sein Boot immer tiefer sank, und zuletzt lag es bis zum Rand im Wasser. Eine Stimme erklang: »Fahr ab!« Und der Fischer stieß das Boot ab, setzte die Segel und fuhr in den Nebel hinein. Er konnte nichts sehen, er wußte nicht, wo er war, und auf gut Glück segelte er weiter, immer weiter. Zu guter Letzt kam eine Stimme: »Wir müssen Schau halten [eine Zählung machen]!« Danach erklang eine Stimme, die nannte Namen, als ob sie sie von einer Liste ablese. Da begriff der Fischer, daß er die Seelen Verstorbener an Bord hatte. Und als die Schau beendet war, ging er vor Anker. Er hörte, daß da Menschen von Bord sprangen in seichtes Wasser, und sein Boot ging höher und höher, und zuletzt war es ganz leer. Aufs neue erklang eine Stimme, die sagte: »Leg wieder ab!« Er lichtete den Anker, spannte die Segel, das Schiff drehte, und er fuhr heimwärts. Und als er zu Hause beim Seedeich ankam, wurde das Boot wieder über den Deich hinweggehoben und kam am Binnendeich auf die rechte Stelle, wo es immer seinen Liegeplatz hatte. Und es lagen da auf der Mastbank drei Goldstücke. Und das ging eine ganze Zeit so weiter. Der Fischer sah und hörte nie etwas, und er sprach mit keinem Menschen darüber. Aber einmal, als es wieder soweit war, lag der Mann krank im Bett. Da fragte er seine Tochter, die gut fahren konnte, ob sie für ihn einspringen wolle. »Ja sicher, Vater«, antwortete die Tochter, »aber wohin soll ich fahren?« Er sagte: »Du mußt nichts sehen und du mußt nichts hören, und du mußt nichts fragen. Du stellst dich ans Ruder und fährst und kommst wieder nach Haus.« Am selben Abend machte das Mädchen das Boot klar und sah, daß es über den Seedeich gehoben wurde und ins Wasser kam, und sie stellte sich ans Ruder. Und das Boot wurde beladen und sank bis zum Rand ins Wasser. Und dann kam da eine Stimme: »Fahr ab!« Das Mädchen lichtete den Anker, spannte die Segel und fuhr ins Meer hinaus. Als sie eine Zeitlang im Nebel gefahren war, klang wieder eine Stimme: »Wir müssen Schau halten.« Das Mädchen wußte, daß es nicht fragen durfte, aber es war neugierig, deshalb fragte es doch: »Was ist eine Schau?« Da sagte die Stimme: »Du fährst mit den Menschen, die diese

Woche in der See ertrunken sind. Sie müssen sich sehen und sie müssen sich hören lassen.« Und die Namen der Verstorbenen, die an Bord sein mußten, wurden verlesen. Nun war das Mädchen mit einem Jungen befreundet, der zur See fuhr. Und beim Ablesen hörte sie den Namen ihres Freundes, und die Stimme des Freundes antworte: »Ich bin hier.« Da wußte sie, daß er auf See geblieben und seine Seele an Bord war. Und statt geradeaus zu fahren, warf sie im selben Augenblick das Ruder herum und wollte nach Hause zurückfahren. Aber da kam ein schrecklicher Sturm auf, und ihr Boot mit den Seelen der Verstorbenen an Bord wurde an den Strand eines großen weißen Eilandes geworfen und zerschellte dort. Das Mädchen ertrank in der Brandung. Als eine Zeitlang später ein anderes Boot mit einem anderen Schiffer am Ruder die Seelen hinüberfuhr und an Bord Schau gehalten wurde, hörte der Schiffer auch des Mädchens Namen aufrufen. So landete sie für immer mit ihrem Verlobten in ›jener anderen Welt‹.

Ihr Vater wartete lange vergebens auf sie. Auch der Mann im grauen Mantel ist ihm nie wieder erschienen. Die Stelle, wo die Seelen der Ertrunkenen zusammengerufen wurden, heißt im Volksmund noch immer ›de Roppert‹ (der Rufer), aber wo sie liegt, weiß ich nicht. (134)

Das fliegende Börtschiff

Es war einmal ein Schiffer, der entdeckte eines Morgens, daß sein Schiff ganz anders lag, als er es am Abend festgemacht hatte. Er dachte: Das ist ja merkwürdig, wie kann das angehen? Er war Börtschiffer und wohnte nicht auf seinem Schiff, sondern im Ort. Und ein paar Tage später fand er in der Morgenfrühe alles wieder genauso vor. Er überlegte: Ich mach ein Schloß dran, was hab ich davon, wenn sie nachts mein Schiff benutzen! Und er machte alles gut fest, es kam mehr als ein Schloß daran. Am anderen Morgen saß jedes Schloß noch gut fest, aber das Schiff lag trotzdem mit dem Bug zur anderen Seite. Das geht doch mit dem Teufel zu, dachte er, wer tut mir das an? Das will ich wissen! Er brachte Bettzeug an Bord und legte sich für die Nacht in seine Koje. Er schlief ein, wurde aber nach einer Weile wach und meinte, daß das Schiff in Bewegung wäre und daß etwas auf Deck herumliefe. Er Hals über Kopf in die Kleider – ob er sie noch an hatte, weiß ich nicht – doch konnte er die Luke nur so weit aufkriegen, daß er gerade ein wenig hindurchsehen konnte, hinauskommen konnte er nicht. Und da sah er dann, daß etwa dreißig Frauen auf Deck zugange waren, die eine rannte hierhin, die andere dorthin. Sie waren ganz in Weiß und hatten große Schleier über dem Hinterkopf. Als er scharf hinsah, erkannte er einige von ihnen, aber die waren vor einigen Tagen gestorben. Er versuchte noch einmal hinauszukommen, aber es gelang ihm nicht. Es war, als ob die Luke verhext wäre.

Da wurde er gewahr, daß das Schiff losfuhr und schon den kleinen Hafen verlassen hatte. Als sie eben am Fahren waren, hörte er kein Geräusch mehr ums Schiff herum, und das wunderte ihn. Und als er durch das Kajütenfensterchen schaute – es war eine helle Nacht –, da konnte er das Land und später das Meer unter sich hingleiten sehen, und aus all dem konnte er schließen, daß sie in voller Fahrt waren. Das dauerte eine Weile, dann nahm das Schiff einen anderen Kurs.

In der Ferne, tief unter ihm, lag eine Insel, darauf steuerte es zu. Und als sie kurz vor der Insel waren, sank das Schiff hinunter, und dann hörte er das Wasser wieder um den Bug rauschen, und allmählich lief es in den Hafen ein. Da stand ein Haufen Frauen am Ufer. Einige davon kamen ihm bekannt vor, aber die waren bereits zehn, fünfzehn, zwanzig Jahre tot. Es wurde ihm klar, daß das Schiff Seelen an Bord hatte, die zu dieser Insel gebracht wurden und dann nicht zurückkehrten.

Die Frauen, die mit dem Schiff gekommen waren, wurden von denen willkommen geheißen, die am Ufer standen. Die mußten gewußt haben, daß das Schiff kommen würde. Dann wurde nach einiger Zeit das Schiff gedreht, und auf genau dieselbe Weise, wie es den Heimathafen verlassen hatten, fuhr es nun davon, löste sich langsam vom Wasser und flog durch die Luft. Als es eine Zeitlang geflogen war, dachte er: Ich will denn doch verdammt mal wissen, wie sich das mit den Frauen verhält – denn er hatte wohl begriffen, daß nun viel weniger an Bord waren als auf der Hinreise. Er fing an, an der Luke zu zerren und mit den Fäusten dagegen zu schlagen. Und die, welche am Steuer saß – es war auch eine Frau –, die war so erschrocken, daß sie das Ruder bewegte. Sie schlingerten und rasten dahin, eben am Kirchturm von Tsjum vorbei! Um ein Haar wären sie dagegen geflogen. Nun, da hielt sich der Schiffer ruhig. Das Schiff brauste in den Hafen hinein und lag schon wieder an seinem Liegeplatz, bevor er es merkte. Er versuchte aufs neue, die Luke zu öffnen, und jetzt gelang es. Als er den Kopf hinaussteckte, sah er, daß noch eine Frau auf dem Deck stand. Er sprach sie an, aber auf einmal war sie verschwunden, ohne daß er gewahr wurde, wohin. Er suchte das ganze Schiff ab – es fehlte nichts; nur dort, wo es den Turm gestreift hatte, saßen ein paar Schrammen.

Später hörte er, der Turm von Tsjum hinge schief, und der soll nun noch immer ein wenig schräg stehen. Der Schiffer und sein Knecht haben nachher noch eine Zeitlang nachts in der Kajüte geschlafen, aber zuletzt haben sie es drangegeben, denn das Schiff blieb liegen, wie es lag. Die Frauen, die als Fährleute dienten, denke ich mir (so ging wenigstens die Sage), waren welche, die schon viel früher gestorben waren. Ihre Aufgabe war das Hinüberbringen der anderen toten Frauen. Es müssen etwa vier gewesen sein. Aber der Schiffer hatte nur die eine gesehen, die noch an Bord war. (135)

Die Insel mit dem Loch in der Erde

Es war einmal ein Schiffer in Molkwerum, der hatte keine feste Arbeit. Eines Tages war er in Amsterdam, und da hielt ihn ein Herr an: Ob er vielleicht Schiffer wäre? Das war meistens schon an der Kleidung zu sehen. »Ja«, sagte er. Nun, ob er auch Arbeit hätte? »Nein«, sagte er, »ich suche Arbeit«. – »Dann hab ich gute Arbeit für dich. Du mußt nachts um zwölf Uhr hier aus Amsterdam abfahren und bist in der nächsten Nacht um zwölf wieder zu Hause. Danach hast du einen Tag frei, und dann mußt du wieder fahren. Beim Laden brauchst du nicht dabei zu sein – das Schiff wird für dich geladen und gelöscht. Deine Frau und deinen Knecht darfst du bei der Reise nicht an Bord haben, auch das Fahren wird für dich geregelt.« Nun, der Schiffer dachte bei sich: Das ist ja eine sonderbare Geschichte, aber er konnte doppeltes Geld verdienen. Das war ausschlaggebend: Laß mich's mal wagen!

Eben vor zwölf war er am Kai, er konnte gleich abfahren. Er löste die Taue und los ging es über die Südersee. Wohin die Reise gehen sollte, davon hatte er jedoch keine Ahnung, denn das Schiff steuerte sich selbst. Und zurück ging es genau so. Daß es ihm sonderlich gefiel, konnte er nicht sagen, aber der Verdienst war vortrefflich, und er brauchte keine Hand schmutzig zu machen. Die Luken waren versiegelt, er durfte nichts berühren. Jedoch, er schwieg. Seine Frau hatte auch eine Abneigung dagegen, aber nun ja ...

Das war schon eine Weile so gegangen, da war er eines Abends etwas früher zur Stelle. Sonst sah er nie etwas, dann lag das Schiff fahrbereit, alles war aufgeräumt, aber nun sah er schon aus der Ferne, daß sich etwas hin und her bewegte. Als er jedoch beim Schiff ankam, merkte er nichts mehr, und alles war dicht. Er lief übers Deck des Schiffes, da stolperte er über etwas. Die Luke liegt nicht gut, dachte er. Er fühlte nach der Luke, da packte er das Bein einer Leiche. Er konnte sie nicht hochziehen, sie saß unter der Luke fest. Er rückte die Luke beiseite und jetzt konnte er die Leiche zurechtlegen. Und da sah er noch mehr Leichen unter den Luken: Das ganze Schiff war beladen mit Leichen. Ihm graute. Aber während er die eine Leiche zurechtlegte, sah er genauer hin, und wahrhaftig – war's nicht sein Bruder! »Na, mein Junge«, sagte er so vor sich hin, »du hast auch kein Glück gehabt!«

Da fing die Leiche neben ihm an zu sprechen! Erzählte ihm von dem lockeren Leben, das sie geführt hatte. Darüber wußte der Schiffer Bescheid, er hatte nie begreifen können, woher sein Bruder immer soviel Geld gehabt hatte. Aber jetzt wurde er gewahr, daß er einen Bund mit dem Teufel gehabt hatte. Er bekam Geld – der Teufel seine Seele! In betrunkenem Zustand war er auf der Nordsee über Bord gefallen und ertrunken. »Aber ich denke«, sagte der Tote, »daß der Teufel mir nicht recht getraut hat, er hat mich wenigstens so schnell wie möglich aus der See aufgefischt. Wir werden zu einer Insel transportiert und dort begraben.« –

»Ja«, sagte der Schiffer, »ich fahre zu einer Insel, weiß aber nicht, welcher.«

Nach der weiteren Erzählung seines Bruders mußte er wohl begreifen, daß er nach Helgoland fuhr, wenigstens zu einer Insel zur deutschen Seite hin, mit einem kleinen Hafen. »Ein tiefes Loch wird da gegraben«, fuhr die Leiche fort, »und da werden wir hineingeworfen.« – »Ja«, fiel der Schiffer ein, »wenn ich ankomme, dann ist da ein Loch in der Erde, doch wenn ich fortfahre, dann ist es wieder dicht, und man kann nicht sehen, daß da jemals ein Loch gewesen ist.« – »Nun«, sagte der Tote, »da kommen die Seelen derjenigen hinein, die sich dem Teufel verschrieben haben und verdammt sind. Die fahren in die Unterwelt und werden nicht wieder gesehen. Die sind fort – weg. Und die Seelen, die dahin geraten, die kriegen nie Ruhe, weil sie nicht so beerdigt worden sind, wie es sich gehört.« – »Ja, ja«, sagte der Schiffer, »aber was nun?« – »Mir scheint«, sagte der Tote, »da gibts noch einen Ausweg. Sieh, ich bin soeben verunglückt und hierher gebracht worden. Sie hatten die Luken schon dicht, als ich kam, da haben sie eine zur Seite gezerrt, sie wollten mich noch schnell hineinwerfen, aber es ging zu hastig, und so hast du mich gefunden. Ich rate dir, fahre nicht wieder zu der Insel!« – »Was soll ich denn tun?« – »Geh zu einem Kloster und frag den Abt!« – »Dann kann ich besser nach Molkwerum fahren und dort ins Spital gehen!«

Umgehend fuhr der Schiffer nach Hause. Er suchte den Vorsteher des Spitals auf und legte ihm die Sache vor. »Ja«, sagte der, »das geht nicht gut aus!« Da gruben die Klosterbrüder ein großes Grab, in dem alle Leichen aus dem Schiff mit einem kirchlichen Begräbnis beerdigt wurden, so wie es sich gehörte. Und der Vorsteher schickte einen seiner Männer nach Helgoland. Da war es aus mit dem Loch in der Erde. Auch die Toten dort bekamen ihre Ruhe. Ein Geistlicher brachte die Sache in Ordnung. Der Schiffer ist nicht zu der Insel gefahren.

Am anderen Morgen war der Teufel wütend, als er ihn dort nicht vorfand. Er fand heraus, was passiert war. Seine Trabanten in Amsterdam, die solche halben Sachen gemacht hatten, die kriegten ihre Strafe. Aber es war schon zu spät, seine Beute, die Seelen, gingen ihm verloren. Er versuchte zwar noch, sie zurückzugewinnen, aber im Spital hielt der Vorsteher ihm ein Kreuz vor die Nase. Da wollte der Teufel wohl weichen. Der Schiffer fand andre Fracht, aber gleich auf seiner ersten Reise ist er mit Weib und Kind und allem verunglückt. Das war der letzte Streich, den der Teufel ihm spielte. (136)

Allerlei Dämonisches und Spukhaftes

Tod – Pest – Feurige – Wasserwesen – Fischkönige – Schwarze Hunde – Schlangen – Geisterumzüge – Tote im Berg

Der Tod fuhr mit

Vor vielen Jahren wurde ein Arzt aus Hage in einer finsteren Nacht zu einem Schwerkranken in die Marsch gerufen. Die Wege waren schlecht, und langsam kam die Kutsche vorwärts, deren Lichter nur einen spärlichen Schein gaben. Auf einmal sah der Kutscher eine neben dem Wagen schwebende Gestalt, die versuchte, zu ihm auf den Kutschbock zu kommen. Er spornte die Pferde an, und nach einigen vergeblichen Versuchen wandte sich die Gestalt, stieg aufs Trittbrett und wollte nun in den Wagen hinein. Der Arzt sah sie auch. »Hau der over!« rief er seinem Kutscher zu, und der trieb die Tiere zu noch schnellerem Lauf an. Die Gestalt begleitete den Arztwagen bis zu dem Gehöft, wo der Kranke wohnte. Dann war sie verschwunden. Der Tod war mitgefahren. (137)

Die Pest

Die Pest, im Saterlande der Pest, wird angekündigt durch eine blaue Taube; sie zieht in Gestalt eines blauen Dunstes umher, und wen sie berührt, der muß sterben. Zuweilen erscheint sie als feuriger Drache. Sie hat ganze Dörfer aussterben machen. – Als die Pest einst im Saterlande war, kam sie eines Tages in Strücklingen im Zickzack den Weg entlang geschwebt und wollte in ein Haus dringen. Ein kleines, etwa zwei- bis dreijähriges Kind stand in der Tür, breitete die Schürze aus und wehrte sie so ab. Da die Pest also nicht ins Haus konnte, fuhr sie in einen nebenstehenden Plaggenhaufen und hörte zu wüten auf. Als man aber nach zwei Jahren meinte, jetzt habe es keine Gefahr mehr, und den Plaggenhaufen auseinandermachte, ward die Pest frei, und in ganz Strücklingen blieben nur wenig Menschen übrig. (138)

*

Vor vielen Jahren wurde Ostfriesland von der Rinderpest heimgesucht. Nur in Bagband erkrankte kein Tier. Da kamen von weit und breit Frauen in das Dorf und baten um Milch für ihre hungernden Kinder. Doch die Bagbander Bauern wollten ihnen nichts geben. Nur eine alte Frau, die eine einzige Kuh ihr eigen nannte, gab ihnen, soviel sie konnte. Es war ein heißer Sommer, die Hauswurz verdorrte auf den Dächern. Das galt als ein böses Zeichen. Dazu kam, daß schon im Juli die Schwalben und die Störche das Dorf verließen und südwärts flogen. Und an einem schönen Tag im Herbst, als ein wolkenloser Himmel über dem Land stand, zeigte sich plötzlich ein Wölkchen, nicht größer als eine Schürze. Es breitete sich langsam aus, bis es so groß war, daß ganz Bagband überschattet wurde. Es war eine Pestwolke. Nun befiel die Krankheit alle Tiere, und auch die Menschen blieben nicht verschont. Es begann ein großes Sterben, niemand kam mit dem Leben davon als die alte Frau. Sie und ihre Kuh entgingen dem Strafgericht. (139)

Das Irrlicht

Wenn man im Dunkeln durch die Meeden [Graslande] geht, sieht man nicht selten blaue Flämmchen in der Weite. Sie bewegen sich hin und her, auf und ab, als wären sie Lichter, die von Menschen getragen würden. Wem es aber einfällt, ihnen zu folgen, den führen sie in Sumpf und Morast, daß er elend umkommt. – Es stand einst ein einsames Gehöft am Rand der Meeden. Eines Abends trat der Hausherr noch spät vor die Tür und sah in der Ferne ein Licht. Es hüpfte hin und her und bewegte sich dann auf ihn zu. Als es immer näher kam, dachte er daran, daß es ein Irrlicht sein könnte. Angst befiel ihn, schnell ging er ins Haus und schloß die Tür. In dem Augenblick hörte er einen furchtbaren Knall, er wagte aber nicht hinauszugehen. Am anderen Morgen jedoch sah er, daß die Tür außen einen großen Brandfleck trug. (140)

Die Leuchtermännchen

Nicht weit von Aventoft liegt Frißmaark (Freesmark). In der Nähe dieser Stelle liegt eine Fenne, die heißt Brorkenkoogswarft. Die Fenne hat ihren Namen nach einem reichen Mann, der hieß Brork. Ihm gehörte ganz Freesmark. Als er merkte, daß seine Tage gezählt seien, machte er sein Testament und teilte den Besitz unter seine drei Söhne, bis auf eine Fenne; die sollten sie selbst in Güte untereinander aufteilen. Als Brork tot war, sollte das Teilen losgehen, und die drei Brüder machten ab, daß derjenige die Fenne haben solle, der beim ersten Mähen am meisten Schwaden abmähen könne. Beim Mähen aber wurden sie uneinig und schlugen sich gegenseitig mit der Sense tot, den einen nach dem andern. Seitdem tanzen auf jener Fenne jede Nacht drei Leuchtermännchen und machen das Mähen und den Streit der drei Brüder nach. Zuletzt gehen die Lichter aus und verschwinden. (141)

Die Stunde ist da

Zwischen Jümmer und Bargmer Hammerk zieht sich der Landwehrdeich hin, und wo er eine Krümmung macht, liegt ein kleiner Teich, Roedes Kolk genannt. – Ein Bauer aus Velde erzählte, was er von seinem Vater über ein merkwürdiges Ereignis am Kolk vernahm. Der Vater arbeitete eines Tages zusammen mit anderen Bauern am Landwehrdeich in der Nähe des Gewässers. Plötzlich ließ sich eine Stimme hören: »De Tied is der her, man he is der noch nich.« Und wieder: »De Tied is der her, man he is der noch nich.« Verwundert und entsetzt vernahmen die Bauern die Stimme, aber sie sahen niemand. Still und regungslos lag Roedes Kolk. Da sprengte von Potshausen her ein Reiter am Landwehrdeich entlang. Als er den Kolk gewahrte, saß er ab, ging zum Wasser und trank. Plötzlich sank er hin. Die Bauern eilten zu ihm. Der Mann war tot. Nun wußten die Bauern, wen die Stimme gemeint hatte. – Ein Kaufmann in Stickhausen erzählte, daß dort, wo der Kolk sei, ein Königsschloß gestanden hätte. Eines Tages wäre es versunken. Die Königskrone läge am Grund des unermeßlich tiefen Kolks.

Wasserweib (Holzschnitt aus dem Mainzer Hortus Sanitatis 1491)

Wer sie höbe, erlöste eine Prinzessin und könnte durch sie König werden. (142)

Meerfrau bei Wenningstedt

Bei Wenningstedt, am Fuße des roten Kliffs, dem hohen westlichen Ufer Sylts, trieb einst eine Meerfrau auf den Strand. Zwei Sylterinnen, die eben zur Stelle waren, ergriffen sie, trugen sie nach Hause und setzten sie in einen Kübel, der zur Hälfte voll Wasser war; allein das Meerweibchen schrie und weinte jämmerlich, und wollte sich nicht zufrieden geben. Da befahl der mitleidige Bauervogt des Orts den Frauen, das arme Wesen wieder ins Wasser zu tragen; es wäre sonst auch bald umgekommen. Solche Wasserjungfern sind halb Fisch, halb Mensch. Wenn sie sich am Bug eines segelnden Schiffes oder auf der Spitze einer Welle zeigen, so ist ein Sturm nahe und ein vorsichtiger Schiffer zieht alle überflüssigen Segel ein. (143)

Minsener Oldoog

Minsener Oog war in früheren Jahrhunderten, bevor es vom Meer überflutet wurde, die östlichste der Inseln, die entlang der Nordseeküste liegen. Jetzt ist es nur noch eine kahle Sandplatte. Da gibt es eine alte Sage hier zu Lande, daß vor langen Zeiten die Leute von Oldoog ein Seeweib gefangen haben, das sie nicht wieder ins Wasser hineinlassen wollten, wie sehr es sie auch darum bat. Sie haben lieber in ihrer Vermessenheit viel Wirbel gemacht und das arme Seeweibchen scheußlich gequält. Wollte es freigelassen werden, so sollte es ihnen ein Mittel nennen, das gegen jegliches Gebrechen hülfe. Da hat die Wasserjungfer folgendes gesagt, aber niemand hat es verstanden:

»Kölln [Saturei] oder Dill',
ik segg jo nich, wo 't good vör is,
un wenn ji mi ok fillt!«

Unterdes hat sie die Gelegenheit abgewartet. Sie ist ihnen wie ein Aal aus den Händen geschlüpft und so schnell sie nur konnte ins Watt geflohen. Es wird gesagt, sie lief schneller als eine Schwalbe fliegt oder ein Pfeil vom Bogen. Ihr langes Haar, blaugrün wie die See selbst, tanzte auf ihren weißen Schultern. Als sie nun sicher und gut wieder im Meerwasser schwam, da hat sie sich noch einmal umgedreht und das Land angeschaut mit Augen, die sich nicht beschreiben lassen. Ohne ein Wort zu sagen und ohne einen Laut von sich zu geben, hat sie ihre weiße Hände in die See gesteckt und salziges Wasser gegen die Dünen hinaufgeschleudert. Darauf ist sie untergetaucht. Das Wasser schloß sich über ihrem Kopf und nichts ließ sich mehr hören oder sehen. Wind und Wasser blieben still und ruhig als zuvor.

Aber die Strafe schläft nicht. Am nächsten Morgen, als die Leute aufstanden, da sah all das grüne Land von Oldoog weiß aus. Es konnte kein Schnee sein, denn es war mitten im Sommer, es ging auf die Hundstage zu. Es waren die weißen Seemöwen, die vom Meere her gekommen waren und sich zu Tausenden auf der Insel niedergelassen hatten, als wollten sie sagen, der Grund und Boden wäre ihnen anheimgefallen. Die Leute von Oldoog haben zwar

Augen gemacht, ließen es sich jedoch nicht sonderlich zu Herzen gehen, weil im Osten die Sonne noch ganz hell schien und es draußen im Freien so still war, daß kein Blatt sich rühren tat. Aber gegen Mittag, da kam aus dem Westen ein düstrer Wolkenzug heran, so dick und schwarz, daß man kaum noch die Hand vor Augen sehen konnte. Es dauerte nicht lange, da schwoll der Wind an, und schlug Tropfen groß wie Erbsen gegen den Fenster. Die Seemöwen flogen auf und trieben schockweise in der Luft herum. Ihr Schreien konnte man durch all das Unwetter hindurch hören. Das dauerte den Nachmittag, das dauerte die Nacht – noch hielten die Dünen das Seewasser ab. Aber gegen Morgen wurde der Sturm immer toller und toller, und drehte zugleich nach Nordwesten. Da gab es kein Halten mehr. In einem Augenblick war es geschehen, die Sanddünen wurden durchbrochen und das Seewasser überströmte das Land.

24 Stunden später. Der Sturm hat sich gelegt. Im Osten kommt hell die Sonne herauf – aber wo ist Minsener Oldoog? Es ist nichts zu sehen: mit Mann und Maus hat das Meer es verschlungen. Und wo vorher die guten steinernen Häuser standen und wo das Vieh im kniehohen Gras versteckt lag, da breitet sich nun das blanke Wasser aus. Wollt ihr wissen, wo das Oldoog war? Geht nach Wangerooge und fragt die Schiffer dort. Sie führen euch auf die Ostseite und zeigen auf eine kleine Sandplatte ins Wasser, worauf die Seemöwe sich ausruht. (144)

Die Entstehung der Sanddünen Amrums

In alten Zeiten war unser Eiland [Amrum] viel größer als jetzt, und die Wasserstraßen, die es von den benachbarten Eilanden trennen, waren viel, viel schmäler. Zwischen Amrum und Sylt war ein so schmaler Strom, daß es nur eines doppelten Schrittes bedurfte, von einem Eiland nach dem andern zu kommen. In der Mitte des schmalen seichten Stromes aber lag ein Pferdekopf, der zum Auftreten diente. Damals waren auch noch keine Dünen und Dünentäler auf unserer Insel: Alles war Marsch- und Ackerland, Wald und Haide. Da ereignete es sich, daß ein etwas seltsam gestalteter

Wassermann (Zeichnung des dänischen Schiffarztes J. P. Cortemünd 1672; Kön. Bibliothek Kopenhagen)

Leichnam an den Strand gespült wurde. Die Leute holten ihn herauf, legten ihn in einen Sarg und begruben ihn bei ihren eigenen Toten. Aber es war von Stund an nicht richtig. Das Meer wurde wild, brach gewaltsam herein und wälzte ungeheure Sandmassen vor sich her. Das war loser feiner Sand, der von der Sonne bald getrocknet und vom Sturmwind ins Land hinein getrieben wurde. Das war ein rechter Jammer. Wiesen, Haiden, Äcker, Wälder und Felder wurden mit Sand überschüttet. »Was ist denn das? Womit haben wir solches verschuldet? Und wie ist dem Sandflug Einhalt zu tun?« So fragte der eine den andern.

Da sagte ein kluger Mann: »Höret mir zu. Der Mann, den ihr bei unseren Toten begraben habt, ist sicherlich ein Wassermann gewesen, und da er nicht wieder ins Wasser kommen kann, kommt das Wasser, ihn zu holen. Weil ihr ihn begraben habt, begräbt das Meer eure Äcker und Felder mit seinem Sande. Wollt ihr nun verständigen Rat hören, so öffnet das Grab und sehet zu, ob der Tote auch seine Daumen im Munde hat und daran saugt. Tut er das, so ist es ein Wassermann, und ihr müßt euch beeilen, ihn wieder in sein Element zu bringen, wenn ihr nicht wollet, daß es ihn selbst holen soll.« Alle Leute gaben dem klugen Manne recht. Man öffnete Grab und Sarg und fand wirklich, daß der Tote an den Daumen saugend da lag. Eiligst lud man ihn nun auf einen mit zwei Ochsen bespannten Wagen. Die Ochsen jagten mit emporgehobenen Schwänzen dem Meere zu und hinaus ins Meer mit dem Toten. Da war es vorbei mit der Wasser- und Sandflut, aber die Dünen, die der Sturm einmal aufgetürmt hatte, blieben stehen und stehen noch da. (145)

Wasserfrau in Kindesnöten

Ein Schiff ward auf der See vom Sturm überfallen und geriet in die äußerste Gefahr. Da tauchte ein Wassermann am Ruder hervor und, den Fischschwanz im Wasser behaltend, begehrte er den Kapitän zu sprechen. Der Kapitän, ein unerschrockener Mann, fragte, was er denn solle. Da beklagte sich der Wassermann, daß seine Frau sich in Kindesnöten befände, und weil sie aller weiblichen Hilfe entbehre, einen großen Lärm in ihrer Wohnung erhoben hätte. Er bat, daß die Frau des Kapitäns, die sich an Bord befand, herunterkäme und bei der Geburt Beistand leiste. Er versprach auch, sie ohne alle Gefahr wieder aufs Schiff zurückzuführen. Der Kapitän aber verweigerte die Erfüllung der Bitte. Da drohte der Wassermann, daß der Aufruhr im Meere, der nur eine Folge der Schmerzen und heftigen Bewegungen seiner Gattin wäre, noch ärger werden und das Schiff mit Mann und Maus versinken würde. Die Frau des Kapitäns entschloß sich nun, das Wagstück zu bestehen und stieg mit dem Meermann hinunter. Sogleich legte sich der Sturm. Die Geburt des Kindes ging glücklich vonstatten und nach einigen Stunden kehrte die Frau reich beschenkt aufs Schiff zurück, ohne daß auch nur ihre Kleider naß geworden wären. (146)

Fischkönige

Daß die Menschen Könige haben, weiß jedermann; daß die Bienen Königinnen haben, wissen auch viele; daß die Schlangen Könige haben, wissen nur wenige; daß aber die Fische Könige haben, das wissen die allerwenigsten, nicht einmal die ordentlichen Fischer. Und doch ist der Fischkönig hier und dort gesehen, und auch schon gefangen worden. Im Jahr 1857 fing man in der Nordlandssee einen großen Hering, der eine Krone auf dem Haupt trug und an dessen Bauche eine Reihe von unergründlichen Zeichen war. Anfangs achtete man nicht auf diesen sonderbaren Fisch, als aber im folgenden Jahr die Heringszüge ausblieben, da wurde es klar, daß man den Heringskönig weggefangen hatte. Weil nun die Nordlandsheringe ihres Führers beraubt waren, so haben sie sich nach allen Seiten hin zerstreut. Obgleich damals der Probst Coler in Berlin aus dieser Ursache den Untergang der Welt prophezeit, so ist derselbe doch nicht erfolgt. Die Heringe sind auch unterhalb der schottischen Küste wieder aufgefunden worden, und ist wohl anzunehmen, daß ihnen ein junger König wiedergeschenkt worden sein mag.

Außer Hering hat auch der Aal und Hecht seine Könige. Das Broekzeteler Meer war gesegnet mit solchen Fischen, die in Süßwasser leben, darunter viel Aal und Hecht. Viele Jahre hindurch hatten die Fischer reichlich gefangen, und zur Laichzeit der Fische geschont, und waren nie zu gierig gewesen. Da kam es einigen unersättlichen Männern in den Sinn: »Wie wäre es, wenn wir einmal das ganze Meer leerfischten?!« Der Gedanke wurde zur Tat, in einer schönen Nacht gingen die Leute mit allen Mitteln auf den Fang. Der Anfang ging gut, und immer höher wuchs ihnen der Mut. Endlich war alles abgefischt, die Fässer und Körbe gefüllt, die Boote bis zum Rande voll. Da heißt es: »Is dat de Fisk alle?« Noch ein Zug wird gemacht, und ein ungeheuer großer Hecht gefangen. Der Hecht hatte nur ein Auge, das war aber auch so groß, wie das Auge eines Kalbes. Und dieser Fisch war der König, genannt ›Eenoog-Hauer‹. Als die Fischer den ins Boot ziehen wollen, kippt das Fahrzeug um, und alle Fische sind erlöst und schwimmen davon. So ward die Habgier bestraft, denn die Fischer kamen kaum mit dem Leben davon. – Auch wird erzählt, daß auf die Frage: »Is dat de Fisk alle?« – ein Fisch, der ›Eenoog-Hauer‹, aus dem Wasser geantwortet habe: »Dat is he up een na, man Jo hört d'r gieneen van«, worauf das Boot gekentert und der Haufen davon geschwommen sei. (147)

Schwarze Hunde

Zwischen Loga und Logabirum hauste einstmals eine Räuberbande, unter deren Messern manch ein Reisender sein Leben lassen mußte. Diese Bande führte einen großen schwarzen Mordhund mit sich, der durch die Gewöhnung an Menschenblut ein solches Ungeheuer wurde, daß er mit rollenden feurigen Augen auf die Beute losging und sie niederriß. Als endlich die landesübliche Polizei der Mordwirtschaft ein Ende zu machen sich für befugt hielt, war der Hund nicht zu fangen. Da jedoch die Bande gänzlich aufgehoben wurde, sah der Hund das Zwecklose seiner fernerweitigen Existenz ein und änderte seine Lebensweise. Mit der Zeit wurde er ein Höllenhund, der nur noch des Nachts in der Geisterstunde auftritt, und dann bloß zum Schrecken der harmlosen Wanderer einherspaziert, nicht bellt und beißt, und mit dem letzten Schlag plötzlich verschwindet. – Mit kleinen Varianten über Ursprung, Aussehen, Tätigkeit erzählt man sich von solchen Hunden auf der Logaer Schloßallee, zwischen Moordorf und Victorbur, zwischen Esens und Langestreek, zwischen Käkelburg und Insenhausen, in Hesel, in Emden, in Nesse, in Breinermoor, in Bagband dieselbe Sage. Charakteristisch ist die gleiche Größe aller dieser Hunde, die schwarze Farbe, die glühenden, tellergroßen Augen, das Nachtwandeln und das Nichtbellen. (148)

*

In der furchtbaren Weihnachtsflut von 1717 [siehe auch Nr. 23] wurde auch eine in der Nähe von Uphusen stehende Mühle von den Wellen bedroht. Bei der eiligen Rettung nach dem Dorf vergaßen aber die Mühlenbewohner ihren treuen schwarzen Hund. Als das Wasser in das Gebäude eindrang und dasselbe zertrümmerte, flüchtete sich das Tier in eine nahe Dobbe [Teich], aus welcher es jetzt [1857] noch hervorkömmt, sobald man es ruft. Nicht leicht geht in der Nacht ein Bewohner Uphusens an der Mölenfenne, wo jene Mühle gestanden haben soll und wo sich in der Erde noch Trümmer eines Gebäudes befinden, vorbei; denn manchem Vorwitzigen, der mit Rufen und Flöten seinen Mut kund tun wollte, soll der gefürchtete schwarze Hund erschienen sein. (149)

*

Ein Knecht ging einst in der Strackholter Gegend mit einem Pferd über das Moor. Weil das Tier langsam auf dem schmalen Weg vorankam, trieb er es mit der Peitsche an und fluchte lästerlich dabei: »To, Düvel!« Ganz nahe aber strich ein schwarzer Hund um ihn herum, bald vor, bald hinter ihm. Als es anfing zu dunkeln, fluchte er immer mehr: »To, Düvel!« Dabei schlug er dem Pferd die Peitsche über den Rücken, und mit einem Mal hieb er mitten durch das Tier hindurch. (150)

Das Ungetüm im Keller

Das Friederikenvorwerk bei Hohenkirchen, früher auch wohl Katermaelen genannt, war vor Zeiten ein Vorwerk der Fürsten von Anhalt-Zerbst, ist nun [1867] aber seit langer Zeit in Privatbesitz. Es ist ein großes stattliches Gebäude mit dicken Mauern, hohem Dach und tiefem Keller. Von letzterem ist jedoch ein Teil zugemauert, und man sagt, daß es gefährlich sei, diesen Teil wieder zu öffnen. Als das Vorwerk in Privatbesitz übergegangen war, wurde eines Tages eine Magd in den zugemauerten, damals noch offenen Keller geschickt, um einen Auftrag auszuführen. Die Magd ging, kehrte aber nicht wieder. Da ward der Knecht nachgeschickt, um zu sehen, wo die Magd bleibe, kam aber auch nicht zurück. Jetzt getraute man sich nicht mehr, ein menschliches Wesen hinzuschicken, und ließ den Haushund dem Knechte nachgehen, und auch der Hund blieb weg. Da glaubte man, daß ein Drache oder ein anderes Ungetüm in dem Keller sitze, und mauerte den Eingang rasch zu. Noch jetzt vermeiden viele, abends bei dem Hause vorbei zu gehen, denn in dem Keller rasselt es wie mit Ketten, und einige sagen, daß dies Hunde täten. (151)

Von Schlangen

Wenn Schlangen, saterländisch Nädern, und Eidechsen getötet werden, so sterben sie erst mit Sonnenuntergang; und würden sie auch in tausend Stückern zerschlagen, so lebt doch, bis die Sonne untergeht, ein jedes Stück. Wenn eine Schlange in Not ist, so pfeift sie, und alsbald kommen alle Schlangen der ganzen Umgegend zu Hilfe. Die Schlangen haben Könige, welche goldene Kronen tragen. Jemand ritt durch einen Wald und sah ein schönes Kleid mit einer schönen kleinen Krone am Wege liegen. Er nahm beides mit sich, aber kaum war er einige hundert Schritt weiter, da hörte er erst einen gellenden Pfiff, und dann kamen wohl tausend Schlangen hinter ihm her und sprangen sogar auf sein Pferd und ließen nicht ab, als bis er Kleid und Krone zurückgegeben.

Ein Mann war immer kränklich, und kein Arzt wußte, was ihm fehlte; er konnte nicht leben noch sterben. Einst war er mit seinem Bruder auf dem Felde, und zu Mittag legten sie sich hin zu schlafen. Der Bruder konnte aber nicht schlafen, stand auf und wanderte herum, der Kranke aber schlief, daß er schnarchte, und hielt den Mund weit offen. Da sah der Bruder, wie eine Schlange hervorgekrochen kam und in den Hals des Schlafenden kroch, daß nur der

Schwanz oben heraussah. Der Bruder war in tausend Ängsten und wußte nicht, was er machen sollte, aber wie er noch unschlüssig überlegte, kam die Schlange wieder aus dem Munde des Schlafenden heraus und kroch fort. Gleich darauf wachte auch der Kranke auf. »Ach!« sagte er, »was habe ich da einen süßen Schlaf getan, und es ist mir so leicht und so wohl, wie seit Jahren nicht mehr!« Und von Stund an war er gesund wie ein Fisch im Wasser.

Einer fand in einer Wiese einen großen Haufen aufgewühlter Erde, und als er ihn untersuchte, bemerkte er darin eine Menge von Schlangen, wohl tausend, die sich zum Winterschlafe dort zusammengefunden hatten. Er machte ein Feuer an, kochte einen großen Kessel voll Wasser und goß es siedendheiß auf die Schlangen, die alle starben. Im nächsten Sommer aber starben alle Kühe der Umgegend. Sie hatten jetzt das Gift mit aufgefressen, das sonst der Schlangen Nahrung ist.

Arbeiter, die viel Moorwasser trinken, schlucken mit diesem manchmal Schlangeneier hinunter. Diese werden dann im Magen ausgebrütet, und die jungen Schlangen wachsen heran und quälen den Menschen gar sehr. Sie halten sich in der Herzgrube auf und kommen zuweilen so vor den Hals, als ob sie heraus wollten. Einer wurde auch von diesem Übel geplagt, und ging zu einem Allerweltsdoktor, der sagte gleich, er habe eine Schlange im Leibe, und gab ihm eine halbe Kanne Branntwein zu trinken, daß er und auch die Schlange ganz betrunken wurden, und der Mann platt auf dem Boden lag, als ob er tot wäre. Dann stellte er vor den Mund des Mannes eine Schale mit Milch. Die Schlange, die von all dem Branntwein im Magen durstig geworden war, witterte die Milch und kroch zum Halse heraus, um zu trinken. Darauf hatte der Doktor grade gewartet; er stand mit einer Zange daneben, packte die Schlange und schlug sie tot. Als der Mann seinen Rausch ausgeschlafen hatte, stand er gesund und munter wieder auf, als ob ihm nichts gefehlt habe. (152)

König Rowolt oder Robolius

1849 erzählte meine Urgroßmutter (›oll' Beppe‹ genannt) zu Nesse im Norderland folgenderweise: König Rowolt auf schneeweißem Renner saust im Sturm über das Meer nach Engelland [!] und kommt auf pechschwarzem Rappen wieder daher, Sturm und Regen mit sich führend. Wenn er reitet, darf kein Kind über die Straße gehen, oder es muß vor sich niederblicken. Ist eines frech und will Rowolt sehen und sieht dreist in die Höhe, so bekommt es einen Stoß vom Pferdehuf, daß es in den Kot fällt. Auch vor dem Fenster darf man nicht stehen, sondern muß im ›Hüske‹ bleiben, bekanntlich das Häuschen zwischen den Knien der Alten.

Die Sage lautete in der Theener (Norderlandsmarsch) so: In der alten Zeit fuhr man von hier nach Engelland mit Pferd und Wagen. Da war ein König Rittwold (Ridewold, Rüdewold in anderer Munde), der kam von Engelland nach Wengeland (Wanger- oder Jeverland?) mit Roß und Troß. Seine Feinde aber gruben den Weg auf, so daß er schwimmend durchs Wasser mußte. Da befahl er allen Deichsleuten (Küstenbewohnern), den Weg wieder herzustellen. Aber die See war schon zu stark geworden und ließ dies nicht zu. Da befahl der König, von den Niederlanden her Deiche zu bauen, daß er trocken reiten könne. Dies geschah; wo aber ein Fluß hindernd strömte, da setzte er mit wildem Gewüte hindurch. Aber noch heute [1922] stürmt den Deich entlang in den Osten hinein der geisterhafte König Rittwold in stürmischen, finstern Nächten, Grausen verbreitend. (153)

*

Der Robolius- oder Roboluswagen ist der Wagen des Königs Robolius oder des altfriesischen Königs Radbôd, der nach dem hier jetzt [1884] noch herrschenden Glauben in der Sylvesternacht um 12 Uhr auf demselben durch zwei in der Westermarsch liegende Plätze unsichtbar in fliegendem Galopp hindurchfährt, wobei die Scheunentore dieser Plätze oder Hofe von selbst auffliegen und sich nachher auch wieder von selbst schließen, und wovon die alten Leute hier in Norden (zum Beispiel meine verstorbene Schwiegermutter) auch glaubten, daß derselbe in der Sylvesternacht hier durch die Straßen fuhr, indem sie von einem um Mitternacht der betreffenden Nacht plain carriere durch die Straße rasselnden Wagen sagten: »Daar fahrt König Robolius (oder: König Robolius sien Wagen) hen.« (154)

Der Erz- oder Weltjäger

Der Ewige Jäger war früher ein Erzjäger, der sich nicht scheute, selbst an Sonntagen während der Messe zu jagen. Einst ritt er sogar am Weihnachtstage während der Messe auf die Jagd; da erschien ihm ein Hirsch mit einem silbernen Kreuze zwischen seinem Geweihe, der ihn von seinem gottlosen Treiben abmahnte. Aber der Jäger achtete der Warnung nicht, deswegen ward er verflucht und verdammt, ewig zu jagen. (155)

*

Mal hat einer dem Weltjäger, als er vorübergezogen, nachgeflötet, da ist ihm ein Hund ins Haus hereingelaufen gekommen, der hat sich beim Feuerherd hingelegt und ist nicht eher fortzubringen gewesen, als bis man das Haus niedergerissen. Andere sagen, das habe sich in Cloppenburg zugetragen, und der Hund habe ein volles Jahr am Herd gelegen, dann sei er fort gewesen. (156)

*

De Herr von Fresenhagen, Gaarde, Hogelund un Lütjenhorn is een harde Hund wesen. Sin Lüde hem dat nich god bi em hadd, he hett se quält un dan. Mal op een Sünndag Morgen geiht he öwer de Hoffplatz. Do süht he dar een Deenstdeern, de lacht. He fragt nich eerst, woröwer se lacht; he lett se von een Knecht na sin Stuv rop bringen un an de hitte Aben binn. Denn fahrt he to Kark. As he torüch kummt, is de Deern verkahlt. So as sin Leben wesen is, so ok sin Dod. Lütte Untüg hett em angahn bi lebennige Liev. He schickt na de Dokter, un as de Knecht torüch kummt, fragt de

Junker: »Wat hett he seggt?« – »Menschen künnen nicht mehr helpen.« – »Denn mutt de Düwel helpen!« seggt de Junker, un gliek naher is he dod wesen. He kann awer nich ruhn. Bi Abender Tieden geiht dat »Hallo, hallo!« dör de Luft. Dat is Junker Ulf, de fahrt as wilde Jäger vörbi. »Hattä, Hattä!« prahlt he na de Hünne. Denn ward to de Kinner seggt: »Gau to Bett, Junker Ulf geiht um!« (157)

König Dan

Nahe bei Tönningen in Eiderstedt, sagt man in Ditmarschen, ist ein kleiner Hügel mit einer Höhle. Darin sitzt der König Dan mit zweimalhunderttausend Mann und alle schlafen. Ein Soldat war zum Tode verurteilt. Da schenkte ihm unser verstorbener König das Leben unter der Bedingung, wenn er in den Hügel ginge und ihm von König Dan Nachricht brächte. Der Soldat ging in die Höhle. Da saß der alte König da vor einem Tisch und hatte sein Haupt auf den Arm gestützt und schlief, sein Bart aber hing ihm über den Tisch und die anderen standen alle um ihn herum. Als nun der Soldat eintrat, erwachte der König und fragte ihn, was er wolle. Der Soldat antwortete, daß er vom Könige hereingeschickt sei und Nachricht von ihm bringen solle. Da erwiderte König Dan, er solle nur dem Könige sagen, daß er einst an ihn dächte, wenn er in Not wäre; dann wolle er ihm mit allen seinen Leuten zu Hilfe kommen und die Feinde vertreiben und ihm zur Herrschaft über die ganze Welt verhelfen. Der König muß aber nicht zu rechter Zeit an ihn gedacht haben. (158)

Der Geist des Hünen

Vom Kloster Hopels soll ein unterirdischer Gang nach Neustadtgödens führen. Doch der Gang ist verwunschen, nur wer das rechte Wort weiß und es zur rechten Zeit am rechten Ort ausspricht, kann ihn finden. Einst lebte ein Mönch im Kloster, der oft des Nachts heimliche Wege ging. Einmal aber, als er von solch einem Gang zurückkam, geriet er in der Dunkelheit in den breiten Graben, der das Kloster umgab, und ertrank darin. Seit der Zeit sah man manchmal einen Mönch an der Gracht stehen, der ins Wasser starrte. Wenn einer ihn anredete, dann war er verschwunden.

Auf dem Klosterfriedhof liegen noch Grabsteine verstreut, von denen geht die Sage: Der Abt des Klosters Hopels wollte den verstorbenen Mönchen Denkmäler errichten lassen. Und weil auf dem Heidendom bei Marx große Hünensteine lagen, ließ er sie herbeischaffen; sie wurden mit den Namen der toten Brüder versehen und als Grabmäler aufgestellt. Doch am nächsten Morgen waren sie verschwunden, und man fand sie an ihrem alten Platz. Da sprach der Abt eine Beschwörung und bannte den Geist des Hünen in einen Hexenring, der auf der Marxer Heide war, indem er einen der Steine, über dem er einen Spruch sagte, in den Ring liegen ließ. Seitdem blieben die Denkmäler auf den Gräbern stehen. Der Hexenring aber wurde gemieden, denn dort war es nicht ganz geheuer. Die Schäfer, die in der Umgebung hüteten, sahen dort manchmal ein Licht, doch keiner wagte sich heran.

Einmal war ein Schäfer in Marx erkrankt, und sein Junge hütete die Schafe. Da sah er in dem Hexenring eine schöne Blume. Er wollte sie ausgraben, aber dabei mußte er den Stein beiseite wälzen, weil unter ihm die Wurzel saß. Er nahm die Blume mit nach Hause und grub sie im Garten ein. Sie wuchs und blühte. Und seitdem glückte ihm alles, was er tat, und er wurde ein wohlhabender Mann. Denn er hatte den Geist des Hünen erlöst. Der Geist aber wollte sich an den Mönchen rächen, doch das Kloster war zerfallen und keine Brüder mehr da. Deshalb warf er die paar Mauern, die noch standen, um, riß die Grabsteine heraus und verstreute sie, wie sie jetzt noch liegen. Von der Heide und dem Hexenring ist heute nichts mehr zu sehen. (159)

Die Prinzessinnen im Tönninger Schloß

Als Tönningen einmal von Feinden belagert war, haben die drei Töchter des Generals, der das alte Schloß bewohnte und die Stadt verteidigte, ein Gelübde getan und sich in den Keller verwünscht.

Das Schloß ist nun längst abgetragen; aber die Keller sind [1845] noch da und von der Wasserseite sichtbar. Darin werden die verzauberten Prinzessinnen von einem großen Höllenhunde mit feurigen Augen bewacht. Ein Matrose faßte einmal den Entschluß, sie zu befreien. Er ging zu einem Prediger, ließ sich das Abendmahl geben und über die ganze Sache genau unterrichten. Dann begab er sich, ausgerüstet mit einem guten Spruch, auf den Weg und kam bald an ein großes eisernes Tor, das sogleich aufsprang, sobald er nur seinen Spruch gesagt hatte. Als er nun hineintrat, saßen die drei weißen Jungfern da und lasen und zerpflückten Blumen und Kränze, in der Ecke aber lag der Höllenhund. Der Matrose sah, wie schön sie waren; da faßte er Mut und fragte, wie er sie erlösen könne. Die Jüngste antwortete, daß er das Schwert, das an der Wand hange, nehmen und damit dem Hunde den Kopf abschlagen müsse. Der Matrose nahm das Schwert herunter und erhub es schon zum Hieb, da sah er seinen alten Vater vor ihm knien, und er hätte ihn unfehlbar getroffen. Voller Entsetzen aber warf er das Schwert weg und stürzte zur Tür hinaus, die mit ungeheurem Krachen zufiel. Er selbst aber starb nach drei Tagen. (160)

Das Kleine Volk

Von Unterirdischen, Odderbaantjes, Mürewüfern, Ölken, Puken, Klabautermännchen, Wieschlern, Bargmanntjes und anderen Zwergen

Von der Entstehung der Unterirdischen

Es war einmal eine Frau, welche fünf hübsche und fünf häßliche Kinder hatte. Die fünf häßlichen Kinder waren verwachsen, sie hatten kleine kurze Beine und ihr Kopf war viel größer als der anderer Kinder, sodaß die Frau sie niemand zeigen wollte. Sie verbarg dieselben deshalb im Keller und ließ sie nie mit den hübschen Kindern zusammenkommen. Da kam einst der Herr Christus zu der Frau. Als er sie fragte, ob sie noch andere als die ihm gezeigten fünf hübschen Kinder habe, sagte sie »Nein!« denn sie wußte nicht, daß es Christus war. Darauf segnete er die fünf hübschen Kinder und sagte:

»Aßt boppe is, schalt boppe bléf;
aßt onner is, schalt onner bléf.«
(Wie's oben ist, soll's oben bleiben,
wie's unten ist, soll's unten bleiben.)

Als die Frau nach ihren häßlichen Kindern sehen wollte, war der Keller leer, die Kinder waren weg und kamen nicht wieder. Aus ihnen sind die Unterirdischen entstanden, welche in der Erde am liebsten in Hügeln wohnen. (161)

Grütze und Butter ist Zwergenfutter

Die Zwerge auf Amrum aßen gern Grütze und sahen es sehr gern, wenn dieselbe durch ein wenig Butter fett gemacht wurde. Ein Mann, in dessen Hause einige der Unterirdischen ihre Wohnung hatten, wollte aber seinen Spaß mit ihnen treiben und legte eines Tages die den Zwergen sonst gewöhnlich zugeteilte Butter unter

Hausarbeiten der Unterirdischen (Holzschnitt aus Olaus Magnus, Historia de gentium septentrionalium 1565)

ihre Grützportion auf den Boden des Topfes, sodaß jene anfangs von den Onnerbänkissen vermißt wurde. Im Zorn hierüber töteten dieselben sofort ihrem Hauswirt eine Kuh. Als sie jedoch auf dem Boden des Topfes die übliche Quantität Butter fanden, tat ihnen ihre voreilige Rache leid. Um ihr Vergehen wieder gut zu machen, reiste einer der Zwerge nach Föhr, kaufte dort auf Kosten der sämtlichen Unterirdischen jenes Hauses eine Kuh und führte sie dem Wirt in den Stall. (162)

Der Lohn der guten Tat

In uralter Zeit wohnten auf Wangerooge die alten Sachsen. Die hausten noch in Erdhöhlen, denn der Bau von Hütten und Häusern wurde erst später üblich. Eines Tages kam einer dieser Sachsen zu der Bademutter von Wangerooge und bat sie, seiner Frau in ihren Kindsnöten beizustehen. Er wolle es ihr auch gut lohnen. Die Bademutter ging sofort mit und verhalf der Sachsenfrau zu einem gesunden Kinde. Nun war die Freude der Eltern groß, und als alles glücklich überstanden war, sagte der Sachse zu der Bademutter, jetzt solle sie auch ihren Lohn haben. Damit schüttete er ihr etwas in die Schürze, was sie für Pferdemist hielt. Sie ließ es geschehen, denn sie wagte nicht, dem Mann Vorhaltungen zu machen. Als sie aber aus der Höhle an das Tageslicht kam, öffnete sie ihre Schürze und warf den Inhalt weg. Was soll ich mit dem alten Mist, dachte sie und ging nach Hause. Wie sie hier nun ihre Schürze ablegte, fiel plötzlich ein großes Stück ungeprägten Goldes auf den Fußboden. Jetzt erst merkte die Frau, daß das, was der Sachse ihr als Lohn gegeben hatte, in Wahrheit schweres Gold gewesen war. Flugs eilte sie nun nach der Höhle der Sachsen zurück, um das übrige Gold wieder aufzulesen. Aber sie machte den Weg vergeblich. Von dem ganzen Inhalt der Schürze war nicht ein Stückchen mehr zu finden. Der Wind mochte es verweht haben. Vielleicht hatte es auch jemand anders an sich genommen. So mußte die Frau ihren ersten Verdruß über die schlechte Belohnung bitter bereuen. (163)

*

Einst war in einem Hause zu Braderup (Sylt – später Wohnung von Theide Peters, 1764-1819) eine frühere Besitzerin des Hauses mit Bierbrauen beschäftigt. Unterdessen schlüpfte eine dicke Kröte unter der Mauer des Hauses hervor in die Küche und leckte einige verschüttete Biertropfen von der Diele. Die Wirtin ließ das durstige Tier gewähren, ohne es zu verscheuchen. Später wurde eines Tages der Frau gemeldet, daß eine Zwergin in einem nahen Grabhügel in Wochen gekommen sei und die Zwergin von ihr eine Wochenvisite erwarte. Die Frau ging nach dem Hügel, wurde in einen geräumigen Keller, in welchem die Wöchnerin samt dem neugeborenen Zwerglein lag, geführt und auf das freundlichste von den Zwergen bewirtet. Während der Mahlzeit gewahrte die Frau jedoch über ihrem Kopfe einen großen Stein an einem dünnen Faden hangen. Da verließ sie die bisherige Seelenruhe. Sie beugte sich unwillkürlich und erwartete mit Angst, daß der Stein auf sie fallen werde. Die Wöchnerin tröstete sie aber, indem sie sagte: »Du hast meiner geschont, als ich während meiner Schwangerschaft nach neuem Bier Verlangen hatte und mich in Deine Wohnung schlich, um einen Trunk zu erhalten: Glaubst Du, daß ich so undankbar sein könnte, Dich in meiner Behausung umkommen zu lassen? Sei unbesorgt, geh ungefährdet wieder heim und nimm diese Späne zum Andenken an mich mit.« Die Zwergin warf ihr darauf eine Menge Hobelspäne in die Schürze und entließ sie. Die Frau, froh, dem gefährlichen Loche entkommen zu sein, verschüttete auf dem Heimwege die meisten der Hobelspäne. Bei ihrer Zuhausekunft wurde sie jedoch mit Erstaunen gewahr, daß die mitgebrachten Späne in Gold verwandelt worden waren, und sie bedauerte es, die weggeworfenen ungeachtet allen Suchens nicht wiederfinden zu können. (164)

Die Odderbaantjes auf Föhr

Die Odderbaantjes waren von allen Zwergen zweifellos am bekanntesten, zahllose Geschichten von ihnen gehen noch jetzt [1911] von Mund zu Mund und berichten uns, was sie für kleine merkwürdige Phantasiegestalten gewesen sein müssen. Ihre Gestalt war klein, dabei hatten sie einen ungewöhnlich großen Kopf, lange Arme, dünne und krumme Beine, aber besaßen trotz dieser Mißgestalt eine große Körperkraft. Meistens trugen sie eine kurze rote Jacke und grüne Hosen, auf dem Kopfe eine rote oder weiße Zipfelmütze, in ihrem Gürtel oder in der Tasche saß ein kleines Messer. Ihr liebster Aufenthalt war in den einsamen Hügeln der Heide, wo sie in den Steinstuben wohnten; die Menschen haßten sie und ärgerten sie, wo sie konnten, der Ackerbau war ihnen ein Greuel, weshalb sie sich immer mehr nach den einsamen und unbekannten Gegenden zurückzogen. Ihre Werkzeuge wußten sie kunstvoll aus Stein zu behauen oder aus Eisen zu schmieden, die zahlreichen kleinen Pseudosiderite, die man überall auf dem Felde findet, waren ihre Gefäße, im Volksmunde nennt man sie jetzt noch das Topfzeug der Unterirdischen oder auch wohl Hexenschüsseln.

Die Odderbaantjes waren immer tätig, die Ruhe liebten sie nicht; außer mit der Herstellung ihrer Hausgeräte waren sie mit dem Suchen von Nahrungsmitteln beschäftigt. Zu dem Zweck gingen sie gerne nach den Gräben und Teichen, um Fische zu fangen, auch gar in die Prielen und Wattenströme der Nordsee, wenn es gerade Ebbezeit war. Gerne suchten sie auf Heiden und Mooren nach Beeren, wußten geschickt die Vögel zu beschleichen und hatten im Frühjahr an den Eiern der zahllosen Strand- und Seevögel eine ihnen besonders zusagende Nahrung. Oft wurden sie beim Nachgehen ihrer Beschäftigung von Menschen überrascht; doch wußten sie sich immer schnell den Blicken zu entziehen, und wenn sich ihnen kein Schlupfwinkel zum Entschlüpfen bot, so verwandelten sie sich in Mäuse oder Frösche. Des Nachts kamen sie zahlreich aus den Hügeln heraus, um auf niedrigen Wiesen oder Kornäckern ihre Tänze und Spiele aufzuführen, wobei sie das Korn und Gras so niederstampften, daß es sich nie wieder erhob. In den langen Winternächten vergnügten sie sich auf den spiegelblanken Eis, das an verschiedenen Stellen weite Flächen bedeckte, hier liefen sie auf Schlittschuhen, bis der herankommende Morgen sie wieder heimtrieb. In den stillen Winternächten konnte man deutlich an dem Knarren und Knacken des Eises hören, wie sie sich tummelten, und am nächsten Morgen konnte man sehen, wie ihre große Zahl das Eis an Stellen fest auf den Boden angedrückt hatte. Obgleich sie die Menschen haßten, kamen sie doch unter Umständen mit ihnen in Berührung, ja, schönen Mädchen gingen sie gerne nach, und mancher führte eine hübsche Frau aus der Oberwelt heim in seine finstere unterirdische Wohnung. Durch Trommelschlag und Glockenklang konnte man sie augenblicklich vertreiben, auch konnten sie den Namen Gottes oder Christi nicht aussprechen hören.

Die Odderbaantjes hielten sich besonders gerne in den alten Hügeln auf; so sollen sie in den ›Tribergem‹ bei Utersum recht viel gewohnt haben, auch die alten Hoch- oder Rundäcker bei Tribergem werden als die Dächer der unterirdischen Wohnungen angesehen. In den Hügeln bei Hedehusum lebten ebenfalls Odderbaantjes, die dort eifrig schmiedeten, desgleichen waren die Hügeln bei Goting und Witsum bewohnt. Die Odderbaantjes von Hedehusum, Witsum und Goting gingen im Winter immer des Nachts nach der Niederung hinter den betreffenden Ortschaften und liefen dort Schlittschuh. Im Frühjahr hatten sie hier die schönen Vorstrandswiesen, die sie nächtlich nach den Eiern der hier nistenden Vögel absuchten. (165)

Ein gefangener Odderbaanki

In den Gotinger Bergen [Föhr] lebten ehemals recht viele Odderbaanki, die mehrfach gesehen worden waren. Ein Gotinger Bauer, der eines Nachts am Strande ging, hörte im langen Strandhalm etwas rauschen, und wie er schnell zugriff, da hatte er ein kleines Männchen gefaßt, das gleich zu heulen und zu schreien anfing. Er ließ es aber nicht los, sondern nahm es mit heim, um es seiner Familie zeigen zu können. Am anderen Tage war natürlich die Freude groß; die Kinder brachten alles mögliche an Leckereien herbei, aber vergebens, das Odderbaanki aß nicht und trank nicht und blieb auf alles Zureden stumm. Um es zum Sprechen zu bringen, machte man alle Arbeiten ungeschickt und verkehrt; der eine Sohn wollte mit einem Siebe Wasser aus einem Eimer zum Trinken nehmen, was ihm aber nie glückte. Eine Zeitlang beobachtete das Männlein dieses, dann aber rief es: »Wer kann doch so dumm sein!« und riß ihm das Sieb aus der Hand. Mehr Worte waren nicht aus ihm heraus zu bekommen, und bei erster Gelegenheit war es entflohen. (166)

Odderbaanki als Kröten

In der Nähe des Dorfes Dunsum [Föhr] befand sich ehemals ein tiefes Loch im Boden, welches zwölf Odderbaanki gemacht haben sollten, um darin zu wohnen. Oftmals verwandelten sie sich in Kröten und krochen in die Häuser und naschten von dem verschütteten Bier oder der Milch, und man ließ sie gerne gewähren, wußte man doch, daß es Odderbaankis waren. Einst war eine alte geizige Frau, die ihnen die Überreste nicht gönnte, und als eine Kröte in ihr Haus kroch, nahm sie einen Besen und schlug das Tier tot. In der Nacht darauf hörte man draußen in der Marsch lautes Gebrüll des Viehs, und als man am anderen Morgen hinauskam, da lag sämtliches Vieh der betreffenden Frau tot. Die Odderbaanki hatten so den Tod ihres Genossen gerächt. Nach dieser Zeit hatten die Zwerge viele Jahre lang Ruhe, und man schützte die Kröten, soviel man konnte. Einmal aber war ein Mann unachtsam und zertrat einer Kröte ein Bein. Die Rache blieb nicht aus; denn am anderen Morgen fand er sein bestes Pferd tot in seiner Fenne liegen. Seit der Zeit fürchtet jeder, den Kröten wehe zu tun. – Es dürfte wohl wenig Gegenden geben, wo die Kröten so zahlreich sind, als auf den Nordseeinseln, besonders auf Föhr. Da die Häuser der alten Bauart keine höher gelegte Türschwelle hatten, so krochen sie gerne in die Häuser hinein. Auch die mit Heidekraut bedeckten Hünengräber beherbergen immer eine große Menge von Kröten, die oft weit in den Hügel sich hineingraben. (167)

Schmiedearbeiten

Die Alten erzählen, daß westlich von Oldsum auf Föhr die Onnerbänkissen in einer Vertiefung, welche die Lei genannt wird, gehaust haben. Sie verstanden das Messerwetzen, Sensenstreichen, Schleifen und Haren (Dengeln) sehr gut und besser als die Menschen. – Am längsten sollen sich die Odderbaanki in den Bergen bei Hedehusum aufgehalten haben; der letzte derselben war ein tüchtiger Schmied. Wenn eine Pflugschar stumpf oder sonst ein eisernes Gerät schadhaft geworden war, so brauchte man nur damit hinaus auf einen Hügel zu gehen, es dort hinzulegen mit einem Schilling darauf, so war am anderen Morgen der Schaden kuriert, alles schön blank und neu, aber das Geldstück war fort. Wenn man aber versäumte, ein Geldstück mit hinzulegen, sei es aus Nachlässigkeit oder Geiz, so fand man am anderen Morgen das Gerät unverändert, nur darauf einen großen Haufen von Unrat, den der rachsüchtige Zwerg darauf gesetzt hatte. (168)

Der Hundebrotberg

Dicht bei dem Dorfe Utersum [Föhr] liegt ein alter Grabhügel aus der Bronzezeit, der Hönjbruatberg, worin von jeher Odderbaantjes gewohnt hatten. Der Eigentümer des Berges wußte solches sehr wohl, doch da er Mitleid mit den Unterirdischen fühlte, so schonte er des Berges, wo er konnte, er pflügte nicht über denselben hinweg und ging selten in die Nähe des Berges. Eines Tages, da er das angrenzende Landstück pflügte, sah er am Abhang des Berges ein kleines zerbrochenes Gerät von unbekannter Bestimmung liegen; da er annahm, daß dasselbe einem Odderbaantje gehörte, so gedachte er dem Kleinen eine Freude zu machen und legte einige Nägel und ein Stück Eisenblech, das er gerade unnötigerweise bei seinem Pfluge sitzen hatte, dabei hin. Als er kurz darauf wieder bei dem Hügel vorbeipflügte, war alles fort; dagegen lag an der betreffenden Stelle ein kleines Brot, das der Zwerg aus Dankbarkeit dem Bauer verehrte. Letzterer war nicht wenig erstaunt, nahm aber das Brot mit, mochte es aber nicht selber essen, sondern gab es seinem Hunde. Am nächsten Tage fand er wieder ein Brot am gleichen Platz, und so fort. Der Hund gedieh vortrefflich. Seit der Zeit heißt der Hügel Hönjbruatberg, das ist Hundebrotberg. – Im Hönjbruatberg wurden beim Abfahren oben einige Urnen gefunden; in der Mitte war eine große Steinkammer, in welcher ein wunderschön erhaltenes Bronzeschwert, ein Bronzekelt [Kelch] und eine Fibel lagen. Beim Planieren des Berges traf man auf einen zusammengestürzten Gangbau aus der Steinzeit, woraus nur wenig gerettet werden konnte, u.a. einige Hexenschüsselchen. (169)

Das Odderbantjesmesser

Jung Jens, nach seiner Mutter Sieke allgemein Jung Jens Sieke genannt, wohnte in Utersum [Föhr] und fand eines Morgens bei einem alten Grabhügel auf seinem Acker dicht beim Dorfe ein kleines grünes, dolchähnliches Messer. Obgleich er den Fund wenig beachtete, so steckte er das Messer doch in die Tasche und zeigte allen Leuten im Dorf das merkwürdige Instrument. Niemand hatte früher ein ähnliches Messer gesehen, nur eine ganz alte Frau glaubte von ihrer Großmutter gehört zu haben, daß die Zwerge solche Messer trügen, und sie sagte: »Jedenfalls hat ein kleiner Geselle in der vergangenen Nacht das Messer verloren, er wird es aber bald entbehren und wird kommen, es dir abzukaufen; alsdann fordere nur nicht zu wenig, da er dir jede Forderung erfüllen kann und muß.«

Jung Jens ging jetzt auf nach den alten Hügeln und rief laut: »Jung Jens hat ein Odderbantjesmesser gefunden!« Nach nicht langer Zeit, als Jung Jens gerade von der Arbeit nach Hause kam und müde und hungrig war, kam ein alter Mann gegangen, der auf seinem Rücken eine Kiepe mit Handelswaren trug und gleich seine Sachen feilbot. Jung Jens wollte nichts kaufen, konnte auch nicht, denn er hatte keinen Pfennig bares Geld im Hause und setzte sich nieder und wollte sich ein Stück Brot abschneiden. Der Alte pries seine Ware fortwährend an, und als er das alte Brotmesser sah, fing er an, dasselbe zu tadeln und rühmte seine Messer, die er auch wohl gegen alte Messer umtauschen wollte. Jetzt wußte Jung Jens genug, und er ging hin, das Messer zu holen. Als der Alte das grüne Messer sah, fing er gleich an, darüber zu feilschen und bot für dieses und das Brotmesser ein neues. Jung Jens rühmte aber die Seltenheit seines grünen Messers und sagte: »Wenn ihr nicht mehr dafür geben wollt, so bleibt das Messer mein!« Der Alte versuchte vergebens, den Preis herabzudrücken, indem er vorgab, daß es keineswegs so selten sei und auch ja schon alt und gebraucht; Jung Jens sagte aber immer nur: »Wenn ihr nicht mehr dafür geben könnt, so bleibt das Messer mein!« Jetzt fing der Alte an, blanke Taler auf den Tisch zu zählen, erst einen, dann zwei, dann mehrere, bis hundert, aber immer ohne Erfolg. Endlich sagte Jung Jens: »Wenn ihr nicht die Kunst versteht, daß beim Pflügen aus jeder Furche ein Goldstück springt, so bleibt das Messer mein.« Der Alte mochte sich jetzt noch so wenden, er kam nicht frei; endlich gab er seine Zusage und bekam dann sein Messer.

Jung Jens hatte jetzt, obwohl er noch nicht gegessen hatte, nichts Eiligeres zu tun, als die Pferde wieder auszutreiben, den Pflug anzuspannen und im Pflügen fortzufahren. Es ging herrlich; denn in jeder Furche, die er pflügte, fand er das Goldstück, und er hörte nicht eher auf, als bis die Dunkelheit ihn dazu zwang. In seiner Tasche hatte er aber jetzt eine solche Menge Goldstücke wie noch nie. Am anderen Morgen, die Sonne war noch nicht aufgegangen, da war der Pflug schon wieder in Gang, und eifrig ging's bis in die sinkende Nacht. Bald wählte er zum Pflügen das schmale Stück Land bei den Tribergem, wo die Furchen nur kurz waren und soviel mehr Goldstücke lohnten. Hier pflügte er Tag für Tag, so daß der Boden zu den eigentümlichen Rundäckern zusammengepflügt wurde, kümmerte sich weder um Saatzeit, noch um Ernte, und seine Nachbarn und alle Welt meinten schließlich, er wäre verrückt geworden. Die kurze Zeit, die er in seinem Hause verlebte, verbrachte er für sich allein, am liebsten saß er in seiner Kammer hinter verschlossener Tür und wühlte mit beiden Händen im Gold; niemand durfte dieses Zimmer betreten, und damit ihn niemand belausche, war er grob und mürrisch gegen seine Frau und gegen sämtliche Hausgenossen.

Aber, wie das so geht, seine Geldgier war zum Geiz geworden, und er hatte sich bald so vernachlässigt, daß er hinwelkte und eines Tages tot hinter dem Pfluge gefunden wurde. Als man jetzt sein Zimmer betrat, fand man drei Kisten, die ganz mit Gold gefüllt waren. Dieser Schatz kam seiner Familie jetzt gut zustatten, und die verlotterte Wirtschaft konnte wieder in Schwung gebracht werden; bald zierte ein neues schönes Haus den Platz, wo früher die alte Kate gestanden hatte, neues Land wurde gekauft und alles aufs beste ausgestattet. Aber es war kein Segen am Zwerggold; was man mit dem Gold erworben hatte, das Wasser vernichtete es; eine Sturmflut kam, Dorf und Feld wurden überschwemmt, das neue Haus stürzte ein, das Land wurde verwüstet, und Dürftigkeit und Armut traten wieder an Stelle der wenigen reichen Tage.

Von Jung Jens weiß man weiter nichts, nur ein Hügel hat nach ihm den Namen Siekesberg erhalten, und auch der Hügel ist nicht mehr, beim Deichbau hat man die Erdmassen des Hügels zum Auffüllen benutzt und den Hügel abgetragen, aber die kurzen Hoch- oder Rundäcker bei den Tribergem sollen von seinem Pflügen die eigentümliche Form erhalten haben, und da sie auf Gemeindeboden liegen, so bleiben sie in ihrer jetzigen Form für spätere Zeiten erhalten. – Rundäcker oder Hochäcker gibt es auf

Föhr an verschiedenen Orten; sie sind jedenfalls dadurch entstanden, daß man in längst vergangenen Zeiten den Boden immer nach gleicher Richtung pflügte. (170)

Die Überfahrt der Odderbaanki

In einer stockfinsteren und stürmischen Nacht wurde einst der Fährmann, der mit seinem alten Boot die Verbindung zwischen Föhr und Amrum besorgte und der in Utersum ein altes, halbverfallenes Haus besaß, durch starkes Klopfen aus dem Schlafe geweckt. Als er heraustrat, konnte er nichts sehen, aber eine dünne Stimme fragte ihn, ob er einige Passagiere nach Amrum übersetzen wolle. Der Fährmann sagte kurz: »Bei diesem Wetter nicht.« Die Stimme aber erscholl wieder: »Fahre nur zu, es soll euer Schaden nicht sein, und mit uns sinkt das Boot nicht!« Nach langem Überlegen beschloß der Schiffer endlich, die Fahrt zu wagen, und ging hinauf, wo er sein Boot angebunden hatte. Schon lange bevor er sein Boot erreicht hatte, hörte er gedämpftes Stimmengewirr und dazwischen lautes Poltern im Boot. Als er dasselbe erreicht hatte, fand er dasselbe so voll von kleinen Odderbaanki, daß er selbst kaum noch Platz finden konnte. Nachdem er die erste Ladung glücklich nach Amrum übergeschifft hatte, kehrte er zurück und setzte so die ganze Nacht von den kleinen Leutchen über. Sowie die Insel Amrum erreicht war, verließen immer alle, auch die letzten, ganz eilig das Boot und verschwanden ohne ein Wörtchen des Dankes. Mißmutig über diesen Undank kehrte der Schiffer heim, band sein Boot an und ging nach seiner Wohung. Doch als er zur Tür hineingehen wollte, stieß sein Fuß gegen einen Gegenstand, und als er sich bückte, fand er einen Hut, der mit lauter Goldstükken gefüllt war. Denn jeder Zwerg hatte die Überfahrt mit einem Goldstück belohnt. Der Schiffer war jetzt reich für sein Lebtag und konnte jetzt täglich zu seinem Vergnügen umhersegeln. (171)

Die Festung Leerort um 1620

Abzug der Ölken

Bei Hollen im Saterland liegt der Holleberg, ein kleiner Hügel; da haben sich in alter Zeit die Ölken aufgehalten, die den Menschen manchen Schaden zugefügt. Denn oftmals haben sie den Leuten, da sie sich unsichtbar machen konnten, Teller und anderes Hausgerät weggeholt; nicht selten geschah es auch, wenn die Mägde die Kühe melken wollten, daß die Ölken schon vorher da gewesen waren und sie ausgemolken hatten. Einmal haben sie auch ein kleines Mädchen geraubt, das ist viele Jahre bei ihnen im Holleberg, wo sie ihre tiefen Minen hatten, gewesen; als aber nach langer Zeit einmal einer aus Hollen vor dem Berge vorbeikam, sah er gerade das Mädchen vor dem Berge stehen und da hat er sie schnell wieder mit ins Dorf genommen.

Eines Abends ist zum Fährmann in Leerort bei Leer an der Ems ein kleiner Mann gekommen, der hat ihm gesagt, er solle seine große Punte, auf der man mit großen vierspännigen Wagen überzufahren pflegt, nehmen und ihn überfahren. Da hats der Fährmann getan und der Kleine ist hineingestiegen; als jener nun aber abfahren wollte, hat der Kleine zu ihm gesagt: Er solle nur noch ein wenig warten, er werde ihm schon sagen, wenn es Zeit sei. Danach endlich nach einer langen Weile hat er gesagt, nun solle er die Punte losmachen und darauf sind sie übergefahren. Das Fahrzeug ist aber so tief ins Wasser gesunken, als wäre es über und über mit Menschen angefüllt und doch ist keiner als der Kleine zu sehen gewesen. Als sie nun drüben angekommen sind, hat er den Fährmann nach seiner Schuld gefragt und der hat ihm gesagt: »Einen Stüber der Mann!« Da hat er einen ganzen Topf voll, wohl an tausend Stüber erhalten, denn das sind die Ölken gewesen, die er übergefahren, die sind abgezogen, und zwar haben andere gehört, daß sie immer gerufen: »Der König ist tot, der König ist tot! Nun müssen wir fort!« (172)

Glockenklang und Schulgesang

Im Nordende Schwabstedts lebte eine Familie Klinger, die nach Amerika verzogen ist. Als die Frau dieses Klinger noch ein Mädchen war, ging sie einmal nach Hollbüllhuus, ihre Großmutter zu besuchen. In Hollbek bei den Tannen rechts am Wege begegnet ihr ein Unterirdischer auf einem kleinen Pferde, sieht sie mit großen Augen an und sagt:

»Glockenklang un Schulgesang,
dat drifft uns ut dat Schwabenland.« (173)

Die Zwerge verbrannt

Einst hatten sich eine große Menge der Önnerersken in Niß Schmidts Hause im westlichen Morsum auf Sylt eingenistet und trieben ihr Wesen im Keller. Die Leute konnten kein Bier und Brot vor ihnen bergen; alles stahlen sie weg. Eines Tages aber ertappte die Wirtin einen von ihnen, da er eben beim Bierzapfen beschäftigt war. Die Frau stellte den Zwerg ernstlich zur Rede; er entschuldigte sich, so gut er konnte und versprach, wenn sie ihn losließe, einen solchen Segen in die Biertonne zu legen, daß sie nie leer werden sollte, so lange nicht ein Fluch darüber gesprochen würde. Seit der Zeit ward die Tonne nie leer, wie fleißig auch alle daraus schöpften. Doch eines Tages kam der Hauswirt in den Keller, um sich einen Trunk zu holen. Unbekannt mit dem Segen, der an der Tonne haftete, wunderte er sich darüber, daß das Bier ohne Aufhören herauslief, und brach endlich aus: »Das ist doch eine Teufelstonne, die nie leer wird!« Augenblicklich verschwand der Segen, die Tonne war leer und die Önnerersken stahlen wieder Brot und Bier wie früher, ohne dafür Ersatz zu geben.

Wirt und Wirtin waren in großer Not und wußten dem Übel nicht abzuhelfen. Sie fragten die Nachbarn um Rat; da sagte eine alte Frau, die in ihrer Jugend mit den Önnerersken viel Verkehr gehabt und oft mit ihnen gespielt hatte, daß einmal einer ihr offenbart hätte, daß es nur ein Mittel für die Menschen gebe, die Önnerersken los zu werden. Sie müßten nämlich das Haus in Brand stecken und ein Wagenrad vor jede Tür stellen; dann müßten die Önnerersken mit dem Hause verbrennen. Der Mann entschloß sich, sein Haus anzuzünden und stellte vor jede Tür ein Wagenrad. Als es nun in Flammen stand, da kamen die kleinen Gäste vor die Tür und steckten die Hände durch die Speichen und flehten um Erbarmung. Aber die Morsumer hatten kein Mitleid. Da rief der, welcher der alten Frau den Rat gegeben hatte, ihr zu: »Spölke, Spölke! (Gespielin) wat heest dü mi forratt!« Es half aber alles nichts, man ließ das Haus verbrennen und ward so die Zwerge los. (174)

Von Wechselbälgen

Gegen die Odderbaanki [Föhr], die gerne kleine Kinder aus der Wiege stehlen oder gegen ein Kind der ihrigen umtauschen, kann man sich auf folgende Weise schützen: Man muß vor dem Einlegen des Kindes in die Wiege eine Schere hineinlegen, und zwar geöffnet, daß die Klingen die Stellung eines Kreuzes einnehmen. Beim Windeln muß man das Wickelband kreuzweise übereinander umbinden und zum größeren Schutz dem Kinde ein Kreuzeszeichen über Brust und Stirn machen. Ist erst das Kind getauft, so haben die Odderbaanki keine Macht mehr über dasselbe. Es soll auch gut sein, kleinen Kindern eine Bibel oder ein Gesangbuch in die Wiege zu legen. (175)

*

Eine Frau auf Föhr hatte ein Kleines in der Wiege. Sie mußte in der Erntezeit, da Heumacher nicht zu erhalten waren, ihr Heu allein zusammenbringen. Es war ein schöner Tag und deshalb nahm sie ihr Kind mit und legte es am Ende des Ackers nieder. Als sie eine Weile gearbeitet hatte, ging sie hin, nach dem Kinde zu sehen. Wer aber beschreibt ihren Schrecken! Neben dem Kinde lag ein zweites, ebenso gekleidetes Kind, welches genau so freundlich lächelte als das andere. Das eine mußte ein unterirdisches sein; aber welches war es? Sie nahm beide mit, verpflegte sie wie ihre eigenen und kehrte sich an das Gerede der Leute nicht. Doch ging sie mit den beiden Kindern zu einer alten hundertjährigen Frau, die erfahrungsreich war und deshalb viel um Rat gefragt wurde, und fragte, ob sie ihr nicht sagen könne, welches Kind das der Unterirdischen sei. Das konnte sie nicht, aber sie gab der besorgten Mutter doch eine Auskunft, auf welche Weise ihrer Mutter Großmutter bei ähnlichem Zufall Hilfe geworden war. Die Frau mit den beiden Kindern ging heim und begann nach Anweisung der Hundertjährigen die Stube auszufegen, indem sie den Besen umkehrte und mit dem Stiel des Besens auf der Diele fegte. Das eine Kind in der Wiege wurde unruhig und rief: »Ich bin so alt wie die weite Welt, habe aber noch nie gesehen, daß jemand so gefegt!« Die Frau nahm es schnell aus der Wiege und setzte es zur Tür hinaus. (176)

*

Einmal ward einer Frau auf Amrum von den Onnerbänkissen ihr jüngster Knabe gestohlen. Das Kind, das sie an die Stelle des gestohlenen hingelegt hatten, sah aber diesem so ähnlich, daß die Mutter anfangs den Betrug nicht merkte. Später kam der gestohlene Knabe wieder; da wußten die Eltern nicht, welches ihr eignes rechtes Kind sei, bis ein Zufall sie belehrte. Es war in der Ernte; da ging die Frau einmal auf die Tenne, nahm die Wurfschaufel und warf damit das gedroschene Korn. Die beiden Knaben saßen dabei. Da fing der eine plötzlich an zu lachen. »Worüber lachst du?« fragte die Frau. »Ach«, sagte das Kind, »da kam eben mein Vater herein und holte sich eine halbe Tonne Roggen, und als er wieder hinausging, fiel er und brach ein Bein.« Da sprach das Weib: »Du bist es; nun geh, wo du hergekommen bist!« Damit nahm sie den Knaben und warf ihn durchs Fenster der Tenne hinaus, und sie sah nachher weder ihn noch seinen Vater wieder. – Man muß übrigens die Tenne nicht gegen die Sonne, sondern mit der Sonne fegen, sonst stehlen die Unterirdischen das Korn; und damit hatte die Frau es wohl versehen. (177)

*

Früher glaubten die Wangerooger an die kleinen Elfen oder ›Mürewüfer‹, die in der Tiefe wohnen sollten. Man machte die kleinen Kinder mit ihnen und den Seejungfern bang und warnte die junge Brut, an den Strand und in die Dünen zu gehen, sonst kämen die Seejungfern und zögen sie zu sich in das Wasser. Man glaubte auch, daß die Elfen die kleinen Kinder in der Wiege vertauschten, solange sie noch nicht getauft und noch kleine Heiden waren, und daß sie ein schwarzes Kind statt eines weißen in die Wiege legten. Deshalb wurden die kleinen Kinder sorgsam bewacht und gut zugedeckt. Einmal hatte eine Mutter ihr fünftes Kind bekommen, ein kleines Mädchen. Das Kind wurde nicht gleich getauft, weil es der Mutter schlecht ging. Eines Nachts lag diese wieder in Phantasien, da kam eine Elfe und vertauschte das Kind. Als die Bademutter am nächsten Morgen kam, um das Kind zu wickeln, sah sie sofort, daß die Elfe statt des kleinen weißen Kindes ein schwarzes in die Wiege gelegt hatte. Je größer die kleine Etta wurde – diesen Namen hatte sie erhalten –, desto dunkler wurde sie, und bald nannte man sie nicht anders als Swart Ett. Einmal ging Swart Ett an den Strand, da kam ein kleines Mürewüüf mit einer großen Nase und roten feurigen Augen aus dem Grund herauf und fragte: »Hast du nicht ein wenig Feuer?« Nun stand allen fest, woher Etta stammte, und jetzt sagte man es offen: »Swart Et', n' Mürewüüf is diin Maam« (Schwarze Etta, deine Mutter ist eine Elfe)! (178)

Der Abendmahlskelch in Viöl

An der alten Landstraße, die von Bohmstedt nach Viöl führt, auf Ahrenshöfter Feldmark liegt eine Gruppe von Hünengräbern, die Sieben Berge genannt. In alter Zeit ritt einmal ein Bauer aus Norstedt an den Sieben Bergen vorbei. Er war durstig geworden, und rief, als er hörte, wie die Unterirdischen gerade mit Buttern beschäftigt waren, in den nächsten Berg hinein, man möchte ihm doch etwas Buttermilch zu trinken geben. Darauf erschien ein Weiblein, welches ihm eine wie Buttermilch erscheinende Flüssigkeit in einem blanken Becher darbot. Im Bauern stiegen Mißtrauen gegen die tückischen Unterirdischen und Begehren nach dem schönen Becher zugleich auf. Statt zu trinken, schüttete er über die Schulter hinweg die Flüssigkeit aus und gab dem Pferde die Sporen. Das Weiblein rief in den Berg hinein: »Zweibein heraus!« Zweibein konnte den Becherräuber nicht einholen, ebenso wenig als der nachher gerufene Dreibein. Der zuletzt angerufene Einbein, der mit seinem Bein gewaltige Sprünge machte, war dem Bauern schon nahe gekommen, als dieser bei seinem Hause angelangt, noch schnell die Tur hinter sich schloß. Die vermeintliche Buttermilch hatte, wo sie hingekommen war, das Haar des Pferdes versengt. – Der Becher soll [so 1932] der Viöler Gemeinde noch als Abendmahlskelch dienen. (179)

Die Puken auf Föhr

Während die Odderbaanki mehr draußen in den alten einsamen Hügeln der Heide sich aufhielten und nur selten die belebten Ortschaften oder gar Häuser der Menschen aufsuchten, hatten sich gerade hier die Puken oder Pücken niedergelassen. Die Puken waren nur klein von Körper, aber breit und untersetzt und von ungemeiner Körperkraft. Ihre Augen waren groß und blickten scharf umher, woher das friesische Sprichwort: »He glüret as en Pük« kommt. In ihrer Kleidung waren die Puken etwas von den Odderbaanki verschieden, da sie eine rote Zipfelmütze, rote Hosen und ein graues Wams trugen. Mit ihren großen weichen Pantoffeln konnte man sie oft über den Boden schlürfen hören. Sie hielten sich stets im Hause auf und versteckten sich im Keller, auf dem Boden, kurz überall, wo es anging. Wer es verstand, die Puken zu nehmen, dem taten sie viel Gutes, fütterten das Vieh, daß es trefflich gedieh, machten allerlei heimliche Arbeiten zum Segen des Hauses, so daß die Bewohner in kurzer Zeit reich wurden. Wenn es ihnen in einem Hause aber nicht gut ging, so zogen sie entweder aus, oder sie suchten sich an Menschen und Vieh zu rächen, stahlen, naschten und machten Unordnung überall, so daß selbst eine geordnete Wirtschaft vom Treiben der Zwerge zum Rückwärtsschreiten gebracht wurde.

Die Puken konnte man sich zu Freunden machen, wenn man ihnen weiche wollene Fußbekleidung auf den Boden setzte, ihnen daselbst zwischen Dach und Stroh einen kleinen Raum ließ, wo sie hindurchschlüpfen konnten und indem man ihnen jeden Abend einen Teller mit Brei hinstellte, worin man ein tüchtiges Stückchen Butter getan hatte. Auf Butter waren die Puken sehr erpicht, und wenn man ihnen diese nicht gab, so wußten sie heimlich doch dazu zu kommen, und wo sie es in einem Hause nicht gut hatten, da verschwand die Butter selbst vor den Augen der Leute, wovon vielleicht die Redensart: »Er kann die Butter aus der Grütze hexen« gekommen ist. Sie hatten es besonders gerne, wenn man ihnen ein dickes wollenes Wams strickte.

In dem Hause, worin jetzt [1911] der Landmann R.J. Lorenzen wohnt, sollen früher viele Puken gewesen sein, die mit den Bewohnern in einem friedlichen Verhältnis lebten, das für beide Seiten gleich vorteilhaft war. Die Puken hielten sich gerne in einem kleinen Zimmer auf, dessen Türgriff kunstvoll wie ein Pukkopf ausgeschnitzt war; hierhin brachten die Leute ihnen jeden Abend eine Schüssel voll Brei, worin ein großes Stück Butter getan war, und am nächsten Morgen war die Schüssel stets leer. Für solche Liebestat waren die Puken den Leuten wiederum sehr dankbar; denn sie halfen heimlich, wo sie nur konnten, und was im Hause gemacht wurde, das nahm ein gutes Ende. – (Es dürfen noch wohl recht viele Häuser mehr auf Föhr gewesen sein, wo man ähnlich tat. Statt einer Schüssel hat man wohl ursprünglich die schüsselförmigen Sphärosiderite genommen, die auf Föhr unter dem Namen Hexenschüsseln, auf Amrum als Traaldasker und auf Sylt als Önnererskpottjüg bekannt sind, die man überall auf Äckern, namentlich aber am Strande häufig finden kann. Diese Sitte scheint, wenn auch vielleicht in etwas anderer Weise, so doch ganz ähnlich, uralt zu sein; denn in den Schichten des Kjökkenmöddings bei Groß-Dunsum, der aus der Zeit der Völkerwanderung stammt, habe ich mehrfach zwischen den Nahrungsüberresten Hexenschüsseln gefunden.)

Auch in einem Hause zu Dunsum haben sich Puken aufgehalten und friedlich mit den Leuten zusammengelebt. Für das ihnen gewährte Obdach und die Pflege machten sie sich nützlich, indem sie unsichtbar Kaffee mahlten oder die Kinder wiegten. Sie wollten mehr haben als Wohnung und Pflege, und als einst ein Puk, unsichtbar wie immer, die Wiege in Bewegung setzte, da hörte man deutlich, wie er fortwährend sagte:

»Wenn du nich willst mi prekkeln de Wams,
So will ick ok nich grin und stam!«
(Wenn du mir nicht willst stricken den Wams,
So will ich auch nicht mehr mahlen und wiegen!) (180)

Der Puk im Giebelloch

Als ich einmal eine Reise durch die Wiedingharde machte, erzählte man mir folgendes vom Puk: Auf einem großen Bauernhof hielt sich ein Puk auf, half den Leuten bei der Arbeit, verhütete Schaden und Unfall und hatte dafür sein gutes Essen und Trinken, das man ihm auf den Boden hinaufbrachte, und manches Vergnügen Tag und Nacht. Man hörte ihn rischrascheln im Stroh, man hörte ihn flöten und singen, kriegte ihn aber nicht zu sehen. Nur einmal ist er gesehen worden. Eines Tages nämlich, als die Leute ›mit Allemann‹ auf dem Felde arbeiteten und der Puk Einhüter im

Hause war, wurden die heimkehrenden Knechte ihn gewahr. Puk saß im Giebelloch, machte allerlei wunderliche Grimassen, wiegte sich bald auf dem einen, bald auf dem anderen Bein, sang und flötete und neckte die Hofhunde. Sein Liedlein war ein Loblied auf seine Gestalt, seine Tugenden und seine Beine:

»Kopf groß, Weisheit viel.
Aug' so rund, Ist nicht blind.
Zahn so spitz, Der beißt gewiß.
Züngelzung', Näscherzung'.
Geschickte Hand, [wirft] Saat ins Land.
Beinchen kurz, Doch nicht [zu] kurz.
Bell, fluch und schlag, Puk ist zu geschwind.
Puk, Puk, Puk, Er ist klug.«

Während Puk so sang und an nichts Arges dachte, schlich sich einer der Knechte ganz leise auf den Boden hinauf, und war boshaft genug, das kleine Ding zur Giebelluke hinauszustoßen und seinen Mitknechten zuzurufen: »Da habt ihr ihn, schlagt ihn tot!« Diese kamen geschwind mit Dreschflegeln und Stöcken herbei; aber was sahen sie? Wo der Puk heruntergefallen war, lagen nur einige Topfscherben. Der Puk selbst war unverletzt in sein Schlupfloch hineingeschlüpft, und mag die dummen Menschenkinder ausgelacht haben.

Puk soll übrigens im Sinn gehabt haben, Böses mit Bösem zu vergelten. Es macht ihm aber Ehre, daß er sich später eines Bessern besonnen hat. Einmal bemerkt er nämlich in der Nacht, daß derselbe Knecht auf dem Hofplatz eingeschlafen ist, vermutlich in Folge eines Rausches. Puk schleicht sich an den Schläfer heran, sieht und hört, wie fest er schläft, geht darauf nach dem Brunnen, hebt den schweren Deckel mühsam ab und schleppt ihn fort. Dann schleppt er den schlafenden Knecht an den Brunnen, wo er ihn so niederlegt, daß die langen Beine in den Brunnen hinabhangen. So läßt er den Schläfer liegen und trippelt weiter. Erst am hellen Morgen erwacht der Knecht. Er erschrickt, und gleich ist's ihm klar: Das hat Puk getan. Er sagt sich aber auch: »Puk ist besser als du, und du sollst ihn künftig in Frieden lassen.« Das hat er denn auch getan. (181)

Der Puk in der Hattstedter Marsch

In der Hattstedter Marsch ließ Harro Harrsen ein neues Haus erbauen. Er war nur ein armer Mann, aber er war mit Niß Puk gut bekannt, und wußte ganz genau, wie der Puk es gerne haben möchte. Er ließ deshalb einen Ständer im Stall hohl machen. Das war etwas für Niß, der jeden Tag dort Brei mit Butter und was er sonst gern hatte, erhielt. Dafür tat der Zwerg alle Arbeit und schleppte zusammen, was er konnte, so daß Harro in einigen Jahren ein reicher Mann wurde. Niß war aber auch gut Freund mit dem Knecht, namens Hans. Hans hatte eine Braut, welche nicht weit davon diente, und wenn Hans bisweilen spät nach Hause kam, so hatte Niß für ihn immer die Stalltür auf der Klinke (das heißt lose stehen) gelassen. Als Hans verheiratet wurde, und Thede an seine Stelle kam, da war es mit Niß Puks und des neuen Knechts Freundschaft zu Ende, denn er mochte den Thede nicht leiden. Harro Harrsen starb bald, Niß Puk zog deshalb zu Hans, welcher Wirt geworden war. Er freute sich nicht wenig, als Niß Puk bei ihm einzog. Der Puk hatte es gut und Hans bekam es so gut, daß er bald reich wurde. Thede dagegen, der andere Knecht, blieb ein armer Porren- oder Garnelenfänger. (182)

Wir ziehen um

Man kennt Fälle, daß sich ganze Scharen und Familien von Puken in den Häusern eingefunden und es da arg getrieben haben. In Husum waren einmal zu gleicher Zeit zwei Familien, eine bei einem Bäcker, die andere bei einem Brauer eingezogen und rumorten. Nachts warfen sie alles herum, polterten auf dem Boden, liefen Trepp auf, Trepp ab, bald waren sie im Keller, bald in den Zimmern; dem Bäcker stahlen sie das Mehl, dem Brauer das Bier. Sie waren so klein, daß, wenn man sie verfolgte, sie wie Spinnen und Würmer in die kleinsten Ritzen sich verkrochen und von da unaufhörlich schrien. Die Leute konnten's am Ende nicht länger aushalten und beschlossen auszuziehen. Sie ließen alles Geräte hinaustragen, und als schon alles Übrige fort war, gingen die Dienstmägde aus beiden Häusern mit den Besen auf den Schultern zuletzt aus der Tür. Sie begegneten einander. »Wo willst du hin?« fragte Anne die Susanne. Da riefen, ehe die andere antworten konnte, viele feine Stimmen oben aus dem Besen: »Wir ziehen um!« Die Mägde erschraken, doch faßten sie sich. Ein Teich war in der Nähe. Rasch tauchten beide ihre Besen tief hinein und ließen sie im Wasser stecken. Dann begaben sie sich in die neuen Wohnungen und hatten nun Ruhe vor den Unholden. Aber da im Teiche bemerkte man bald, daß alle Fische erkrankten und nach und nach starben, und Frauen, die spät abends aus dem Teiche schöpften, versicherten hoch und heilig, daß sie mehrmals feine Stimmen aus dem Wasser deutlich vernommen hätten, die gerufen: »Wir sind ausgezogen! Wir sind ausgewandert!« (183)

Der Klabautermann

Da sich die Friesen überall Zwerge vorkommend dachten, so ist es kein Wunder, wenn nach ihrer Meinung auch auf ihren Schiffen diese Wesen sich aufhielten. Solche Zwerge nannte man Klabautermännchen. Die Schiffsbesatzung hatte allen Grund, sich mit den Klabautermännchen oder Klaboltermännchen auf guten Fuß zu stellen; denn von diesen hing in sehr vielen Fällen das Glück der Fahrt ab. Waren die Klabautermännchen gut gelaunt, dann schafften und halfen sie überall, jede Arbeit wurde von ihnen teilweise oder ganz gemacht; wenn die Matrosen schliefen, dann verrichteten sie ihr Werk; anders aber war es, wenn ein Klabautermännchen ärgerlich war, dann polterte es überall im Schiff, es ächzte und zitterte in allen Fugen, die Kisten und Tonnen der verstauten Ladung wurden mit Gepolter durcheinander geworfen, und niemand durfte wagen, in den Schiffsraum hernieder zu steigen, da er Gefahr lief, von einer geworfenen Kiste getroffen zu werden. Die liebste Beschäftigung der Klabautermännchen war das Hämmern und Klütern im Schiffsraum, weshalb man immer einige kurze Holzenden hier liegen hatte. (184)

*

Diese Dinger haben ihr eignes Köpfchen, tun gut oder tun bös, wie ihnen eben der Kopf steht. [...] Gewöhnlich sieht man sie gar nicht, sondern hört sie bloß. Aber ich weiß doch von einem Schiffszimmermann zu erzählen, der einmal ein Klabautermännchen gesehen hat. Der hat, statt das Ding zufrieden zu lassen, ein Stück Brennholz nach ihm geworfen und ihm das Bein damit zerschmettert. Da hat das kleine dicke Männlein sich gerächt. Es hat dem Zimmermann unsichtbar eine Falle gestellt, und dieser ist tags darauf ›up eben Slich‹ gefallen und hat ein Bein gebrochen. In demselben Augenblick ist ein Gelächter aus dem Schiffsraum herauf erschollen, daß den Leuten die Haare zu Berge gefahren sind. Und der Zimmermann hat sein Lebtag gehinkt. (185)

*

Einst war ein Steuermann aus Ostfriesland an Bord eines englischen Schiffes, welches im Hafen von Stockholm vor Anker lag. Abends ging er auf das Verdeck, um ein wenig frische Luft zu genießen; da sah er am Ende des Schiffes ein kleines rotes Männchen und ein gleiches auf dem nächstliegenden Schiffe. Er merkte wohl, daß es Klabautermännchen seien, und betrachtete sie neugierig, als die beiden mit einem Male ein Gespräch begannen. »Gehst Du mit mir in See?« fragte der auf dem anderen Schiffe. »Nein«, antwortete der auf des Steuermanns Schiffe, »ich bleibe im Kanal; dort geht dies Schiff unter.« – »Halt«, dachte der Steuermann, »wenn's so steht, gehst du wenigstens nicht mit!« Am anderen Morgen erzählte er dem Kapitän sein Erlebnis, dieser aber und die ganze Mannschaft lachten ihn aus. Der Steuermann ließ sich jedoch nicht irre machen, nahm seinen Abschied von dem Schiffe und ging auf ein anderes. Als er seine Reise beendigt hatte und an seinem Bestimmungsorte ankam, erhielt er auch schon die Nachricht, daß sein früheres Schiff mit Mann und Maus im Kanal untergegangen sei. (186)

*

Ein Segelschiff machte einst eine lange Reise und befand sich mitten auf dem Weltmeer, die Mannschaft hatte ihre gewohnte Beschäftigung, der Kapitän war in seiner Kajüte. Mit ungewohnter Eile kam er plötzlich an Deck und rief dem Schiffsjungen zu, eine Flasche vom besten Wein nebst zwei Gläsern zu bringen. Der Junge wunderte sich, daß der Kapitän zwei Gläser verlangte und machte eine Entgegnung, indem er anführte, daß der Kapitän doch nur allein sei; der Kapitän aber sagte: »Tue, wie dir gesagt!« Als der Junge das Verlangte in die Kajüte brachte, saßen hier zwei Personen, der Kapitän und ein kleines Männchen, das Klabautermännchen, welche eine Pfeife rauchten, sich erzählten und jetzt Wein tranken. Der Kapitän bestellte noch einen guten Imbiß und der Schiffsjunge eilte, denselben zu besorgen, konnte es aber nicht unterlassen, sich erst durch das Schlüsselloch den Zwerg genau anzusehen. Als er sich von dem Koch das Gewünschte hatte geben lassen, eilte er damit in die Kajüte, konnte es aber nicht lassen, heimlich etwas für sich zu entwenden, das er sicher verbarg, um es am Abend im Schutze der Dunkelheit zu verzehren.

Als es nun Abend geworden war, stand der Schiffsjunge etwas abseits auf Deck und war gerade bereit, seine gestohlenen Bissen zu verzehren, als er auf einmal von unsichtbarer Hand eine solche Ohrfeige erhielt, daß sein Bissen ihm aus der Hand flog und auf Deck fiel, eine Bewegung, die auch der Junge nachmachte. Auf das Geschrei des Jungen eilten alle herbei, und als einer mit einem Licht kam und den Bissen auf Deck fand, mußte der Junge beichten, und jeder wußte jetzt, von wem die Ohrfeige stammte, und alle fürchteten, daß der Klabautermann seinen Unmut an dem Schiffe auslassen würde. Das geschah aber nicht, man hörte ihn in der Nacht schon überall wirtschaften, die Freundlichkeit des Kapitäns hatte ihn ganz gewonnen. Das Schiff hatte eine treffliche Reise und hielt der Unbill des Wetters herrlich stand. (187)

*

Einige der Klabautermännchen hielten sich gelegentlich auch in Häusern auf, da es ihnen wohl nicht immer möglich war, ein ihnen zusagendes Schiff zu finden. Auf Föhr nannte man sie dann Klaboltermännchen, auch wohl Knaboltermännchen oder Bollermann. In den Häusern trieben sie ähnlich ihr Wesen, wie auf Schiffen, polterten, lärmten nach ihrer Lust und versetzten dadurch namentlich kleine Kinder in Aufregung und Furcht, weshalb man noch oftmals die kleinen Kinder mit dem Klaboltermann erschreckt und zur Ruhe bringen will. (188)

Die Wieschler

Die Wieschler oder Twieschler waren den Puken ähnlich, sie wohnten in Häusern und stahlen und naschten gerne am Schmalztopf. Eine Frau in Dunsum [Föhr] hatte einst einen großen Topf mit Schmalz gefüllt, als sie aber davon nehmen wollte, war nur eine ganz dünne Schmalzschicht übrig, die Wieschler hatten den Topf von unten ausgehöhlt und den Schmalz gegessen.

Sie sollen ganz besonders in einem Hause in Dunsum ihr Wesen getrieben haben, wo sie sich auf eine unangenehme Weise bemerkbar machten, so daß die Bewohner aufs höchste erbittert über sie waren. Man mochte machen, was man wollte, etwas hinpacken, wohin man wollte, die naschhaften Wieschler wußten es stets zu finden; sie durchsuchten die Speisevorräte in Küche und Keller, durchwühlten die Kleiderschränke und Schiebladen der Kommoden nach diesem und jenem, so daß nichts vor ihnen sicher war. In der Speisekammer naschten sie von Schmalz und Speck, im Keller naschten sie die Sahne von der Milch ab, und wenn Bier im Hause war, so wußten sie sich auch davon zu verschaffen. Des Nachts kamen sie in die Stuben hinein, und da Geräusch und Bewegung ihnen zuwider war, so griffen sie in die Räder der Wanduhr und brachten diese zum Stehen, so daß die Leute nimmer wußten, wie die Zeit war und des Morgens immer zu lange schliefen. (189)

Mondbälken, Leuchtermännchen und Roggsladders

Früher gab es auf Föhr auch Muunbälkchen, das waren kleine Männlein, die besonders des Abends bei Mondschein oder in Finsternis umherschlichen und kleine Kinder zu greifen suchten, die sie dann mitnahmen. Man sagt deshalb auf Föhr noch immer zu Kindern, die zu spät draußen laufen, die Muunbälkchen könnten kommen, sie zu holen.

Auch die Leuchtermännchen waren Zwerge, ähnlich wie die Odderbaanki; sie trieben ihr Wesen hauptsächlich des Nachts in einsamen Tälern und Niederungen, die mit Wasser bedeckt waren, so namentlich bei den Dörfern Hedehusum und Witsum. Hier konnte man des Nachts manchmal die Leuchtermännchen mit den winzig kleinen Laternen sehen, wie sie über das Feld und durch das Gras huschten. Sie taten niemand etwas zu leide, doch ging man ihnen gerne aus dem Wege.

Eine eigenartige Sippe der Unterirdischen waren die Roggsladders, die sich im Sommer hauptsächlich im langen Getreide aufhielten, dort umherliefen, Gänge machten, die Halme niedertraten, oft sich im Korn wälzten und so manchen Schaden anrichteten. Ihre Kleidung war armselig und hing in Fetzen zerrissen am Leibe, weshalb man früher von einem Menschen sagte, der zur Erntezeit unordentlich und mit zerrissenem Zeug einherging: »Hi löpt ok to, üs en Roggsladder!« (Er läuft herum wie ein Roggsladder.) Die Roggsladder standen im Verdacht, kleine Kinder zu stehlen; weshalb man noch jetzt [1911] die Kinder, wenn sie beim Pflücken der Kornblumen das Korn niedertreten, mit den Roggsladders zu erschrecken sucht. (190)

Bargmanntjes

Die Bargmanntjes oder Eerdmanntjes wohnen unter der Erde und können sich unsichtbar machen. So kam auch mal einer zu einem Kramer, der auf dem Markt mit Stuten und ähnlichem Gebäck saß, und stahl ihm einen der Stuten. Der hatte aber die Gabe, daß er die

Bargmanntjes sehen konnte, und rief ihm nach, das solle er nicht wiedertun, sonst würde es ihm schlecht ergehen. Nichts destoweniger war das Bargmanntje am anderen Tag wieder da und wollte abermals einen Stuten nehmen, aber da blies ihm der Kramer ein Auge aus und das Bargmanntje lief eilends davon. – Unter dem Kirchhof in Hage, sowie im Bergholzer Berge sollen in alter Zeit viele Bargmanntjes gewohnt haben. (191)

Die Moormanntjes

Im Moor, wo die Eerdmanntjes nicht Fuß fassen konnten, wohnten die Moormanntjes. Als nun die Fehne angelegt wurden, flohen die Moormanntjes immer weiter in die Wildnis zurück. Es kam aber vor, daß hier und da Torfstiche stehen blieben, die rings von Ackerland umschlossen waren. Auf solch einer Moorinsel war einst ein Moormanntje zurückgeblieben. Es hatte geschlafen, als die letzte Torfbrücke zum Hauptmoor abgegraben wurde. Nun konnte es nicht zu seinen Brüdern kommen, denn die Moormanntjes konnten nur gehen, wenn sie Moor berührten. Die Torfbauern wußten, daß es bloß eine Möglichkeit gab, ihm zu helfen: in der Silvesternacht mußte man einen Korb voll Torfsoden auf die Moorinsel stellen, dreimal rufen: »Manntje, kumm!« und dann den Korb ins Moor hinübertragen. Man durfte aber kein Wort dabei sprechen. Einer von ihnen versuchte es. Er stolperte aber über eine Baumwurzel, da stieß er einen Fluch aus, und er fiel in den großen Togsloot [Entwässerungsgraben] und ertrank. Später wagte es noch einer, das Moormanntje zu erlösen. Er erzählte es niemandem, aber es mußte ihm wohl gelungen sein, denn er hatte Glück in allem, was er tat. Seine Ernten waren immer gut, und sein Vieh gedieh, sein Torf fand Absatz, und sein Schiff hatte lohnende Fracht, während die anderen sich oft mit schlecht bezahlter Ladung begnügen mußten. (192)

Vatter Fink

Drei Zimmerleute hatten den babylonischen Turm zu bauen angenommen, aber sie konnten mit der Arbeit nicht weiter kommen, denn was sie den Tag über gebaut hatten, wurde des Nachts wieder eingerissen, und wer dies tat, konnten sie nicht herausbringen. Die Zimmerleute waren ganz trostlos darüber und hätten die Arbeit gern aufgegeben, aber sie hatten sie einmal angenommen und mußten in bestimmter Zeit damit fertig sein. Da ging der eine von den dreien, welcher eigentlich der Meister war, eines Abends ganz betrübt hinaus, weil der Turm in drei Tagen fertig sein mußte, und sann und sann und war ganz ratlos und wollte sich aus Verzweiflung in den Fluß stürzen. Da trat ein kleines Männchen auf ihn zu, das hieß Vatter Fink, und sagte, er solle nur gutes Mutes sein; wenn der Zimmermann ihm das geben wolle, was seine Frau unter der Schürze trage, so wolle es den Turm bis zum dritten Morgen fertig machen.

Der Zimmermann versprach es, ohne weiter darüber nachzudenken, so sehr lag ihm der Turm im Sinne. Es war aber seine Frau schwanger, und als er dessen gedachte, war seine Sorge größer als zuvor, so daß er wünschte, das Männchen möge den Turm nicht fertig bringen. Aber an dem Turme wurde fleißig gebaut, er stieg höher und höher, und als in der dritten Nacht der Zimmermann, der vor Herzensangst über sein Versprechen nicht einschlafen konnte, noch vor Tage aufstand und aus dem Fenster guckte, da fehlte nur noch die Spitze, und die Arbeiter waren gerade dabei, sie aufzusetzen. Da lief er in seiner Angst zu einer alten Frau, seiner Nachbarin, die auch mehr wußte als recht zu (geradeaus). Die sagte, sie wolle wohl Rat schaffen, ging mit ihm zu seinem Hause und klatschte laut in die Hände, daß der Hahn aufwachte und anfing zu krähen. Als das die Bauleute am Turm hörten, waren sie auf einmal verschwunden und die Spitze war noch nicht aufgesetzt. Und es war auch nachher unmöglich, die Spitze hinaufzuschaffen, so sehr man sich auch mühte; darum legte man zuletzt einen platten Deckel hinauf und ließ die Spitze ganz weg. [Vgl. auch Nr. 80.] (193)

*

Ein Bauer hatte bei einer öffentlichen Verdingung eine Kirche zu bauen und sämtliches Material zuzuliefern übernommen. Er verstand aber nichts davon und hatte auch viel zu billig angenommen, und weil er den Zimmerleuten in den Schnitt gekommen, wollte ihm aber auch keiner helfen. So war denn ein Tag nach den anderen verstrichen, und der Bau war noch gar nicht begonnen, das Material war noch nicht am Platze, und die Kirche mußte schon den anderen Tag fertig sein.

Da ging der Bauer mißmutig auf das Feld hinaus und dachte: »Diesmal geht dir's an den Hals, und die verfluchte Kirche macht dich zum armen Manne.« Wie er so dahinging, trat zu ihm ein altes Männchen, bot ihm guten Abend und fragte: »Warum so traurig, Landsmann?«

Er erzählte nun, warum er so traurig und verstimmt sei, aber das Männchen lachte und sagte: »Wenns weiter nichts ist, so ist leicht zu helfen; ich will wohl den Bau für dich fertig liefern; nur mußt du mir versprechen, daß du am dritten Tage nach Beendung des Baus mir gehören willst, wenn du bis dahin nicht herausbringst, wie ich heiße.«

Der Bauer schlug freudig ein, denn der Kirchenbau lag ihm am nächsten, und – dachte er – kommt Zeit, kommt Rat. Die Kirche war richtig auf Tag und Stunde fertig und wurde für gut abgenommen. Dem Bauer war nun eine große Last vom Herzen; aber jetzt fing sein Versprechen an, ihn zu bekümmern und zu quälen. Die Zeit war gekommen, aber Rat wußte er nicht. Jeden Abend erschien das Männchen und fragte, ob er den Namen wisse, aber so viele tausend Namen er auch schon genannt hatte, aus dem Kalender, aus dem Leben der Heiligen, oder wo er sie sonst hernahm, immer noch hatte das Männchen den Kopf geschüttelt. So kam der letzte Abend heran, und der Bauer wankte, von Angst getrieben, draußen umher. Da kam er an einer einsamen Hütte vorbei, davor saß ein kleiner Knabe und sagte in einem fort: »Heute Abend kommt Vatter Fink' zu Haus' und bringt auch noch einen mit.« Da ging dem Bauer ein Licht auf, und wohlgemut begab er sich nach Hause. Dort wartete das Männchen bereits und fragte: »Nun, weißt du's jetzt?« Der Bauer aber riet noch ein Langes und Breites herum und freute sich der Ungeduld des Männchens; endlich sagte er: »Wenn du nicht Teufel oder Beelzebub heißt, so heißt du wohl Vatter Fink!«, und auf einmal war das Männchen verschwunden. (194)

Riesen und starke Männer

Der Plytenberg

Bei Leer liegt ein hoher Erdhügel, der heißt der Plytenberg, auf dem soll in alten Zeiten ein Götzenbild gestanden haben, zu welchem man von Marienhafe und noch weiterher herbeigezogen ist. – Ein Riese kam einmal vorzeiten von Westfriesland an die Ems, konnte aber keinen Steg finden. Kurzerhand sprang er mit einem Satz uber den Fluß, aber ein Schuh blieb ihm im Moraste stecken. Mit vieler Mühe zog er ihn heraus und schüttete ihn aus, davon ist der Plytenberg entstanden. Andere erzählen, es seien einmal zwei Hünenweiber von Juist und Baltrum gekommen und hätten von dort weißen Dünensand in ihren Schürzen mitgebracht. Sie gingen die Ems aufwärts von Emden nach Leer. Da ihre Schürzen kleine Löcher hatten, verstreuten sie einen ganzen Strich Sand, daraus sind die Emsdeiche entstanden. Als die Riesinnen an die Mündung der Leda in die Ems kamen, wollten sie über den Strom hinwegsetzen, aber dabei riß dem einen Weibe das Schürzenband, und der ganze Sand verschüttete; das ist der Plytenberg. (195)

Negenbargen und der Rabbelsberg

In der Nähe des Kirchdorfes Dunum im Amte Esens wohnte einst ein Riese, der sich hauptsächlich mit der Verbesserung seines großen Landbesitzes beschäftigte. Seine Wohnung lag auf einer Anhöhe; die weitere Umgebung aber war so niedrig, daß oft das Wasser seine Felder verwüstete. Um diesem hinfort vorzubeugen, holte er in seiner Schürze von der weiter südlich gelegenen hohen Haide Sand und erhöhte damit seine Äcker. Auf diese Weise entstand das hohe Gastland bei Dunum. Der Riese aber wollte sich damit noch nicht begnügen: Alle seine Ländereien sollten erhöht werden, deshalb setzte er sein Tagewerk unermüdlich fort bis an den späten Abend. Eines Tages nun ging er auch wieder im Halbdunkel hin, füllte die Schürze mit Erde und eilte damit im vollen Galopp dem Moore zu. Von dem Geschüttel aber reißt seine Schürze an neun Stellen entzwei und von der herausgleitenden Erde entstanden die eine halbe Stunde südostlich von Dunum liegenden ›neun Berge‹ [das heutige Negenbargen].

Zu einer anderen Zeit stand der Hüne auf dem Felde unweit des Klosters Schoo [Esens], und grub die ganze Nacht hindurch bis an den hellen Mittag, einen Schatz zu heben, der dort vergraben sein sollte – aber vergebens. Ein fürchterlicher Hunger quält ihn, da erscheint sein Weib, ihm eine Milchspeise zu bringen. »Was soll mir«, schrie der Recke in wildem Zorn, »diese elende Flüssigkeit? Gib solch' Geschlabber deinen Kindern!« Er ergreift den Topf und wirft ihn nach den Kopf seines Weibes, welches aber, dies vorhersehend, ausweicht, dem Wütenden höhnisch die Zähne zeigt und die Flucht ergreift. »Warte Bübin!« rief der Hüne, »verfehlte auch der Topf sein Ziel, ungestraft kömmst du nicht von hinnen.« Er nimmt seinen Spaten recht voll Erde, so voll, daß derselbe fast von der Last durchbiegt, und wirft mit voller Kraft diese seinem immer noch fliehenden Weibe nach. Diese, die Dunum fast erreicht hatte, wich abermals aus und kam unbeschädigt davon. Jener Haufen Erde bildete aber einen Hügel, der noch jetzt unweit Dunum zu sehen ist und der Rabbelsberg heißt. (196)

Die Laurentii-Kirche auf Föhr

Als die Laurentii-Kirche gebaut werden sollte, konnte man sich nicht darüber einigen, wo man sie bauen wollte; endlich wurde eine Einigung dahin erzielt, daß man den Bauplatz so legen wollte, daß von allen Dörfern der Kirchenweg ein gleich langer sein sollte und wählte dazu einen Platz zwischen Süderende und Klein-Dunsum. Hier fing man nun an, die Kirche zu bauen; allein, was man bei Tage gebaut hatte, das wurde in der Nacht von zwei Riesen wieder niedergerissen. Diese Riesen holten die mächtigen Feldsteine, aus welchen man die Kirche bauen wollte, und trugen sie

Riese (Kupferstich aus Athanasius Kirchners Beispiele zu den Riesensagen 1655)

mit Leichtigkeit auf ihren Armen hinauf auf die Heide südlich von Süderende und bauten hier nach ihrem Plan die Kirche auf. Als sie mit dem äußeren Bau fast fertig waren und gerade die letzten Platten auf das Dach legen wollten, was sie mit geradem Rücken auf den Knien liegend, einer zu jeder Seite der Kirche, taten, da gerieten sie miteinander in Streit.

Anfangs war die Sache recht harmlos, da sie sich über die Kirche weg bei den Haaren zausten; als sie aber aufsprangen und sich packten, da wäre beim Ringen beinahe der ganze Bau wieder niedergestoßen worden. Zum Glück aber dauerte der Kampf nicht lange, beide fielen zu Boden und hauchten gleichzeitig ihr Leben aus; zwei große Wälle östlich von der Kirche werden Riesenbetten genannt, denn hier sollen sie begraben sein. Die Kirche konnte man jetzt mit leichter Mühe fertig stellen, und als man die Entfernung von hier nach den einzelnen Ortschaften ausmaß, da fand man, daß die beiden Riesen den besten Platz gewählt hatten; denn von dem ersten Platz wäre der Weg nach Hedehusum und Utersum doch ein zu weiter gewesen. – Die beiden Riesenbetten sind um 1870 herum oberflächlich untersucht, aber keine Spur irgend einer Beisetzung ist gefunden worden. (197)

Die Riesen von Leck und Karlum

In alten Zeiten lebte in Leck ein Riese, desgleichen auch einer in Karlum. Beide gerieten mit einander in Streit und warfen nach einander mit Felsblöcken. Der Lecker Riese traf mit einem großen Steine den Kirchturm in Karlum so gut, daß derselbe zusammenstürzte. Seit der Zeit hat die Karlumer Kirche keinen Turm gehabt. Der Karlumer Riese ergriff nun in der Wut einen noch viel größeren Stein, um den Lecker Kirchturm zu zerschmettern. Der Stein gelangte aber nicht ans Ziel, sonders fiel nördlich von Leck zur Erde. Über diese Niederlage seines Todfeindes war der Lecker Riese so erfreut, daß er verlangte, man solle ihn dereinst unter diesem Steine begraben. Das ist auch geschehen, und der Ort heißt noch jetzt Kämpegracht. Der Stein, den alte Leute noch an dem genannten Ort gesehen haben, ist jetzt weggenommen [1893] und zu Heckpfählen verarbeitet worden. (198)

Der letzte Hüne

Zu Vrees, einem Dorfe auf dem Hümmling, nicht weit von Lindern, lebte [so 1867] vor reichlich 100 Jahren ein großer gewaltiger Mann, der hatte so viel Kraft wie zehn andere. Eine Schwester hatte er, die war beinahe ebenso stark. Dieser Mann hieß Wille Bäkmann und soll der letzte der Hünen gewesen sein. – Bäkmanns Wille war in seinen alten Tagen Schäfer. Das Alter hatte wohl seine Haare gebleicht und seinen Rücken krumm gemacht, aber er hatte noch Kraft für zehn andere. Es mochte ungefähr in der Zeit sein, als auf dem Gälenberg (Neuarenberg) noch keine Häuser waren, auch war auf dem Bärenberg (Neuscharrel) noch kein Haus, denn sie kamen erst, als der große Brand 1821 in Scharrel gewesen war und viele von den Abgebrannten Wohnplätze auf dem Bärenberge nahmen. Vor Zeiten war der Bärenberg und das ganze Schwarzemoor und auch, wo nun Gälenberg liegt, gemeine Weide. Der Bärenberg gehörte den Saterschen, und der Gälenberg gehörte den Hümmlingschen, aber so genau gings mit dem Weiden nicht zu, und die Hümmlingschen kamen oft auf das Satersche.

Nun war auch Bäkmanns Wille einst auf dem Bärenberg mit seiner Schafherde. Oft hatten die Scharreler schon darauf gelauert, die Hümmlingschen beim Bein zu kriegen, aber immer waren sie ihnen noch entkommen, denn die Schafe waren darauf abgerichtet, und wenn der Schäfer nur pfiff, dann rannten die Schafe schon, daß sie wegkamen. Aber diesmal meinten die Scharreler doch, sie wollten den alten Wille wohl kriegen. Zwei von Scharrel hatten den ganzen Tag schon auf ihn gelauert und waren schon vor Tag ausgegangen und hatten sich in einem Graben verkrochen. Als Wille nun weit genug auf dem Bärenberg herauf war, gingen die beiden auf ihn zu und wollten ihm die Schafe nehmen. Aber als er das merkte, sagte er: »Na, Jungens, will ji mi dei Schape nehmen, dat schal abers int Gode nich passeiren!«, und dann nahm er den dicken Stock, den er in Händen hatte, und schlug ihn stumpf ab, daß die Splitter herumflogen. Der Stock war wohl armsdick und noch dazu ein eichener. Als die beiden Scharreler das sahen, gingen sie schliepsterts (eigentlich mit schleifendem Schweife wie ein retirierender Hund) weg und ließen Bäkmanns Wille ruhig weiden. (199)

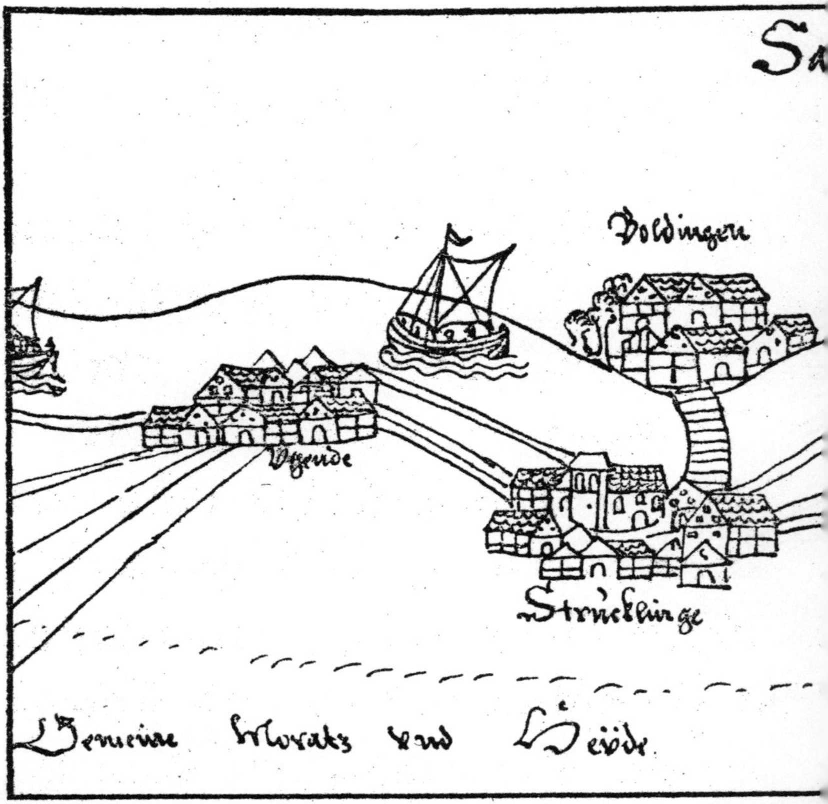

Karte des Saterlandes von 1588 (Oldenburger Landesarchiv; Ausschnitt nach einer K

Simsons Schleuderwurf

Wohl jedermann hat von dem starken Richter Simson gehört, der in gerechtem Zorn einst mit einem Eselskinnbacken die Philister dutzendweise in die andere Welt beförderte, aber nur wenigen möchte es bekannt sein, daß dieser jüdische Held auf einem seiner Spaziergänge auch Ostfriesland besucht hat, nicht, wie einige behaupten wollen, um sein verdienstliches Werk des Philistertötens fortzusetzen, sondern glaubwürdigen Nachrichten zufolge im In-

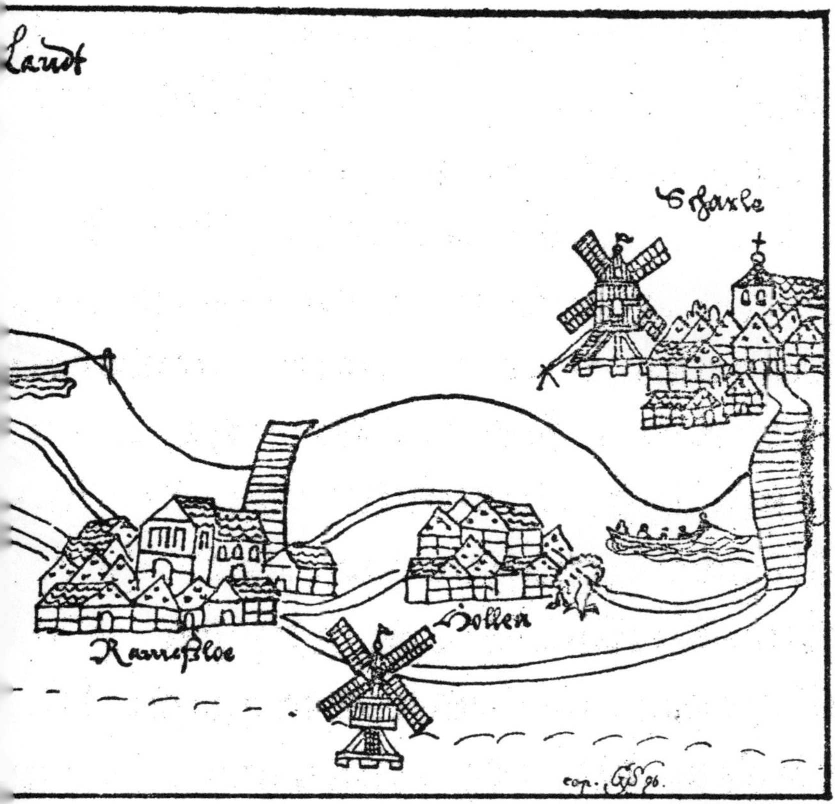

teresse seiner Gesundheit. Es war ungefähr um jene Zeit, als er den Witz mit den zusammengekoppelten Füchsen ausgeheckt und ausgeführt hatte, bei welcher Gelegenheit er sich eine tüchtige Erkältung zuzog, die er gar nicht wieder loswerden konnte. Sein Leibarzt, an der Hebung des Übels verzweifelnd, verordnete ihm natürlich Seebäder und unser leichtgläubiger Simson machte sich alsbald nach dem Nordseestrande auf den Weg, befolgte, wahrscheinlich auf Norderney, gewissenhaft die empfangenen Vorschriften und fühlte sich auch nach wenigen Wochen wieder so wohl und munter, daß er heimzukehren beschloß. Auf dieser Fußtour nun gewahrt er den Turm des etwas eine Stunde nordwestlich von Wittmund gelegenen Kirchdorfes Burhafe und nimmt, übermütig wie alle Genesenden, aus seiner Tasche ein Steinchen von zwölf Fuß Länge, vier bis fünf Fuß Breite und zwei Fuß Dicke, legt es in die Schleuder und zielt nach dem Turm. Doch trotz der gewaltigen Kraftanstrengung erreichte der Stein nicht sein Ziel, sondern fiel gerade bei dem Kirchhofstor nieder, wo derselbe zum ewigen Andenken an den Riesen noch heutiges Tages liegt. [Vgl. auch Nr. 77.] (200)

Stark Balz

Um die Zeit, als der Preußenkönig Friedrich Wilhelm I. [1713-1740] regierte, der seine Freude an dem Regiment der ›Langen Kerls‹ hatte, gingen Werber durch das ganze Land, um geeignete Leute dafür ausfindig zu machen. Nun wohnte in der Gegend von Holtrop ein Mann, der außergewöhnlich groß und stark war. Man nannte ihn ›stark Balz‹. Als die Werber von ihm hörten, beschlossen sie, ihn zu gewinnen. Sie wußten aber auch, daß Balz keine Lust hatte, Soldat zu werden, darum überlegten sie, wie sie ihn mit List übertölpeln könnten. Sie verkleideten sich als Wanderburschen und machten sich an stark Balz heran. Er wußte aber wohl, wen er vor sich hatte, doch ließ er sie eintreten und bewirtete sie freundlich. Während sie um das Feuer herum saßen und sich unterhielten, nahm Balz die eiserne Zange vom Messingknopf, stocherte damit in der Glut und dann begann er, daran herumzubiegen, bis er sie zu einer Spirale geformt hatte. Die Werber bestaunten seine Kraft. »Och«, sagte er, »dat is noch nix!« und dabei erfaßte er den Stuhl, auf dem der dickste der Männer saß, hob ihn mit einer Hand hoch und hielt ihn mit ausgestrecktem Arm in die Höhe. Da wurde es den Werbern unheimlich, sie verschwanden und ließen Balz in Ruhe. (201)

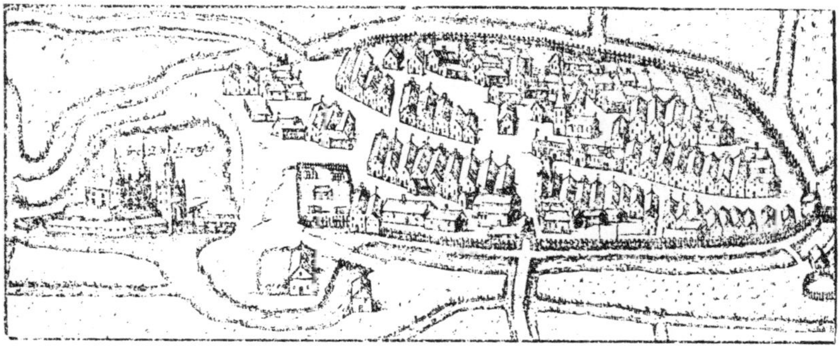

Tondern um 1580 (Kupferstich aus Braun-Hogenberg)

Der starke Andres

Der starke Andres [Jensen] aus Rodenäs in der Wiedingharde, der nördlichsten Landschaft aller Friesen, welcher Anno 1740 starb, war dreimal stärker als ein gewöhnlicher Mensch. Eine Tonne Bier zu handhaben, war ihm eine Kleinigkeit, ja er soll drei Tonnen Bier auf einmal haben heben können, indem er eine halbe unter jedem Arm hielt, eine ganze aber in jeder Hand im Spundloch. Ferner soll er Pferde mit seinen beiden Händen von der Stelle versetzt und einen Balken von zehn Ellen Länge über eine Viertelmeile getragen haben. Sein Korn trug er selbst tonnenweise zu und von der Mühle. Er war von mittelmäßiger Statur, breitschulterig und breithüftig, und hatte starke und sehr regelmäßig geformte Beine, auch war er ein starker Esser und konnte täglich acht bis zehn Kannen Bier aus. Im Wirtshause verhielt er sich gewöhnlich friedlich, doch wenn er dazu genötigt ward, nahm er es mit mehreren zugleich auf. Einst warf er zu Tondern drei dänische Offiziere, welche ihr Gespött mit ihm treiben wollten, zum Fenster hinaus. Er starb ohne Leibeserben. (202)

Von Räubern, Mördern und Dieben

Der schwarze Roelf

Vor einigen hundert Jahren trieb auf der Nordsee sein Unwesen der schwarze Roelf. Von dem ging die Sage, er sei nie geboren worden, und könne deshalb auch nie sterben. So hatte er sich auch vor keinem Kampf zu fürchten, und nahm tollkühn es mit allen auf, die ihm der Zufall in seinen Horizont führte. Allen Küsten, allen Inseln hatte er bereits seinen Besuch abgestattet, nur auf der Insel Borkum war er nicht gesehen worden.

Es war im Frühjahr, und die Borkumer Mannsleute hatten ihr Eiland verlassen, um auf holländischen Schiffen ihr Brot zu verdienen. Der schwarze Roelf wußte dies, und projektierte den heimgebliebenen Frauensleuten einen Besuch. Bald lag sein Schiff, die Rote Fahne, das Seeräuberzeichen, hoch im Topp führend, an den Dünen vor Anker. Die Flagge sehen, und sofort Alarm schlagen, war für eine junge Schifferfrau das Werk einer Viertelstunde. Die Frauen eilten zusammen, hielten schleunigst Kriegsrat und beschlossen, sich ihrer Haut zu wehren. Um den schwarzen Roelf zu täuschen, legten sie Männerkleidung an und bewaffneten sich. Darnach schleppten sie eine alte Schiffskanone an den Strand und kaum war dieselbe dem Schiff gegenüber postiert, da sauste schon die erste fünfpfündige Kugel durch die Luft dahin. – »Gut gezielt, ihr Weiber! Des Piratenschiffs Hauptmast ist getroffen und geht über Bord. Noch eine Kugel! noch eine! und jede trifft sicher.«

Nicht lange dauert es, da erscheint die weiße Flagge im Topp. Man verspricht den Seeräubern das Leben, wenn sie einzeln und ohne Waffen ans Land kommen wollen. Dies geschieht und alle werden geknebelt in den Turm gebracht. Das Raubschiff wird angezündet und brennt bis zum Meeresspiegel ab. Aber ein unzeitiges Mitleid ist die Ursache, daß die Gefangenen während der Nacht entrinnen. Die Tochter des schwarzen Roelf, welche inmitten der Bande sich befand, bat um Schonung, und wurde ihr dieselbe gewährt, da sie wie ein sanftes, zartes Jungfräulein auftrat. Sie löste dafür zur Nacht die Bande der Gefesselten und alle entflohen. Das Boot aber, welches sie aufnahm, war nicht geräumig genug für so viele, schlug um und alle ertranken in den Wellen. (203)

Die Mordflamme

Am Mittellauf der Ems, da wo dieselbe den münsterschen Boden verläßt und in Ostfriesland eintritt, liegt der schöne Ort Halte. Eine stark frequentierte Fähre führt hier seit langen Zeiten über den Fluß. Lang, lang ists her, da stand zu Halte eine große Burg, die einem Grafen aus Österreich oder Bayern zugehörte, so sagten es die Bewohner Völlens und Vellages wenigstens. Der Besitzer war ein äußerst freundlicher Mann, gastfrei, liebenswürdig und zuvorkommend gegen jedermann. Seine Fähre wurde von zweien seiner Knechte, waren Hünen, prompt bedient. Und da man hier Tag und Nacht passieren konnte, war der Zudrang an Reisenden von und nach Münsterland sehr stark. Damit des Nachts der Landungsplatz nicht verfehlt werden konnte, brannte in einem Fenster der Burg eine breite blitzblaue Flamme. Zu der Zeit führte mancher Reisende bei der großen Unsicherheit der Wege einen tüchtigen Hund als Schutz mit sich. So reiste auch ein reicher Kaufherr von Münster aus mit seinem Hunde nach Ostfriesland, kam des Abends sehr spät an die Halter Fähre und stieg in das Fährboot. Sein Hund wollte indessen durchaus nicht hinein, sondern stand zornig murksend am Ufer und schnappte nach den Händen der Fährknechte, wenn diese ihn greifen wollten. »Laßt das Tier«, meinte der Kaufmann, »es wird schon nachkommen, wenn es uns abfahren sieht!« – »Oder«, meinte der eine Knecht, »es kann ja, wenn es ihm beliebt, seinen Weg allein zurückmachen, daher es ist gekommen« - und lachte dabei höhnisch auf. Dies mißfiel dem Kaufherrn und nicht ganz ohne Beklemmung fuhr er ohne seinen Hund ab, bemerkte aber bald, wie dieser laut aufheulend ins Wasser sprang und seitwärts dem Boote mitschwamm.

Als man mitten auf der Ems war, durchzuckte plötzlich die blitzblaue Flamme ein feiner roter Strahl, wie wenn ein Schwert zumal den Kopf spaltet, und im selben Augenblick fühlte der Kaufherr einen wuchtigen Schlag auf seinen Kopf, so daß er ohne Besinnung hinstürzte und der Länge nach im Boot lag. Hatte aber der Kaufherr die rote Flamme und den Schlag noch bemerkt, so hatten die Fährknechte nicht bemerkt, wie leise der Hund an das Boot herangekommen war und nun mit einem Satz sofort dem einen der Knechte, der da den Schlag geführt, an die Gurgel sprang und ihn würgte, und dann mit solcher Wucht und Schnelligkeit auf den anderen zufuhr, daß dieser, der zu rudern saß, augenblicklich durch den Stoß und Prall nach rücklings so hart mit dem Kopfe aufschlug, daß er wie der Kaufmann dalag.

So führte der Strom das Boot seinen eigenen Weg die Ems hinab und als im Morgengrauen ein fürstliches Konvoischiff unterhalb Leer das Boot aufpickte, fand man den Kaufmann zwar noch betäubt, doch sonst wohl und gesund, den Hund mit fletschenden Zähnen über dem ebenfalls lebenden Fährknecht stehend, und den anderen Knecht tot in seinem Blute liegend. – Ein Fähnlein Landsknechte wurde abgesandt, den Burggrafen gefangen nach Leerort zu führen, um die Sache dort untersuchen zu können, als dieses aber in Halte ankam, war der Vogel bereits ausgeflogen. Nun schöpfte man erst recht Verdacht, und da in den letzten Jahren dunkle Gerüchte über eine Mörderbande im Lande aufgetaucht waren, und manch ein Reisender spurlos verschwunden war, so durchstöberte man die Burg und fand in derselben eine tiefe Mordgrube voller Leichen und Totengebeine. Als nun die Männer darob Entsetzen und Wut ergriff, wurde der Knecht gefoltert, und bekannte derselbe, daß sein Herr ein berüchtigter Mörder vom Oberland und er sein Spießgeselle sei, und daß sie gemeinsam die Reisenden gemordet und dann geplündert hätten. Da wurde der Knecht in Egels gerädert, die Burg zu Halte zerstört, der Mordbrunnen mit Weihwasser besprengt und darauf verschüttet. Seitdem aber zeigt sich noch oft in stillen Nächten eine blitzblaue Flamme in der Luft gerade an der Stelle, wo vordem die Mordflamme brannte, und heult ein großer Hund, wenn ein Reisender des Nachts überfahren will. (204)

Eine Mordherberge

Noch bis zum Jahre 1912 stand eine Herberge an der Stelle, wo der Heerweg von Marienhafe nach Aurich das Dorf Victorbur berührt. Vor Zeiten kam eines Abends ein reicher Kaufherr diesen Weg geritten und stieg bei der Herberge ab, um dort zu übernachten. Er brachte seinen Schimmel in dem Stall unter, fütterte ihn und ging dann ins Haus, um sich an einem guten Mahl zu stärken. Nachdem er gegessen und getrunken hatte, zog er eine wohlgefüllte Geldtasche heraus und bezahlte. Er sagte dem Wirt, daß er in aller Frühe aufbrechen müsse und darum sich gleich zur Ruhe begeben wolle. In der Nacht aber drang der Wirt mit seiner Frau in das Schlafgemach. Sie erschlugen den Gast, um sich seines Geldes zu bemächtigen, schleppten die Leiche in den Keller und wollten ihn dort verscharren. Plötzlich aber hörten sie das Pferd des Kaufherrn vor dem Kellerfenster stampfen und wiehern. Sie erschraken. Doch auch die Nachbarn wurden aufmerksam auf das Gebaren des Tieres, und sie fanden die Wirtsleute bei dem Ermordeten und überantworteten sie dem Gericht. Der Schimmel war verschwunden, doch in der Nacht erschien er oft vor dem Kellerfenster, um seinen Herrn zu suchen. (205)

Das Räubernest Siewe

In weiter Einsamkeit liegt an der Tergaster Feldmarkgrenze der Bauernhof Siewe. Es ist schon verständlich, wenn die Umwohner sich allerlei Geheimnisvolles zusammenreimten, besonders, wenn in Sturm- und Regennächten, an Tagen, wenn dichte Nebelmassen über die Hammrichflächen dahinzogen, alles ein so ganz anderes Gesicht bekam, daß es den Wanderer, den der Weg notgedrungen in diese Gegend führte, antrieb, sich so eilig wie nur möglich zu entfernen. Und unheimlich, blutrünstig sind die Geschichten, die sich seit Jahrhunderten um das einsame Gehöft ranken. Es soll ein Zufluchtsort für lichtscheues Gesindel gewesen sein, das hier das landwirtschaftliche Hauswesen in Händen hatte. Diebe und Wegelagerer waren sie alle, Bauer und Gesinde. Denn die Wanderer, die ihren Weg nach Emden oder Leer nahmen, übernachteten des öfteren in der Siewe. Aber es hieß, daß nicht alle, die Geld oder Wertsachen bei sich hatten, auch wieder herauskamen. So soll denn der Besitzer einmal zwölf Händlern im Schlaf kochendes Zinn in den Mund gegossen und sie darauf völlig ausgeraubt haben. Der Volksmund weiß zu berichten, daß im Keller Blutflecken ausschlugen, schwarze und weiße Personen sollten gespensterhaft erscheinen.

Vor längst über hundert Jahren hätten alle, die dort als Knecht oder Magd gedient, nicht geheiratet, weil sie alle an den üblen Vorgängen mehr oder weniger beteiligt waren. Und in Neermoor soll auf dem Friedhof ein Mann ohne Kopf beerdigt sein, der in Siewe ermordet wurde. Der letzte Besitzer hat seine Frau ermordet, so wird gemunkelt, und die Leiche nachher in die Graft geworfen. Eine andere Lesart besagt, daß der Bauer seine Frau mit dem Dreschflegel erschlagen und auf den Boden geschleppt hat. Hier warf er sie die Leiter herunter; auf der Tenne legte er ein Messer und ein Stück Speck neben sie, um vorzutäuschen, daß sie abgestürzt sei, nachdem sie aus der Speckkiste Vorrat geholt. (206)

Der Mörder Mau

In Süderhöft lebte gegen Mitte des achtzehnten Jahrhunderts ein Stavener mit Namen Mau, der viele Mordtaten verübte. Da kam unter anderem ein Spitzenhändler, der sich im Walde verirrt hatte, in die Nähe von Süderhöft, traf Mau und bat, ihm den Weg zu zeigen. Mau verspricht es, er solle nur einen Augenblick warten, er wolle zu Hause erst seinen Rock anziehen. Mau verbirgt aber unter dem Rock ein Beil, mit welchem er den Verirrten niederschlägt und beraubt.

Einst fuhr Mau mit einem jungen Manne auf dem Lagedeich nach Husum. Unterwegs begegnet ihnen eine Frau, die für eine verkaufte Kuh zehn Taler eingenommen hat. Als Mau das erfährt, spring er vom Wagen, geht ihr nach, ermordet sie und wirft die Leiche in das tiefe Loch am Halbmondsdeich, der zwischen Wisch und Rantrum liegt. Dann eilt er mit seiner Beute, sich immer im Walde verborgen haltend, nach Hause. Es sollte seine letzte Mordtat sein. Denn als man die Frau aus dem Wasser zog, fand sich in ihrer krampfhaft geschlossenen Hand ein bleierner Knopf, den sie in ihrer Todesangst Mau vom Rock gerissen hatte. Dieser Knopf überführte den schon verdächtigen Mann. Er soll 1747 als letzter auf dem Schwabstedter Richtplatz enthauptet worden sein, der an der nördlichen Seite der Husumer Chaussee bei Ramstedt liegt.

Als in späteren Jahren ein Bauer, der die Mausche Stelle erworben hatte, das Haus erneuerte, entdeckte er unter der Tenne einen flachen Stein. Den hob er abends, als die Handwerker den Platz verlassen hatten, und fand einen großen Topf mit Geld, wahrscheinlich die Beute des Raubmörders. Mau aber spukte noch lange in Süderhöft. Noch vor 60 Jahren [so 1911] wagte mancher nicht, abends das Haus zu verlassen, weil Mau umging. (207)

Der Margarethenberg

Zwei Schwestern, welche in einem Hause zusammen wohnten, lebten tagein, tagaus mit einander in Streit, und der hatte nicht eher ein Ende, als bis die eine (Margaretha hieß sie) einst im Zorne das Messer ergriff und ihrer Schwester die Kehle zerschnitt. Als Leute herbeikamen, lag die Schwerverwundete in ihrem Blute fast leblos da; aber mit der rechten Hand zeichnete sie noch fortwährend ein M in den Sand. Dadurch wurde der Verdacht des Mordes auf die Schwester Margaretha gelenkt, die sich auch als schuldig bekannte und darum enthauptet ward. Das geschah auf einen Hügel in der Nähe von Bredstedt, der davon den Namen Margarethenberg bekommen hat. (208)

Der verkleidete Räuber

Als einmal abends alle Türen geschlossen waren und die Hausbewohner um das Herdfeuer versammelt saßen, wurde bei einem Bauern geklopft. Eine alte Frau, die um den Kopf einen Verband trug, bat um ein Nachtquartier, da sie sich verlaufen habe. Der Bauer rückte für den späten Gast einen Stuhl ans Feuer und fragte nach dem Woher und Wohin. Dann sagte er zu der Bäuerin: »Haal doch ins 'n paar Appels, wi willen Appels eten!« Die Frau dachte: »Wat will he mit de Appels?« Sie ging aber doch hin, welche zu holen, und der Bauer warf jedem einen Apfel zu. Bald darauf sagte er zum Großknecht: »Wi willen offoren, un denn willen wi de Frau 'n Nüst in 't Stroh torechtmaken.« Draußen aber sagte er: »Dat is keen Frauminsk, dat is 'n Keerl, ik hebb dat bi 't Appelfangen sehn. De Fraulü maken bi 't Fangen de Kneen ut'nanner, de Mannlü kniepen hör tosamen. Nahst, wenn se herut kummt, rittst du de Döör open un ik smiet hör herut!« So geschah es, und die angebliche Frau bekam noch einen kräftigen Fußtritt mit. Dann wurde das Licht gelöscht, und alle blieben auf. Kurz darauf kam ein Wagen vorgefahren und Kerle schlichen ums Haus. Als sie aber merkten, daß der Bauer aufpaßte, machten sie, daß sie mit ihrem Fuhrwerk davonkamen. (209)

Kuper Jan van de Heid

Da erzählt der alte Tönjes-Ohm vom Jan van de Heid. Über die Holthuser Heide führte der Weg nach Holland. Wenn Kaufleute mit gefüllter Geldkatze über die Heide ihren Weg nahmen, wurden sie von Kuper [Böttcher] Jan van de Heid überfallen. Er soll über unnatürliche Körperkräfte verfügt haben. Einmal nun hatte ein Händler viel Vieh abgesetzt, es war spät geworden. Er wußte, daß er dem Jan und seinen Leuten in die Hände fallen und Geld, ja vielleicht auch das Leben verlieren konnte. Darum ging er geradewegs zu Jan, spielte den Einfältigen und fragte ihn nach dem Weg über die Heide. Jan ist bereit, ihm den Weg zu zeigen, nimmt den vereinbarten Preis und beide rücken ab. An einsamster Stelle erklärt Jan, er solle keine Angst haben, er wolle ihm nur zeigen, welche Macht er habe. Dreimal stieß er ins Horn; in zehn Minuten waren dreißig bewaffnete Männer zur Stelle, die von allen Seiten herangekommen waren. Als sie in unmittelbarster Nähe waren, ließ Jan einen langanhaltenden Ton erschallen, ebenso schnell waren sie da wieder verschwunden. Dann aber ließ er den völlig verdutzten Händler unbehelligt laufen.

Eines Tages nun machte sich Kuper Jan auf den Weg, um seinesgleichen an Kraft und Stärke, einen Bauern in Hatzumerfehn, aufzusuchen. Er begegnete Leuten, die beschäftigt waren, ein in den tiefen schlammigen Marschgraben geratenes Pferd aufs Trockene zu schaffen. »Och, gaht man weg«, meinte Jan, faßte den Gaul bei Mähne und Schwanz und setzte ihn auf die Weide. Weiter lief er, den Bauern zu suchen. Da sieht er einen Pflüger, geht zu ihm hin, ihn nach dem Hof zu fragen. »Kann ik di woll seggen, kiek dar na de Plaatse hen.« Jan sieht aber nach der entgegengesetzten Seite. Da nimmt der Pflüger den Pflug in die Hand, benutzt ihn als Zeigefinger und weist wieder nach dem Hof. »Dar is de Plaatse, un hier steiht de Kerl.« Jan begriff sofort und sagt: »So, dar wahnst du? Dann will ik di ok wiesen, war ik wahnen do.« Dabei packte er den Bauern mit einer Hand und hielt ihn hoch in die Luft: »Kiek, Brör, dar achter is Holthuserheide, un war de dicke Boom steiht, dar wahn ik.« (210)

*

Einmal ging Kuper Jan mit seinen Helfern nach Marienchor. Bei zwei Bauern raubten sie Geld und gingen dann zum dritten, um dort zu schmausen. Den Mann und seine Frau knebelten sie, die beiden Mägde warfen sie in den Keller, und den Großknecht steckten sie unter die Käsepresse. Der kleine Knecht aber entwischte ihnen, und er lief zur Pastorei. Der Pastor gab ihm den Turmschlüssel und befahl ihm, Brand zu läuten. Er lief auch hin, aber er wagte es nicht. Da trat die junge Magd Bina an seine Stelle und fing an zu beiern. Nun machten die Räuber, daß sie fort kamen.

Im Herbst, sobald es dunkelte, suchte Kuper Jan mit seinen Gesellen die einsamen Plätze in Hatzumerfehn auf. Dann klopfte er an ein Fenster und rief: »Wi gahn nu hen!« Und jeder wußte, daß sie nun Kühe oder Schafe wegholten oder schlachteten, und keiner wagte sich zu widersetzen. Eines Tages hatte der Bauer Rewert Brems von Marienchor Korn abgeliefert und trug viel Geld bei sich. Es war Abend und Vollmond, als er heimwärts fuhr. Kuper Jan aber lauerte ihm auf, und plötzlich sprang er auf seinen Leiterwagen und rief:

Stadt Norden um 1850 (gezeichnet von L. Rohbock, gestochen von Joh. Poppel)

»Ik bün Kuper Jan van de Heide,
Speck un Kohl is fette Weide!«

Der Bauer nahm seine Geldkasette und drückte sie ihm in die Hand. Jan schwang sich übers Vorderrad, aber er glitt in dem weichen Klei aus und fiel auf den Rücken. Da sprang der Bauer auf ihn »un trappelde hum mit de Hackiesders de Bost in«. Dabei rief er:

»Ik bün Rewert Brems van 't Choor,
nüms maakt mi hier Rumoor!«

So kam Kuper Jan van de Heid ums Leben. (211)

Der Porg und Claas Rickers aus Dornum

Ein viel gefürchteter Dieb war ›Porg‹ aus Norden, der nur vom Diebstahl lebte. Endlich wurde er in Schwittersum beim Einbruch in ein Karnhaus [karnen = buttern] ertappt. Knechte und Arbeiter hatten gewacht und verfolgten ihn. Gerade als Porg über einen Graben sprang, schoß der Arbeiter Hoffmeister und traf ihn in den

Rücken. Am anderen Morgen lag Porg tot auf der Grabenkante. Man brachte ihn nach Dornum und stellte ihn auf eine Leiter gebunden, »as 'n Swien up d' Ledder«, im Gasthause zur Schau, da niemand ihn kannte, bis eine Frau aus Norden seine Persönlichkeit feststellte. Da wurde er an der Kirchhofskante, wo die Selbstmörder liegen, begraben und ein großes P in den Eschenbaum nebenan geschnitten, das [1922] noch zu sehen ist.

Nur mit Angst und Zittern nannten Frauen und Kinder einen anderen Einbrecher, Klaas Rickers, einen Dornumer. Er war ein unheimlicher, verwegener Kerl, der ein ›Schwartsacksterbook‹ hatte und die ›schwarze Kunst‹ verstand. So konnte er Hunde besprechen, daß sie nicht bellten. Der hatte in Berum eine Diebesbande zusammen gebracht. Die brach einst bei einer alten Frau Petersen bi Olldick ein. Ein Schornsteinfeger, der die Schwindsucht hatte, mußte zum Schornstein hineinkriechen und hatte Befehl, alles niederzuschlagen, was ihm entgegen käme. Nun hatte die Frau einen alten Mann als Wache angenommen, den der Einbrecher schlafend am Herdfeuer fand. Er empfand Mitleid mit dem Alten, kletterte zurück und erklärte, daß er nicht töten könne. Da bekamen sie großen Streit untereinander und der mitleidige Schornsteinfeger wurde halb tot geschlagen.

Zu dieser Bande gehörte auch Jonas Heinecke. Der hatte bei einem Einbruch bei Remmers in Buterhusen seinen Stock stehen lassen, den man kannte. Dadurch hatte er sich verraten, und es gelang, die Gesellschaft aufzugreifen. Klaas Rickers, der Hauptmann, wurde in das Gefängnis auf dem Schloßturm zu Dornum gebracht. Er forderte ein Bett. »Wenn ik bit Klock seß nich 'n ördentlich Bedd hebb, spring ik to 't Fenster ut.« Als vom Turm sechs Uhr gepingelt wurde, sprang der tolle Kerl aus großer Höhe in den Schloßgarten hinab, ohne sich zu verletzen. Spielende Kinder sahen es und schrien: »Klaas Rickers is d'r ut!« Der Gemeindevorsteher kriegte die Klingel an die Straße und die Dornumer, mit Gewehren und Dreschflegeln bewaffnet, liefen zusammen und machten Jagd auf den Ausreißer. Ein Hund spürte ihn auf: er lag im Untergarten an einer Grabenkante im Schilf. Noch in der Nacht brachte ihn der alte Gendarm Luttmann nach Aurich ins Gerichtsgefängnis. Bald nachher brach Rickers dort aus und war verschwunden. Da erhielt der Assessor Bader vom Patrimonialgericht in Dornum einen Brief von ihm aus Amsterdam: Sie könnten ihn alle..., er führe nach Amerika. Herr Bader war ein Schlaumeier; er kalkulierte, daß bei den seit langem herrschenden Westwinden das Schiff noch nicht hatte fahren können und schickte ihm den Gendarmen Luttmann nach. Der fragte sich in Amsterdam nach einem für Amerika bestimmten Schiff zurecht, und da der Kapitän seine neuen Leute noch nicht kannte, ließ er die Mannschaft antreten. Luttmann sah unter den Matrosen Klaas Rickers stehen, trat von hinten an ihn heran und schlug ihn auf die Schulter: »Kiek, Klaas Rickers, sün ji ook hier?« – »Ja, dat freit mi, dat se mi weerhalen willt.« Dann reisten beide einträchtig nach Aurich zurück, wo Klaas Rickers' schwer gefesselt und mit einem anderen Verbrecher zusammengeschlossen wurde. Auch das half nichts; beide brachen aus. Seinen Genossen fand man in einem Heuhaufen schlafend wieder. Klaas Rickers' Handschellen aber waren leer, und nie hat man wieder etwas von ihm gehört. (212)

Von Schätzen und Glocken

Klaas Leemkes Schatz

Der Mond war aufgegangen und beleuchtete das Watt zwischen Amrum und Föhr. Jens [Drefsen, der alte Besenbinder] war wieder mit seinen Gedanken bei den Rittern und Burgen und hub an zu erzählen: »Wenn ich mit meinen Haide- und Halmbesen auf Föhr hausieren gehe, erkundige ich mich fleißig nach alten Geschichten. Ich habe fleißig nachgeforscht, ob die Leute noch Telen (Sagen) von der großen Borgsumer Burg wüßten; aber das jetzige Geschlecht hat ein verzweifelt kurzes Gedächtnis, und die Menschen mit dem langen Gedächtnis sind fast alle tot und begraben. So hab' ich denn nur wenig zu wissen gekriegt.

Es wird erzählt, daß einmal in alten Zeiten ein König in eigener Person die Borgsumer Burg belagert habe, um sich eines Ritters, den die Leute Klaas Leemke genannt haben, zu bemächtigen. Der Ritter hat lange Zeit nicht aus seinem Nest heraus wollen und hat es verstanden, die Belagerer glauben zu machen, er habe Mundvorrat genug. Als er nämlich schon einige Tage mit den Seinigen am Hungertuch genagt hatte, hat er gleichwohl die letzte Kuh allabendlich auf den Burgwall hinaufführen lassen, hat sie jedoch jedesmal vorher mit einem andern Fell bekleiden lassen. Da haben die Feinde denn richtig geglaubt, er werde sich noch so bald nicht ergeben, und sind nicht wacker und wachsam genug gewesen.

Genug, der listige Klaas Leemke hat Gelegenheit gefunden, in einem kleinen offenen Boot zu entfliehen. Du mußt nämlich wissen, daß früher ein breiter und tiefer Gaatel (Bach) in der Nähe der Burg gewesen ist, wie noch zu sehen ist, der sich in einen tiefen Wattstrom ergossen hat. Also war der eidige [listige] Fuchs glücklich zum Loch hinausgekommen, und die Belagerer hatten, wie wir sprichwörtlich sagen, das ›de Mütz darna smiten‹. Nun wird das Raubnest durchsucht, um der Schätze des unmäßig reichen

Ritters habhaft zu werden; denn er hat seine Schätze nicht alle mitnehmen können, da seines Reichtums kein Ende war. Da suchen und stöbern sie denn, und – finden nichts. Es war aber noch lange nachher landläufige Sage, daß in dem verschütteten tiefen Brunnen große Schätze verborgen lägen.

Einmal waren ein paar beherzte Männer verwegen genug, zur Nachtzeit in den Brunnen hinabzusteigen und den Schutt wegzuräumen. Als sie damit fertig waren, drang das Wasser mit solcher Gewalt herauf, daß sie eiligst wieder hinauf klettern mußten. Sie verloren den Mut nicht, sondern untersuchten den Brunnen in der Tiefe mit langen Stangen und Haken, erfaßten auch wirklich mit ihren Haken den Griff eines Braukessels, der mit Gold und Silberstücken gefüllt war, und strengten sich über die Maßen an, den Schatz heraufzuziehen. Das war jedoch nicht leicht; denn es war, als ob da unten in der Tiefe einer wäre, der den Schatz immer wieder in die Tiefe herabriß. Der Morgen graute schon, und die Hähne in Borgsum fingen an zu krähen. Da strengten die Wagehälse sich noch einmal gewaltig an, dem Unhold drunten in der Tiefe den Schatz zu entreißen. Aber was hat der leidige Teufel zu tun? Er zaubert einen gar wunderlichen Spuk herbei, der die Aufmerksamkeit der Schatzheber dermaßen in Anspruch nimmt, daß sie nicht davon wegsehen können und den Schatz abermals fallen lassen, und nun fällt er in die grausige Tiefe, wo er sicher genug aufgehoben ist. Der wunderliche Spuk bestand aus vier weißen Mäusen, die einen mit Heu hochbeladenen großen Wagen in die Burg hineinzogen. Seit der Zeit hat sich niemand damit abgegeben, nach den Schätzen zu suchen, und ich möcht' es auch keinem Menschen raten.« (213)

Die Schätze der Unterirdischen

Wir [der alte Besenbinder Jens Drefsen und ich] waren beim Vöögashoogh [Amrum] angekommen. Da lag er vor uns, der mit Dünensand bedeckte und wieder mit Dünengräsern bewachsene alte Grabhügel, und stach in seinem dunkelgrauen Gewande gar seltsam ab gegen die hinter ihm liegenden kahlen Sanddünen. Ein paar große Silbermöwen flogen scheu an uns vorüber, und ein Brandentenpaar rief uns »Day, Day!« zu. Dann wurde es wieder so feierlich still, daß wir unwillkürlich leiser mit einander sprachen und der eine die Hand des anderen desto fester hielt. Jens hub an:

»Wer die Schätze hätte, die tief, tief unter diesem Hügel in Braukesseln und großen Grapen aufbewahrt liegen, der hätte nicht nötig, sich mit Ausreißen des Haidekrautes zu plagen, Bürden zu binden und darunter zu schwitzen. Heute ist's Freitag – (es ist nämlich ein altfriesischer Aberglaube, daß man, um nicht bezaubert zu werden, den Wochentag nennen muß, ehe man eine Zaubergeschichte erzählt) –, heute ist's Freitag, und ich will dir erzählen, wie die Onnarbänkissen einmal den Nommen Aanersen begaukelten. Hier im Vöögashoogh haben die Onnarbänkissen sich am längsten behauptet, und tief, sehr tief in der Erde haben sie Keller angelegt, in welche sie ihre Reichtümer geborgen haben. Göntje's Großmutter hat einmal gesehen, daß im Mondenschein auf dem Hügel feine Wäsche, Hemdchen und Kittel, Strümpfe und Hauben zum Trocknen und Bleichen ausgebreitet da lagen. Sie hatte sich aber wohl in acht genommen, etwas anzurühren.

Ganz anders hatte Nommen Aanersen es gemacht. Er war ein gottesvergessener Mensch, voll Hab- und Raffgier. ›Was sollen die Onnarbänkissen mit solchen Schätzen unter der Erde, und wer weiß, ob das von den fünf häßlichen Töchtern abstammende Geschlecht nicht ganz ausgestorben ist, da man sie nun lange nicht gesehen?‹ – So spricht Nommen, nimmt Spaten und Hacke und geht nach dem Vöögashoogh und gräbt ein tiefes Loch in den Hügel hinein. Da stößt sein Spaten auf etwas Hartes, und er glaubt schon, den Keller erreicht zu haben. Aber horch! Ein schreckliches Gepolter läßt sich aus der Tiefe herauf vernehmen, und ›Es brennt, es brennt!‹ schallt's ihm von allen Seiten in die Ohren. ›Was brennt?‹ fragt Nommen. ›Sieh Dich um!‹ lautet die Antwort. Der Verwegene steigt herauf und wird zu seinem Schrecken gewahr, daß sein eigenes Haus im nahen Dorfe brennt. Er läßt Spaten und Hacke im Stich und eilt heimwärts, rennt wie toll durchs Dorf und ruft den Leuten, die vor ihren Haustüren stehen und nicht begreifen, weshalb der bedächtige Mann so aufgeregt sei, zu: »Löschet!

Löschet!« Aber sie rühren sich nicht, denn sie sehen keinen Brand. Und als Nommen sein Haus erreicht hat, ist alles dort unverändert; die Onnarbänkissen hatten ihm nur zeigen wollen, wie dem zu Mute ist, der es ansehen muß, wie seine Wohnung zerstört wird. Seit der Zeit hat niemand sich es einfallen lassen, die Onnarbänkissen weiter zu belästigen, und diese haben eine tiefer liegende Wohnung bezogen; und wir wollen sie auch in Frieden lassen und weiter gehen.« (214)

*

In der Gegend von Husum war ein Bauer gewaltig auf das Schatzgraben versessen. Sein Nachbar, mit dem er in Unfrieden lebte und der sich an ihm rächen wollte, hatte nun zufällig eine Höhle der Unnereerschen entdeckt und sagte ihm die Stelle. Sie vereinbarten, der Schatzgräber solle den Schatz heben; später wollten sie ihn sich teilen; er müsse nur vor dem Loche stehen bleiben, aber ganz mausestill, bis sich etwas rege. Dann erst müsse er mit dem Spaten zustoßen, denn es sei ein Drache, der den Schatz hüte.

Der Schatzgräber hatte noch nicht lange am angegebenen Ort gestanden, als er ein Rascheln bemerkte. Er stieß gewaltig zu und hörte einen feinen hellen Schrei. Im Augenblick war er von den Unterirdischen umzingelt, deren eines er tödlich verwundet hatte. Zwei Zwerge trugen gleich den Verwundeten hinweg. Die übrigen aber fielen über den unglücklichen Schatzgräber her. Sie kletterten an ihm hinauf, hackten und kratzten ihm Nase und Augen aus und bissen ihm die Ohren ab. Der Bauer rief: »Alle guten Geister loben Gott den Herrn!« Aber die Kleinen riefen: »Wir loben ihn wohl mehr als du, du Mörder!« Glücklicherweise fuhr gerade ein Prediger vorüber, der einem Sterbenden das Sakrament gereicht hatte. Er hörte Hilferufe aus der Höhle. Als er den Mann unter den Händen der Unterirdischen erblickte, hielt er das Heiligste in die Höhe und rief: »So weichet diesem!« – Im Nu waren die Unterirdischen verschwunden. Dem Schatzgräber aber ging es seitdem schlecht. Seine Felder wurden ihm zertreten, und Gänse und Lämmer starben auf der Weide. Er mußte zuletzt das Dorf verlassen und sich anderswo ansiedeln. (215)

Die Hallig Nordstrandischmoor um 1860 (Lithographie von C. P. Hansen)

Der Schatz auf Buphever

In alter Zeit erzählte man auf Buphever, an einer bestimmten Stelle sei ein kostbarer Schatz vergraben. Viele Strander erfuhren davon, aber niemand wagte, den Schatz zu heben. Er sollte – sagt man – einer Frau im roten Rock gehören, die als Spuk ihr Eigentum bewachte. Trat jemand auf die Stelle, an welcher der Schatz vergraben lag, so sprang sie dem Betreffenden auf die Schultern, und er mußte sie so lange mit sich herumschleppen, bis sie wieder herabsprang. Einmal geriet ein Pellwormer zufällig an den Ort, und ehe er sich's versah, hatte er den Spuk im Nacken. Er jammerte und flehte, wendete und wälzte sich am Boden, ohne die Last im Genick zu verlieren. Schließlich lief er nach Hause, wo er in Schweiß gebadet ankam, und erst als er über die Schwelle seines Hauses trat, war er den Spuk wieder los.

Dennoch machten sich einmal vier Männer daran, den Schatz zu heben. Das sollte möglich sein, wenn man beim Graben kein Wort verlor. Sie schaufelten also eifrig und sprachen kein einziges Wort. Aber plötzlich stand ein schwarzer Galgen hoch über den Männern, und sie erschraken sehr. »Was soll der Galgen dort?« dachte jeder für sich, aber niemand sagte es laut. Das Bild in der Luft war nicht mehr zu erkennen. Sie gruben nun weiter und glaubten schon, ihrem Ziel nahe zu sein. Da zeigte einer der Schatzgräber entsetzt auf die Warft, und alle sahen nun, daß vier Häuser brannten – ausgerechnet ihre eigenen. Fast hätten sie die Schaufeln hingeworfen und den Mund aufgetan, aber sie bezähmten sich noch einmal. Das Bild wurde undeutlich, und sie gruben schweigend weiter. Bald stießen sie auf etwas Klingendes. Das konnte nur der Schatz sein, und freudig sahen sie einander an. Aber da rief eine Grabesstimme: »Der im rotweißen Hemd wird bald am Galgen hängen!« Und darüber erschrak der eine Schatzgräber so, daß er sich vergaß und stammelte: »O Gott, das bin ich!« Kaum hatte er es gesagt, da verschwand der Schatz in der Tiefe, und die Männer hatten nur noch zähen Klei unter ihren Schaufeln. Sie stürmten davon.

Bald darauf riß eine große Sturmflut die Insel Strand auseinander. Als ihre Reste blieben Pellworm, Nordstrand und Nordstrandischmoor. Buphever aber ging unter und liegt begraben unter grauem Watt. Nur der Taufstein der Buphever Kirche blieb erhalten. Er wurde nach der Sturmflut in die Alte Kirche von Pellworm gebracht und steht dort heute noch. (216)

»To 'n ewigen Dag nich«

In Strackholt wurde vor mehr als hundert Jahren [so 1922] in der Stinsenburg ein Schatz gespürt. Bei der Hebung ward ein großer kupferner Kessel (Broketel) gefüllt mit Gold gesichtet und bereits bis an den Rand des Loches gehoben. Plötzlich kam ein Sechsspänner mit Halli und Hallo vorbeigesaust, dem etwas später ein gehäufter Kreitwagen voll Busch (Struken) folgte, gezogen von einer lahmen Ente. Der ›oll Jung‹, der ihn gemächlich kutschierte, fragte die erstaunten Schatzgräber: »Kann ik de Flüggup [Wildfang] noch woll weer inhalen?« Worauf einer übersprudelte: »To 'n ewigen Dag nich!« Hellauf lachte da der Schwarze und mit Geprassel sank der Kessel in den Abgrund. (217)

»Bete und arbeite«

Bei dem Dorfe Drage in Stapelholm liegt im Bratzberg, in dem auch Unterirdische wohnen, ein großer Schatz. Einst wollten ihn Leute aus Drage heben, und schon hatten sie den Kasten, der den Schatz barg, nahezu aus der Tiefe herausgebracht, als einer der Schatzgräber, namens Huß, das unbedachte Wort sprach: »Nu hebbt wie em bald!«, und sofort verschwand der Schatz wieder in der Tiefe. Doch gab es noch eine Möglichkeit, den Schatz dennoch zu heben; wenn einer nämlich hinreiten würde nach dem Pastor in Kropp, um noch ein Schwarzkunstbuch von ihm zu holen.

Huß, durch dessen Unachtsamkeit der Schatz verloren gegangen war, wollte hinreiten. Doch ging er zuerst zu einer Kartenlegerin, und die sagte ihm, er möge nur ruhig daheim bleiben, da er das Buch doch nicht erhielte, obgleich der Pastor es gerade auf dem Tisch liegen habe; auch würde er unterwegs dreimal mit dem Pferde stürzen; das erste Mal bei Mahlensink (Niederung, die sich zwischen Seeth und Drage hinzieht und bei den Süderstapeler Mühlen – jetzt [1892] ist dort nur eine Mühle – vorbeigeht). Dennoch bestieg Huß ein tüchtiges Pferd und ritt fort. Bei Mahlensink stürzte er, aber ohne Schaden zu nehmen. Noch zweimal stürzte er, kam aber doch glücklich in Kropp an. Richtig, das Buch lag aufgeschlagen auf dem Tisch, und als Huß nun sagte, daß er abgesandt sei von den und den Leuten aus Drage, um das Schwarzkunstbuch zu holen, da machte der Pastor das Buch, worin er gerade gelesen, zu, klopfte dem Huß dreimal auf die Schulter und sprach dreimal: »Bete und arbeite!« Und so mußte Huß denn ohne das Buch wieder nach Hause reiten, und der Schatz ist noch diesen Tag nicht gehoben. (218)

Ein Traum

Eine Unze Glück ist mehr als ein Pfund Verstand«, sagte [der schwedische Feldmarschall ostfriesischer Herkunft] Dodo von [Inn- und] Knyphausen [1583-1636], da lebte er noch. Es wohnte einmal nicht weit von Marienchor ein armer Mann mit seiner Frau

Das Rathaus mit der Delftbrücke in Emden um 1850 (gezeichnet von L. Rohbock, gestochen von Joh. Poppe)

in einer Lehmhütte. Vor Zeiten waren Wasserfluten und Kriegshorden über das Reiderland gekommen; Kaamvöör [der französische Oberst Cambfort] hatte mit seiner Räuberbande das Land gebrandschatzt [1761] und mitgenommen, was ihm vorkam, und Mangel und Not waren geblieben und wollten nicht weichen. Der Mann und seine Frau in der Lehmhütte hatten ihre kräftigen Arme und Hände bisher wacker gerührt; aber in kalter, strenger Winterzeit wuchs die Not und wurde größer und immer größer. Da rieb sich an einem frühen Morgen der Mann den Schlaf aus den Augen und sagte zu seiner Frau: »Weißt du was«, sagte er, »ich gehe nach Emden.« – »Das ist eine Tagereise«, erwiderte die Frau, »und was willst du dort?« – »Es ist eine wunderliche Geschichte«, antwortete er, »mir hat geträumt, ich müßte heute nach Emden zur Rathausbrücke gehen, dann würde ich mein Glück machen.« Träume sind Schäume, sagt das Sprichwort. Die Frau wußte aber nicht, was darauf zu geben sei. Da ihr Mann indessen nichts zu versäumen habe, so könne er es ja versuchen; mache er auch gerade sein Glück nicht, so fände er dort vielleicht Arbeit. »Baat [nützt] 't neet, dann schadet 't ok neet«, war ihre Meinung.

Der Mann zog sein Baantje (Wams) an und ging nach Emden, wo er zeitig auf der Rathausbrücke anlangte. Es war ein bitterkalter Wintertag. Die Leute, welche sich in den Straßen sehen ließen, liefen im Trabe; niemand bekümmerte sich um den Mann, der bei der strengen Kälte bis an den Abend immer auf und ab, auf und ab ging und jedermann fragend ins Gesicht sah, ob man ihm nichts zu sagen habe. Seine Hoffnung war mit der Sonne gesunken, sie wollte mit ihr untergehen, und er hatte sich gerade vorgenommen, nur noch einmal hin und her zu wandern, als ein Ratsherr in langem, weitem Mantel daher kam, zu ihm trat und ihn fragte: »Lieber Mann, Ihr geht hier den ganzen Tag auf der Brücke hin und her und haltet den Weg warm, erwartet Ihr jemanden?« – »Ja und nein«, antwortete der Gefragte und erzählte dann seinen Traum. »Traüme sind Schäume.« sprach der Ratsherr, »wer das nicht glaubt, sein Bett verkauft, liegt nackt und bloß im Stroh. Ich hatte einmal einen ähnlichen Traum. Du mußt, so träumte mir, über die Ems ins Reiderland gehen und dich so und so, und rechts und links wenden, dann kommst du an einen Kreuzweg; an dem Kreuzwege steht ein Häuschen; vor dem Häuschen steht ein Birnbaum, und unter dem Birnbaum liegt ein Schatz vergraben; aber meint Ihr, daß ich daran glaubte? Träume sind Schäume, sagte ich mir und dachte nicht weiter daran. Ein Traum ist ein Traum, lieber Mann; ein Traum ...« – »Kann wahr sein, Mienheer!« sagte der Mann, »ich will darum auch wieder heimkehren. Guten Abend Mienheer!« – »Guten Abend und gute Reise!« sprach der Ratsherr. Der Arme ging anfangs gemessenen Schrittes dahin, aber je weiter er kam, desto eiliger schien er es zu haben. Sein Gang wurde zum Trabe; von Zeit zu Zeit legte er sich aufs Laufen. Den ganzen Tag hatte er dort auf der Brücke auf und ab geschlendert, woher nun diese Eile? Mag er laufen! Wir brauchen doch nicht mit ihm über Feld; wir können in Gedanken schon vor ihm sein Haus betreten.

Siehe da! Die Frau sitzt beim verlöschenden Feuer und wartet und wartet, ob ihr Mann noch nicht heimkehrt. In dem Herde steckt ein brennender Kienspan; an dem Feuer steht ein Topf mit dem neuen Gewächs, welches die Landleute auf Befehl des alten Fritz – vielfach gegen ihren Willen – angebaut haben. Es war ein Segen in dieser Zeit, daß die Kartoffeln eingeführt und geraten waren. Die Kartoffeln im Topf sind für den Mann gekocht und – nun kommt er nicht! Kiri-kiri, kiri-kiri! Hört ihr, wie der Schnee draußen knirrt? Kiri-kiri-kiri, kiri-kiri-kiri – kommt da nicht einer hergerannt? Die Frau horcht, schürt das Feuer an; das muß er sein. Die Tür geht auf, schweißtriefend tritt der Mann herein: »Guten Abend!« – »Guten Abend auch! Da bist du? Wie ist's gegangen? Komm, setz' dich und iß, du wirst müde und hungrig sein.« – »Sitzen? Nein, ich habe keine Zeit; essen? Nein.« Weg war er. Was hatte der Mann doch für Eile? Was hatte er vor? Er wohnte ja an dem Kreuzwege, und der Birnbaum war sein. Jetzt hackt er schon vor dem Hause den gefrorenen Erdboden auf, und die Frau rennt ihm nach und fragt, was er denn will. Er erzählt ihr, wie es ihm ergangen ist, und sie greift mit zu. Mögen sie graben und finden; es gibt Leute, die untergraben anderes als den eigenen Birnbaum, um an Geld zu kommen!

Eine Unze Glück ist mehr als ein Pfund Verstand. Die beiden Schatzgräber fanden einen Topf, einen irdenen Topf . . . voll Geld. An dem Kreuzwege wurde bald nachdem ein freundliches Haus erbaut und wohnlich eingerichtet. Die Bewohner des neuen Hauses hatten ihr Brot und halfen, so viel sie konnten, wo nur Hilfe nötig war. Im Hause stand auf dem Schranke ein irdener Topf mit geschriebener Schrift; die Schrift konnte dort niemand lesen. Zur Herbstzeit war es, endloser Regen hatte die Wege fast grundlos aufgeweicht, da wollte es das Unglück oder das Glück, daß auf dem Kreuzwege Pferde einen Wagenstrang zerrissen, und der Schaden mußte ausgebessert werden. Der Fuhrmann trat an den Wagenschlag, öffnete denselben und bat den Herrn im Wagen, der ein holländischer Domini oder Doomdi (Pfarrer) war, er möge doch in das Häuschen treten und dort verweilen, bis die Stränge in Ordnung wären. Das geschah denn auch. Der Herr Pastor wurde freundlich empfangen und genötigt, den Ehrenplatz am Herde einzunehmen. Er ließ sich im bequemen Lehnstuhl nieder, streckte die kalt gewordenen Füße aus zum flackernden Herdfeuer und erzählte, daß er in der Gegend zur Vakanz habe predigen müssen.

Wie er nun so behaglich saß und sich wunderte, daß alles so blink und so blank war, fiel ihm der irdene Topf in die Augen und er fragte, wie sie dazu gekommen wären und was darauf geschrieben stehe. Sie erzählten ihm, der Topf werde als Erbstück und wegen seiner eigentümlichen Gestalt und Schrift in Ehren gehalten, die Schrift könne aber niemand lesen.

Der Pastor trat an den Schrank, besah das Gefäß, wendete es links und rechts, schüttelte den Kopf und sprach: »Lezen kan ik de schrift wel, maar hoe zal ik ze duiden? 't Gaat mijn verstand te boven. Dat heet zoveel als: Onder deze pot, staat nog een groter pot.« (Lesen kann ich die Schrift wohl, aber wie soll ich sie deuten? Es geht über meinen Verstand. Das heißt soviel wie: Unter diesem Topf steht noch ein größerer Topf.) Der Mann und die Frau sahen sich an, als wenn sie sagen wollten: Eine Unze Glück ist mehr als ein Pfund Verstand, oder: Wir begreifen es sehr gut, Doomdi, ließen sich aber weiter nichts merken. Inzwischen war der Strang hergestellt, der Pfarrer drückte den Leuten zum Abschied warm die Hand, stieg in den Wagen und reiste weiter. Am Abend aber desselbigen Tages haben Mann und Frau noch den zweiten Schatz gehoben und von ihrem Überfluß in den nachfolgenden französischen Zeiten viel Gutes getan. (219)

Zwei Augen zu viel

Zu Ende des vorigen [18.] Jahrhunderts wollten die Burhafer sich eine neue Glocke anschaffen und ließen den Glockengießer zu sich kommen, damit sie gewiß wären, daß auch alles Silber, welches fromme Geber herbeitragen möchten, in die Glocke hineinkomme. Der Glockengießer richtete seine Werkstatt auf dem Kirchhofe ein und warf alles Metall, auch noch den letzten silbernen Löffel, den eine arme Frau brachte, in den Kessel. Jetzt wurde das Feuer angemacht, aber so hart war das Glockengut, vier Wochen mußte das Feuer lichterloh brennen, bis das Metall geschmolzen war. Nun sollte der Guß beginnen. Ganz Burhafe war auf dem Kirchhofe versammelt, um Zeuge des wichtigen Ereignisses zu sein. Nach den üblichen Vorbereitungen rief der Glockengießer mit lauter Stimme: »Jetzt!« Alle entblößten die Häupter – aber das geschmolzene Metall wollte nicht fließen. Da sah der Glockengießer, der ein großer Mann war, sich nach allen Seiten um, und als er die ganze zahlreiche Versammlung mit scharfem Auge gemustert hatte, sprach er mit gehobener Stimme: »Dar sünd twee Ogen to veel!« Dann trat er schweigend an den Herd, zog zwei brennende Holzscheite heraus und schlug damit kräftig an den Kessel. Siehe, da fiel ganz hinten auf dem Kirchhofe ein Mann rücklings über in die Graft, und nun floß das Metall, und die Glocke war nachher eben so schön anzusehen, wie ihr Ton tadellos war. Jenen Mann hat niemand mehr gesehen, auch hat niemand sagen können, woher er gekommen war. (220)

Die Glocke in Keitum

Zwei alte Jungfern oder Nonnen, namens Jng und Dung, die ein Haus oder Kloster eben nördlich von der Kirche in Keitum besaßen, haben dieser auf ihre Kosten den Turm bauen lassen. Zu ihrem Andenken hat man zwei aufrecht stehende, pyramidenförmige Feldsteine, die die Erbauerinnen vorstellen sollen, daran angebracht und man hört ganz deutlich in den Tönen der Turmglocke die Namen Jng und Dung. Die Glocke hatte einen so schönen hellen Ton, daß man sie bei klarem Wetter am gegenüberliegenden Ufer des festen Landes hören konnte und der Neid der Einwohner des Flecken Höjer rege ward. Einmal machten darum diese einen Versuch, sie zu stehlen; deswegen banden die Keitumer Kirchenvorsteher einen Zwirnsfaden oder, wie andere sagen, ein Pferdehaar um den Klöpfel, so daß die Höjringer glaubten, die Glocke sei gesprungen, und sich nicht länger darum Mühe gaben.

Es ist eine alte Prophezeiung, daß die Glocke einmal niederstürzen und den schönsten Jüngling von Sylt erschlagen werde; aber auch daß der Turm ebenfalls niederstürzen und die schönste Jungfrau zerschmettern werde. Wirklich ist im Jahre 1739 nun die Glocke herunter gestürzt und ein schöner Jüngling erschlagen; darum wagt es seit der Zeit eigentlich kein Mädchen auf Sylt, dem Kirchturm nahe zu kommen. (221)

Die Hatshauser Glockendiebe

Mal wollten die Hatshauser den Ayenwoldmern zur Nachtzeit die beiden Glocken aus dem Turme nehmen. Das Wagestück gelang: Die Glocken wurden, ohne daß sie geläutet hätten, auf die bereitstehenden Schlittenkufen gesetzt und davon gings im Trabe, mit Hurrah und Peitschengeknall lustig dem Heimatdorfe zu. Es war im Winter und das zwischen beiden Dörfern liegende Sandmeer, ein kleiner Landsee, mit einer starken Eisdecke belegt. Schon war man bis zur Mitte des Sees gekommen, da hörte man hinter sich die durch den Triumphlärm wach gewordenen Bestohlenen, die in hellen Haufen den Dieben nachsetzten, ihnen die Beute abzujagen. Mit erneutem Eifer trieben die Hatshauser ihre Gäule an, als sie an eine Stelle kamen, die der Last nicht gewachsen war. Ein Ruck, ein Schlag, und plötzlich sah man Schlitten, Glocken und Hebebäume in die Tiefe hinabfahren. Kaum war Zeit, die Stränge zu durchschneiden, um wenigstens die Pferde zu retten. Da standen nun die Hatshauser an der einen, die Ayenwoldmer an der anderen Seite des gähnenden Lochs – zu beiden Seiten überzeugt von der Unfruchtbarkeit eines Rettungsversuchs. Noch oft hörte man darnach die Glocken im Grunde klingen. Als endlich das Meer zugeschlammt und verwachsen war, versuchte man mit Spaten und Haken, die verloren gegangenen Lufthunde aufzugraben, doch war alles Mühen umsonst. – Ganz so lautet die Sage von den Riepster Glocken, die von den Uphusern geraubt und im Uphuser Meer zu stummen Fischen wurden. (222)

Die Glocke von Scharrel

Der Krätseldobben ist ein morastiges, mit Wasser gefülltes Loch und liegt in der Nähe des Maiglöckchenwaldes. Und damit hat es folgendes auf sich. Das war im Dreißigjährigen Krieg. Da fielen die Mansfelder, etwa zweihundert Mann, ins Saterland ein, von Ostfriesland kommend, und raubten und plünderten alles, was nicht niet- und nagelfest war [vgl. auch Nr. 259]. Jetzt kamen sie in den Ort Scharrel und nahmen die einzige Glocke, die im Turm hing, mit. Darüber waren die Bauern derart erbost, daß sich alle Männer zusammenfanden und mit Dreschflegeln und Harken bewaffnet die Mansfelder bald einholten. Diese stellten sich zum Kampf, und es blieben Tote und Verwundete zurück. Die Bauern konnten die Glocke wieder an sich bringen, und die Mansfelder ergriffen die Flucht. Weil aber die Horden schon öfter durch das Land gezogen waren, vermuteten die Scharreler, daß die Mansfelder wohl mit einer größeren Zahl Krieger wiederkommen würden, um alles zu erbeuten. Darum sammelten sie alles Gold und Geld – das war ja damals Silbergeld – und gaben es in die Glocke hinein und versenkten sie im Krätseldobben. Und darauf wälzten sie einen großen Stein, um feststellen zu können, wo die Glocke im Dobben sich befand. Die Mansfelder kamen ja dann zurück und fanden nichts mehr und haben aus Wut alles verwüstet. Aber die Scharreler hatten ja ihr Gold und ihre Glocke gerettet.

Als nach Jahren der Friede wieder ins Land zog, wollten die Scharreler ihre Glocke mit dem Schatz wieder heben. Weil der Boden sehr morastig war, war die Glocke schon recht tief versackt, so daß die Scharreler große Mühe hatten, den Stein zu heben. Während die Männer bei der Arbeit waren, kriegten sich schon die Frauen in die Haare, wessen Eigentum die einzelnen Teile des Schatzes wären. Es war eine Frau darunter, die behauptete, auch einen großen Wert da mit hineingegeben zu haben, während andere sagten: »Soviel hattest du ja gar nicht!« Diese Frau war als Hexe bekannt. Und weil sie glaubte, ihr Ziel nicht erreichen zu können, hat sie den Ausspruch getan: »Die Glocke soll nie wieder ans Tageslicht kommen. Wenn ich mein Recht nicht bekomme, sollt ihr auch nichts haben!« Daraufhin ballten sich die Wolken zusammen, und in kürzester Zeit entlud sich ein schweres Gewitter, und der Krätseldobben war bis an den Rand mit Wasser gefüllt, so daß die tagelange Arbeit umsonst war.

Im Laufe der Zeit, auch noch nach der Jahrhundertwende, wurde wieder versucht, mit modernen Geräten das Wasser auszupumpen und die Glocke zu heben. Das war nämlich die Firma Brinkmann. Die verfügte über moderne Pumpwerke. Das war um das Jahr 1935, damals zur Nazizeit. Bei dem Versuch, die Glocke zu heben, hatten die Nazis die Leute von dem Krätseldobben zurückgehalten, damit sich die Leute nicht schon im voraus um den Schatz stritten. Aber die haben es auch nicht geschafft. Die Bagger hatten den Stein schon in ihren Greifern. Aber es kam wieder ein Unwetter, und alles, sogar die Bagger, versackte in dem Morast. Erst nach Monaten, als der Dobben einigermaßen ausgetrocknet war, konnten sie die Bagger wenigstens wieder rausholen. Und so wird die Glocke wohl nicht mehr gehoben werden. (223)

Die Glocke Maria

Ein Rhauderfehntjer wollte einst eine Schiffsladung Torf nach Emden bringen. Er fuhr mit der Ebbe die Ems hinunter. Als er nahe beim Dollart war, setzte plötzlich die Flut ein, und nun wollte sein Fahrzeug nicht mehr voran. Nachdem er sich eine Weile abgemüht hatte, beschloß er, liegen zu bleiben, und er befahl seinem Jungen, den Anker auszuwerfen. Als die Fahrt weitergehen konnte, wollte er den Anker wieder heben, aber er ließ sich nicht hochziehen. »Jung, kumm ins her un help mi!« rief er. Der Junge legte mit Hand an, aber der Anker saß fest im Grund und rührte sich nicht. Schließlich, indem sie alle Kraft aufboten, hob er sich langsam, doch es war, als wenn eine andere Kraft ihn wieder nach unten zöge. Im Schweiße ihres Angesichts brachten sie ihn endlich über Wasser, und da sahen sie, daß er etwas aus der Tiefe mitbrachte: eine Glocke war es, die sich in ihm festgehakt hatte. Es war nicht leicht, sie miteinander in den Kahn zu heben, aber es gelang ihnen. Nun bestaunten sie ihren Fang von allen Seiten, und da entdeckten sie am Glockenrande den Namen Maria. Auf der Rückfahrt sprachen sie von nichts anderem als von der geheimnisvollen Beute, die sie heimbrachten, und sie waren sicher, daß es eine der Kirchenglocken wäre, die einst mit den reichen Städten des Reiderlandes im Dollart versanken [vgl. Nr. 225].

Das ganze Fehn lief zusammen, als sie die Glocke an Land brachten, und es war große Freude darüber. Sie wurde in den Turm gehängt, und alle warteten auf ihr erstes Geläute. Die Jugend drängte sich heran, als der Küster den Strang faßte. Da klang es fein und zart und hallte doch weit über das Fehn, und die Alten falteten die Hände. Den Jungen war es nicht nach dem Sinn. »Luter [lauter] Maree!« riefen sie. Und ein übermütiger Bursche sprang herzu und läutete mit wildem Ungestüm: »Wi willen di dood lüden, Maree!« Da gab es einen schrillen Ton, daß den Alten in jähem Schreck das Herz fast stillstand. Die Glocke hatte ausgeläutet, sie war geborsten. (224)

Gottes Finger

Von Frevel und Strafe, Sündern und Wundern

Der Dollart

Das ist ein großer Meerbusen, den die wilde Nordsee in das Land gerissen hat und ihn noch immer nicht wieder ganz hergeben will. Mann sagt aber, er sei also entstanden: Der Strich Landes, der jetzo Wasser ist, war von reichen Leuten bewohnt, die gar zu stolz und hoffärtig waren und einer dem anderen lieber Schaden als Nutzen taten. Da wollte sie der liebe Gott züchtigen und schickte ihnen das Wasser, damit sie in ihrer Not sich bekehrten und allen Hader fahren ließen. Als nun der Deich brach und die demselben zunächst wohnenden Bauern um Hilfe zu den Nachbarn schickten, blieben diese hart wie zuvor. Da war sogar einer, der sprach: »Und wenn auch meine eigenen Felder lanzenhoch vom Wasser bedeckt werden sollten, so würde ich keinen Finger rühren, den Nachbarn zu helfen, damit der Deich geflickt würde.« Und so kam es, und es wurde noch ärger, denn nicht lanzenhoch, sondern turmhoch brauste das ungestüme Meerwasser über die Felder daher und verschlang das ganze Land. Fünfzig Ortschaften, Städte, Flecken und Dörfer verschwanden vom Erdboden und wurden nicht mehr gesehen. Man sagt aber, daß viel später bei stillem heiterem Wetter der Schiffer, der über den Dollart fahre, tief unterm Meeresspiegel die Trümmer der vernichteten Gebäude klar und deutlich sehen könne, und daß es herauf klinge, wie von Glocken, die im Grunde läuteten. (225)

Rungholts Untergang

Man erzählet viel Wunderliches von der Verwüstung und dem Untergang des Städtlein Rungholt, dessen Name bei den Alten nicht allein sehr berühmt gewesen, sondern auch annoch bei dem gemeinen Manne nicht unbekannt ist, so von ihrem verübten Mutwillen und Gottlosigkeit sei hergerühret. Denn wie in demselben auf eine Zeit etliche mutwillige Gäste beisammen gewesen, da haben sie eine Sau trunken gemacht, und auf ein Bett geleget, darauf sie ihren Prediger haben lassen ersuchen, er möchte kommen, um einem Kranken das heilige Nachtmahl zu reichen, auch sich untereinander verschworen und verbunden, daß, wenn er würde vorhanden sein, und ihnen nicht würde willfertigen, so wollten sie ihm Quabeldrancken – welches nach alter friesischer Art soviel heißet, als in den Graben stoßen, und im dritten Teil des Strandiger Landrechts Artikel 35 bei Halsstrafe ist verboten.

[...] Wie nun der Prediger gekommen, und das heilige Sakrament nicht so greulich hat wollen mißbrauchen, da haben sie untereinander gesprochen, ob man nicht sollte halten, was man Gott bei Eidespflicht hatte gelobet? Und als demnach der Prediger leichtlich gemercket, daß sie nichts Gutes mit ihm in Sinn hatten, da hat er sich stillschweigends davongemacht. Und wie er wiederum hat wollen heimgehen, und zwei gottlose Bösewichte, in einem Kruge sitzende, ihn gesehen, da haben sie sich beredet, daß, so er nicht zu ihnen herein gehen würde, so wollten sie ihn auf Bote Bote – das ist unehrlich die Haut voll – schlagen, welches im dritten Teil des Landrechts, Artikel 34, mit Verweisung aus den sieben Harden und Beraubung der Ehre verboten ist. Darauf sind sie herausgegangen, haben den Prediger mit Gewalt ins Haus gezogen, und ihn gefraget, wo er gewesen. Und wie er es ihnen hat geklaget, wie man mit Gott und ihm habe geschimpfet, haben sie gefragen, ob er das Sakrament bei sich hätte. Und wie er ja geantwortet, haben sie ihn freundlich gebeten, daß er ihnen dasselbige wollte zeigen. Darauf er ihnen hat gegeben, darin das Sakrament gewesen, welches sie mit spottlichen und gotteslästerlichen Worten haben zu sich genommen, und gesprochen: »Ist Gott darin, so muß er auch mit uns saufen«, und haben die Büchse voll Bieres gegossen.

Der Pastor aber habe auf sein freundlich Anhalten die Büchse wiederbekommen, sei in die Kirche gegangen, habe die Türe hinter sich verschlossen, und Gott den Herren angerufen, daß er diese gottlose Leute nach seiner Gerechtigkeit wolle strafen; darauf er in der nachfolgenden Nacht diese Stimme habe gehöret: »Stehe auf und gehe aus diesem Lande, denn Gott wird dies Land verderben.« Worauf der Pastor aufgestanden und davon gegangen. Und ist alsbald darauf ein ungestümer Wind erfolget, daß das ganze Land Rungholt – oder wie andere es melden, ganz sieben Kirchspielen, worunter Rungholt das vornehmste gewesen – in Wasser sei vergangen, und niemand davongekommen, ohne gemeldeter Pastor und vier Jungfrauen, eines frommen Mannes Kinder daselbst, welche des Abends zuvor von Rungholt aus auf Bupschlott sein gegangen, um daselbst dem Gottesdienst beizuwohnen, von welchen zu Bupschlott das Geschlecht Bakke Boiesens und seiner Erben sollte entsprossen sein.

Und stehen die alten abergläubischen Leute in dem Wahn, daß dieses Rungholt noch einmal wieder aufstehen, und vor dem Jüngsten Tage zu vorigem Stande werde kommen. Melden auch, daß diese Stadt mit allen Häusern ganz in der Erde stehe, und dessen Turm oftermals bei klarem Wetter sich hervor tue und klar sehen lasse, und daß auch von den Vorübergehenden der Glockenklang und dergleichen gehöret werde. (226)

Alt-Galmsbülls Untergang

In wilden Sturmnächten gingen die Bewohner von Alt-Galmsbüll an den Strand, lockten mit Teerfackeln die Schiffe, die in Seenot waren, durch falsche Signale ans Ufer. Wenn dann das Schiff von den Brechern zerstört wurde, ertrank die Schiffsbesatzung. Diejenigen, die lebend ans Ufer gelangten, wurden von den Galmsbüllern erschlagen und im Sande verscharrt. Die Ladung teilten die Räuber dann unter sich. Unter diesen Seeräubern war auch einer, dessen einziger Sohn vor vielen Jahren in die Fremde gezogen war. Als wieder einmal in einer stürmischen Herbstnacht ein Schiff dort scheiterte, war unter der Besatzung, die Mann für Mann im Dunkel der Nacht erschlagen wurde, der Sohn dieses Schiffers. Der Vater erkannte seinen Sohn, als dieser im Morgengrauen verscharrt werden sollte. Wenige Wochen später kam eine gewaltige Sturmflut, in der Alt-Galmsbüll unterging, als Strafe für die Untaten der Bewohner! (227)

De Armrieksdobbe

In der Einsenkung einer Anhöhe zwischen Holtland und Brinkum befindet sich ein Teich (Armrieksdobbe), über dessen Entstehung die Sage folgendermaßen berichtet: Vor vielen, vielen Jahren lag auf dieser Anhöhe das Haus eines reichen, stolzen Bauern. Statt mit Sand bestreute er seine Diele mit Mehl und die Stufen der Treppe vor seinem Hause waren von Broten gemacht. Wenn aber ein Unglücklicher an seine Tür klopfte, so ließ er ihn mit Hunden fortjagen. Doch die Strafe des Himmels kam über ihn. Einst in einer stürmischen finsteren Nacht hört er ein gewaltiges Brausen und Heulen, er fühlt, wie sich das Haus bewegt und wie es in seinen Grundfesten wankt. Schnell verläßt er sein Lager, reißt ein Pferd vom Stall, wirft sich auf dasselbe und jagt in wilder Eile davon. Aber wohin er reitet, senkt sich der Boden, bis sich endlich derselbe öffnet und ihn samt seinem Tiere verschlingt. An dieser Stelle bildet sich ein kleinerer Teich, der gleich dem größeren, in welchen das Haus versank, geblieben ist bis auf den heutigen Tag [1857]. Beide sind unergründlich tief und bergen kein lebendes Wesen. (228)

Junker und Pfaff

Zu Breinermoor stand früher eine Kapelle, deren Patronat dem Junker von Torenwarf (Papenburg) zugehörte. Man erzählt sich aber davon folgende Sage: Der Junker hatte dem Priester strenge anbefohlen, nicht eher den Gottesdienst zu beginnen, als bis er dazu erschienen sei. Der Weg von Torenwarf bis Breinermoor ist ca. drei Stunden lang. An einem Festtagmorgen dauert es mit der Ankunft des Junkers sehr lange, so lange, daß dem Priester die Geduld ausgeht. Er denkt, der Patron wird gar nicht erscheinen und beginnt die Messe. Kaum ist das Offertorium zu Ende, so tritt der Junker ungestüm in das Gotteshaus, rennt wütend mit entblößtem Degen auf den Priester los und streckt ihn sofort tot zur Erde nieder. Für diesen Frevel des Mordes an einer gottgeweihten Person strafte nun der Herrgott den Mörder so, daß er an demselben

Tage, an dem der Prediger begraben werden sollte, jählings tot zu Boden fiel und mit dem Priester in einem Grabe bestattet wurde. – So erzählt man sich in Völlen, die Breinermoorer aber sagen, die Tat sei in Bakemoor geschehen. Dieselbe Sage findet sich zu Timmel von einem Junker auf Ulbargen, zu Hinte von dem Junker auf Wichhusen (zu Hinte wird [1869] noch der Grabstein gezeigt, unter dem beide ruhen, auch trägt dieser Stein die beiden Toten im Bildnis), zu Suurhusen von dem Junker einer Burg am großen Meere, davon jetzt nichts mehr bekannt, als die Burgstelle; zu Groothusum von einem mächtigen Junker auf Strohburg, zu Sandel im Jeverschen und noch an anderen Orten Frieslands. (229)

Der Mann im Mond

Jarbuck war einmal des Nachts im Mondschein in einen Garten eingebrochen und hatte einen Korb Kohl gestohlen. Er wurde aber dabei überrascht, und die Leute wollten ihm zu Leibe. Da beteuerte er und verschwor sich hoch und heilig, wenn er es getan hätte, so sollte der Mond nicht wieder über ihm scheinen. So schwor Jarbuck einen Meineid, und zur Strafe dafür muß er seit jenem Tage mit seiner Tracht Kohl im Mond stehen. Wer genau zusieht, kann den Sünder dort deutlich sehen. (230)

*

Auf Sylt erzählt man, er sei ein Schafdieb gewesen, der mit einem Kohlbüschel fremde Schafe an sich gelockt habe, bis er zur ewigen Warnung für andere in den Mond versetzt worden sei, wo er noch immer seinen Kohlbüschel in der Hand hält. Die Rantumer aber sagen: Der Mann im Monde ist ein Riese; der steht zur Zeit der Flut gebückt, weil er dann Wasser schöpft und auf die Erde gießt und dadurch die Flut hervorbringt. Zur Zeit der Ebbe aber steht er aufrecht und ruht von seiner Arbeit aus, und dann kann sich das Wasser wieder verlaufen. (231)

Der Seeteufel

Es war einmal ein Müller, der hieß Klaus. Und weil er die Leute betrog, nannte man ihn Klaus, den Betrüger. Lange ließen die Leute das so hingehen. Als Klaus es zuletzt aber schlimm machte, kam die Sache vor Gericht und er sollte sich verteidigen. Da waren viele Kläger da, aber niemand konnte ihm richtig etwas beweisen. Der Richter wußte darum erst nicht, was er mit dem Schlingel aufstellen solle. Da sagte einer: »Laß ihn schwören, daß er unschuldig ist, dann bin ich zufrieden.« Der Müller erhob die Schwurfinger und sagte: »Wenn ich betrogen habe, so will ich in ein böses Tier verwandelt werden.« Da mußte der Richter ihn freisprechen. Kurz darauf wurde der Müller von anderen Friesen erschlagen und auf einer einsamen Warft zwei Ellen tief verscharrt. Niemand wußte, wo er geblieben war, und darum sagten die Leute, der Teufel habe ihn geholt und in ein wildes Tier verwandelt. Das wurde zur Gewißheit, als ein Mann beim Fischen im Priel einen sonderbaren Fisch fing. Der Magen des Fisches glich zwei emporgehaltenen Händen, die emporgehalten werden, als wenn etwas hineingefüllt werden solle. Das ist der Müller, sagte jemand, der seine Hände aufhält, weil er Mehl gestohlen hat. Seit jener Zeit heißt der Fisch (der Seeteufel) hier: ›ein Müller‹ und er wird von niemand gegessen, sondern voll Ekel weggeworfen. (232)

Weshalb die Heringe weggeblieben sind

Es wird von alten Leuten auf Helgoland erzählt, daß in früheren Zeiten hier so sehr viele Heringe gewesen sind, daß große Heringssalzereien eingerichtet wurden, und die Heringe wurden nach dem Festlande versandt. Das ist manchmal so gewesen, daß da gar keine Tonnen und Salz zu bekommen waren. So wie die Alten erzählt haben, haben die Heringe hier dick längs des Strandes gestanden und sind auf Land aufgelaufen und da liegen geblieben. So wie weiter erzählt worden ist, sollen die Frauen sie mit Besen weggefegt haben ins Wasser, und von der Zeit an sollen die Heringe weggeblieben sein. – Die Bolzendahl'sche Chronik berichtet zum

Jahre 1530: »War bei der Insel Helgoland eine solche Heringfang, daß 2000 Menschen davon ihre Nahrung haben könnten. Man will sagen, daß die Einwohner wegen solchen Segen und Nahrung übermütig und stolz geworden und aus Übermut ein Hering mit Ruten gestrichen, daher von solcher Zeit an sich solcher Fisch vom Lande verloren, dermaßen daß im Jahre 1554 kaum 100 Menschen ihre Nahrung davon haben können, und nach solcher Zeit ist der Heringfang bei diesem Lande gar verschwunden.« (233)

*

Früher waren die Küsten der Insel Norderney zeitweise von großen Heringsschwärmen besucht. Die Fische standen manchmal so dicht, daß die Insulaner sie buchstäblich mit Eimern schöpfen konnten. Die Norderneyer sollen aber ob des vielen Segens des Meeres übermütig geworden sein und sich versündigt haben, indem sie ihr Land mit den Fischen düngten. Seitdem sollen die begehrten Fische ausgeblieben sein und ihren Zügen eine andere Richtung gegeben haben. (234)

Der Ring im Fischbauch

Auf Ringswarft wohnte einst ein schwerreicher Bauer, der war ein ›Halsabschneider‹; seine Frau war stolz auf den Reichtum des Mannes. Einmal nahm sie einen Ring vom Finger und warf ihn in das Wasserloch bei der Warft. Das Wasser ist da grundlos tief, sodaß noch heute nichts darin wächst. Dabei sagte sie: »Ebenso unmöglich wie es ist, daß dieser Ring wiedergefunden wird, so unmöglich ist es, daß wir arm werden.« Schon am nächsten Tage kam ein Fischer und verkaufte ihr einen Hecht. Als man ihn zurechtmachte, fand sich der Ring vor. Die Familie ist bald völlig verarmt.

Ihr Dienstmädchen stammte aus Aventoft. Sie hatte sparsam alles zusammengehalten. Es wird erzählt, daß die verarmte Bäuerin sie später einmal besucht hat; sie bewunderte das Leinen des Bettzeugs; dabei gestand das Mädchen, daß sie sich stets den Hanf ausgewaschen habe, der im Abort des reichen Bauern gebraucht worden sei. Daraus habe sie sich Leinen gesponnen. (235)

Die verlorene Quelle auf der Hallig Nordmarsch

Auf den Halligen, wie in der Marsch überhaupt, gibt es selten Brunnen mit ganz frischem Wasser und man fängt daher den Regen in Zisternen auf, die Regenbäche oder Fedinge heißen. Auf der Hallig Nordmarsch war eine Quelle mit süßem Wasser, aber bald ward sie ein Gegenstand des Neides und des Streites. Einer war zuletzt boshaft genug, einen großen Stein hinein zu werfen und den Brunnen dadurch zu verstopfen. Seit der Zeit leiden nun die Bewohner der Hallig bei großer Dürre oder nach Überschwemmungen oft Mangel an frischem Wasser. Man hat vergebens nach dem verlorenen Brunnen gegraben; denn wenn man sich um Gottes Gabe streitet, weicht sein Segen allezeit. Darum sind auch die Fische aus den Strömen zwischen den Halligen gewichen, seit die Obrigkeit sich den Fang aneignete, und seit sie den Gänsefang besteuerte, fliegen alle Gänse an Sylt vorüber, und keine Heringe kommen mehr an diese Küsten, seit man mit den Helgoländern um den Fang Krieg führte. (236)

Vom grünen Platz bei Witsum

Einst war in Witsum [Föhr] ein Mädchen eines Verbrechens beschuldigt, verurteilt und hingerichtet worden. Vergebens hatte es vor dem Tode seine Unschuld beteuert, und als alles nichts half, hatte es gesagt: »Zum Zeichen meiner Unschuld wird der Platz über meiner Leiche stets grün bleiben.« Nach der Urteilsvollstrekkung wurde die Leiche als Zeichen des Fluches mitten auf dem Wege verscharrt, daß jeder darüber hinweg gehen mußte und die Verbrecherin im Grabe keine Ruhe finden sollte. Aber siehe, bald entstand über der Leiche ein grüner Platz, der stets grün blieb. Nach sieben Jahren grub man die Leiche wieder heraus; sie war noch ganz unversehrt und frisch, und gar die Nase fing an zu bluten. Jetzt erinnerte man sich der Worte des Mädchens, sah in dem Vorgang ein Gottesurteil, erkannte seine Unschuld und gab ihm ein friedliches und ehrbares Begräbnis. (237)

Marenholter

Sandhorst ist lange Zeit ein fürstlich Lustschloß gewesen, bis eine Geschichte daselbst vorfiel, die schaurig anzuhören ist. Denn da war in Ostfriesland eine Fürstin, die an ihres unmündigen Sohnes Statt regierte. Und die Fürstin hatte einen Rat, der hieß Mahrenholz, von dem Manne ließ sie sich gänzlich lenken und leiten [siehe Nr. 7]. Der Mahrenholz aber mißbrauchte das Vertrauen seiner Herrin und tat, was ihm gefiel. Und als nun darnach der junge Fürst [Ludwig Enno, 1632-1660] majorenn geworden war, kam er von seinen Reisen heim und hörte viel Klagen über die Regierung seiner Mutter und ihres Rates. Auch hörte er heimlich reden von der großen Gnade, in welcher der Rat bei der Mutter stände und noch andere heimliche Dinge. Da ward er höchlich erzürnet, eilte gen Aurich, trat sofort die Regierung an und ließ den Edelmann gefangen setzen. Und weil es ihn wurmte, daß man im Lande meinte, die Fürstin werde ihrem Liebling nichts zu Leide tun lassen, ließ er dem Mahrenholz den Prozeß machen. Und das Gericht sprach die Sentenz: Der Rat sei des Todes schuldig. Da das die Fürstin Mutter hörte, eilte sie, ihren Sohn zu bewegen, von seinem Vorhaben abzustehen. Aber vergebens war ihr Flehen, vergebens das Jammern und Bitten der Frau und Kinder des Mahrenholz, der junge Fürst blieb unerbittlich und hart. Schon am dritten Tage war das Gerüst aufgeschlagen, auf dem der Henker seinen Dienst tun sollte. Zum Ort der Hinrichtung war das Jagdschloß Sandhorst bestimmt worden, wo der Rat so manche frohe Stunde verbracht hatte.

Als nun der Mahrenholz auf dem Block lag und des Streiches wartete, sah er durch das Fenster die Krone eines Apfelbaumes ragen, und er erkannte den Lieblingsbaum seiner Herrin. Da rief er: »So wahr dieser Baum von jetzt an blutrote Äpfel tragen wird, so wahr bin ich unschuldig an den Verbrechen, deren der Fürst mich

Aurich von der Wasserseite gesehen (Radierung von G. A. Lehmann, um 1810)

bezichtigt!« Da fiel das Messer und trennte den Kopf vom Rumpfe. Und der Frühling kam, und der Baum fing an zu blühen, und es wurde Herbst, und er trug blutrote Äpfel, da er doch zuvor gelbliche Frucht gebracht hatte. Und die Fürstin ließ ihrem Sohne sagen: »Du bist der Mörder eines Unschuldigen, den ich liebte; ich will hinfort Dich nimmer sehen«, sammelte ihr Hab und Gut und zog ferne ab in ihrer Eltern Land. Den jungen Fürsten aber durchschauerte es jedesmal, wenn er in Sandhorst zur Jagd war und den Baum sah, ließ auch den Baum umhauen, und zuletzt das Schloß verkaufen. Doch immer wieder sproßten die Wurzeln aus und trieben Schößlinge mit blutroten Früchten, so daß viele Menschen, die darin Gottes Finger erkannten, von den Kernen dieser Frucht pflanzten und so der Baum durchs ganze Land verbreitet wurde; und heißt noch heutzutage dieser Apfel durch ganz Ostfriesland: Marenholter. (238)

Der Blutstein

Neben dem Südeingange der Kirche in Stapelmoor liegt ein Granitblock, der außer größeren roten Stellen auch eine ›Blutrinne‹ zeigt. Ob in ihm ein alter Opferstein zu erblicken ist, sei dahingestellt. Die Sage hat ihm den Namen Blutstein gegeben. Man erzählt, in alter Zeit sei ein Priester beim Verlassen des Gotteshauses überfallen und auf dem Stein abgeschlachtet worden. Andere wollen wissen, daß in kriegerischen Zeiten auf diesem Stein Gefangene geopfert worden seien. Die roten Spuren zeugen somit nach alter Vorstellung von vergossenem Menschenblut. (239)

*

In Stapelmoor stand die Burg Drakemond, die gehörte einem gewalttätigen Herrn. Weit und breit war er gefürchtet. Er lauerte den Kaufleuten auf, die aus dem Münsterland mit ihren Waren zu Pferde oder zu Wagen nach Ostfriesland kamen, plünderte sie aus, erschlug sie und verscharrte ihre Leichen. Und die, die ihm dienen mußten, wagten sich nicht gegen ihn aufzulehnen. Nur ein einziger scheute sich nicht, ihm seine Untaten vorzuhalten, das war der geistliche Herr in Stapelmoor. Der kam auf die Burg Drakemond, und redete ihm ins Gewissen, und als das nicht half, straften ihn seine Worte öffentlich von der Kanzel herab. Der Burgherr war erzürnt und verbot dem Priester, je wieder ein Wort gegen ihn zu sagen. Der aber fuhr fort, ihm furchtlos seine Sünden vorzuwerfen.

Als der Heilige Abend kam und die Leute in der festlich erleuchteten Kirche waren, ging auch der Burgherr nach dem Gotteshaus, aber er blieb draußen an dem Südtor stehen. Dort vernahm er den Gesang und hörte die Worte der Weihnachtspredigt, doch sie drangen ihm nicht ins Herz. Er wartete, bis die Feier zu Ende war. Die Menge ging an ihm vorbei, ohne ihn zu sehen, und als letzter kam der Priester. Da stürzte er sich auf den alten Mann und stach ihn nieder, daß sein Blut über den grauen Stein floß, der nahe der Kirchentür lag. Dort fanden ihn die Leute tot. Der Mörder jedoch kehrte nicht nach Drakemond zurück, niemand hat ihn je wiedergesehen. Das Blut ließ sich nicht von dem Stein abwischen, und noch heute [1968] ist der dunkle Flecken auf dem Blutstein zu sehen. (240)

Das versteinerte Brot

Als am 9. Oktober 1373 die Dionysiusflut die Deiche zertrümmerte und die Wellen besonders auch das Norderland überschwemmten, flüchteten die Bewohner des reichen Dorfes Westeel in wilder Eile. Nur ein Bäcker blieb trotzig zurück, seine ängstlichen Freunde und Nachbarn verspottend. »Macht, daß Ihr von hinnen kommt«, lachte er, »ich werde nicht eher weichen, bis die Fische in meinem Ofen schwimmen und das Brot, welches ich so eben hineingeschoben habe, sich in Stein verwandelt!« Bald drang die Flut in seine Werkstatt, stieg höher und höher, aber er arbeitete weiter; schon reichte sie ihm bis ans Knie, er kümmerte sich nicht darum; schon spülte sie ihm um die Brust, aber er wich nicht und erst als sie ihm bis an den Hals reichte, das Feuer im Ofen zischend verlöschte, die Fische um ihn herumschwammen und das Brot sich wirklich in Stein verwandelte, erst da suchte er sich zu retten. Jetzt aber war es zu spät und – er ertrank. Seine Seele packte der Teufel und schleuderte sie in den Höllenpfuhl. Das steinerne Brot wird noch heutigen Tages [1857] in Marienhafe gezeigt. (241)

*

In Seeth, bei Friedrichstadt, wohnten einmal zwei Brüder. Der eine war reich, der andere arm. Der reiche war kinderlos, aber der arme war gesegnet mit sieben Kindern, für die er oft nicht wußte, wo das Brot hernehmen. Eines Tages kam die Mutter mit ihnen vor des reichen Oheims Tür und bat um Brot. Aber die Frau, die gerade allein zu Hause war, war ein hartherziges Weib, schnauzte sie an und sprach: »Was ziehst du herum wie eine Sau mit ihren Ferkeln? Schäme dich, du bekommst von mir nichts.« Verzweifelnd ging die Mutter mit ihrem Häuflein davon. Als abends nun der reiche Mann nach Hause kam und sich ein Stück Brot abschneiden wollte, da quoll Blut unter dem Messer hervor und das Brot war zu Stein geworden. Entsetzt sprach er zu seiner Frau: »Dies Zeichen bedeutet etwas; es ist heute Böses in unserem Hause geschehen.« – »Davon weiß ich nichts«, antwortete die Frau, »nur die Schwägerin war hier mit ihren sieben, die hab ich abgewiesen.« – »Da mußt du doch Sünde mit getan haben«, sagte der Mann und eilte nach dem Hause seines Bruders. Er fand unten niemand, wie er aber auf den Boden kam, da hingen da unter dem Dache sieben Leichen, die Mutter und sechs von den Kindern. Nur der älteste Sohn war entflohen und so dem entgangen, was die Mutter den anderen Kindern angetan. Man konnte ihnen kein ehrlich Begräbnis geben, da sie auf diese Weise zu Tode gekommen waren; darum grub man alle sieben Leichen eben draußen vor dem Dorfe an der Landstraße ein, legte aber zum ewigen Gedächtnis einen Stein darauf, den man noch heute [1845] zeigt. Seine Inschrift aber ist jetzt schon ganz verwittert. (242)

Der wachsende Stein

In der Gastwirtschaft Zum Lindenhof in Stapelmoor wird [1930] den Besuchern ein großer Stein gezeigt, der bei näherer Betrachtung und etwas gutem Willen des Beschauers das Bild der Mutter Maria, umhüllt von einem weiten Schleier, darstellt. Auch die Linien eines Ankers und eines Kreuzes heben sich andeutungsweise ab. Zur Zeit des früheren Hausbesitzers stand er in der Scheune neben einem Ständer, in den Kerben geschnitten waren, um den Gläubigen zu beweisen, daß der Stein wachse. Jetzt ist er von einer Mauernische umgeben. Er ist der Sage nach von einem nahen Gewässer, Syke genannt, durch das Dach ins Haus gekommen und darf nie fortgeschafft werden, da dann das Haus einstürzen würde. In älterer Zeit soll der Stein von katholischen Münsterländern viel besucht worden sein. (243)

Bau der Breklumer Kirche

Drei adelige Jungfrauen, die auf dem Edelhofe Läcky wohnten, westlich von Breklum, östlich von dem jetzigen Norderkoogshause, beschlossen eine Kirche zu bauen. Als Bauplatz wählten sie die südlich von Breklum, am Kirchsteig nach den Süddörfern liegende Anhöhe Steenbarg. Was aber am Tage aufgebaut wurde, war am anderen Morgen wieder zerstört. Man erzählt, daß es die Bordelumer, Lütjenholmer und Högeler taten, weil ihnen der Kirchweg zu weit war. Da ließen die frommen Jungfrauen zwei Kühe vor einen beladenen Wagen spannen. Die Tiere zogen an, und man ließ sie ohne Fuhrmann gehen, wohin sie wollten. Wo sie sich lagerten, da sollte der neue Bauplatz für die Kirche sein. Das geschah auf dem Hügel, wo heute die Breklumer Kirche steht. Das Andenken an die drei Jungfrauen blieb durch drei am Altar angebrachte Holzfiguren erhalten. Als später [der dänische] König Erich gegen die Friesen zog, wurde die Kirche verbrannt. Alle, die hineingeflohen waren, wurden von dem geschmolzenen Blei jämmerlich zugerichtet und verbrannt. (244)

Wunderbare Rettung

In dem Schaumannschen Hause an der Ecke der Westerstraße in Schwabstedt war [so 1911] vor 100 Jahren eine Gastwirtschaft, mit welcher auch der Fährbetrieb verbunden war. Sie hatte einen schlechten Ruf, und das Toben und Trinken erregte solches Ärgernis, daß der Pastor es von der Kanzel scharf rügte. – Eines Tages reitet der Pastor in Amtsgeschäften nach Hollbüllhuus. Als er auf dem Heimwege bei Hollbek ankommt, stutzt das Pferd und will nicht von der Stelle. Nach vielen vergeblichen Bemühungen, es vorwärts zu treiben, läßt der Pastor endlich die Zügel fallen mit den Worten: »So gehe denn, wie Gott dich führt!« Das Pferd kehrte um und ging zurück bis zum Kreuzweg und bog rechts in den Huder Weg. So kam der Pastor auf einem Umwege nach Schwabstedt. In Hollbek aber wartete der Gastwirt mit seiner Flinte vergebens auf die Gelegenheit, an dem unbequemen Mahner Rache zu nehmen. (245)

Die Wunder der Christnacht

Die Weihnachtsnacht ist eine heilige, eine geheimnisvolle Nacht. In der Mitternachtsstunde wird alles Wasser zu Wein, und alles Vieh im Hause, welcher Art es auch sei, hält sich auf gleiche Weise, entweder liegt alles oder steht alles. Aber es ist vermessen, solche Wunder nachzuspüren. – Ein Bauernknecht in Jever wollte einst untersuchen, ob die Wunder, die man von der Christnacht erzählt, auch wirklich wahr seien. Er besah zuerst das Hornvieh und fand alles stehend. Dann ging er nach dem Schweinekofen, um nach den Schweinen zu sehen und zugleich von dem Wasser zu probieren, das in Eimern vor dem Kofen stand. Als er sich über den im Stalle bloß durch einen Verschlag abgekleideten Kofen beugte, ward ihm plötzlich das Licht ausgeblasen, und eine Stimme rief: »All Water is Win, dien Ogen sünd mien!« und von der Stunde an war der Knecht blind. (246)

Historisches

Klassische Erzählungen von und aus dem friesischen Mittelalter – Von seltenen Begebenheiten und ihren Folgen

Hengist und Horsa

Anno 360 im Beginne des Jahres wurde [der apokriphe Herzog] Udolph Haron in der Regierung seines Vaters (über die Friesen) angenommen und befestigt. Anno 361 ist ihm ein Sohn geboren worden, den er Hengist nannte, worüber all seine Untersassen sehr erfreut waren. Anno 363 ist ihm ein zweiter Sohn geboren worden, den er Horsa hat nennen lassen, wodurch die Freude der Untersassen noch gemehret wurde. Anno 374 sandte Udolph der Friesenherzog seine beiden Söhne, die vorgenannten Hengist und Horsa, zu Valentinian, dem römischen Kaiser, um Kriegshandel, Ehrbarkeiten und alle ritterlichen Manieren zu lernen, womit er demselben Kaiser einen angenehmen Dienst und Wohlgefallen tat. Anno 383 kamen Herzog Udolphs zwei Söhne wieder nach Friesland, wo sie blieben bis Anno 385, denn da ist ein groß Geruf vor den Herzog gekommen, wie daß seine Lande zu voll und überflüssig von Leuten wären; begehrten deshalb, er sollte die alten Gesetze und Gebräuche seiner Vorväter nicht vergessen, sondern nun bei diesen notlichen Zeiten wieder erneuen und in Kraft stellen, denn es wäre nicht möglich, daß alle Kost hätten.

Als dies der Herzog hörte, ließ er auf ihr Gesuch und Begehren in allen Städten, Dörfern und Flecken die Schönsten, Jüngsten und Tapfersten des Landes versammeln, um zu losen, wem es zu Teil fallen werde, auszuziehen, damit er also das Land lichte von der Überfülle des Volkes. Und dabei sparte er nach den alten Bräuchen seiner eigenen Kinder nicht, so daß auf Hengist und Horsa dies Los auszuziehen mitgefallen ist und diese wurden als Herren und Führer über die anderen angestellt.

Als nun alle Dinge fertig waren und die Schiffe, mit denen sie fahren sollten, bereit, sind sie Anno 385 unter Segel gegangen und mit vorsputigem Winde nach Brittanien (welches man nachmals Engeland hieß) gekommen. Als solches dem (britischen) Köning Vortigern gebotschaftet wurde, ist er alsbald zu ihnen gekommen. Da er am Wesen der zwei sah, daß sie den anderen allen übergingen, grüßte er sie und fragte sie vor allen anderen, warum sie also gewappnet mit Macht von Volk zu seinem Lande und Königreiche gekommen wären. Da antwortete Hengist, welcher der älteste und der beredteste war, dem Könige, wer sie wären und woher sie kamen, und sprach alsdann folgendermaßen: »Und wir, die gehorsam sein wollten unseren Obern nach Einsetzung und Befehl, sind zu Schiffe gegangen und mit des Gottes Wodan Geleit (denn dieser wurde in Dockenburg – Dokkum – geehrt) alhier in euer Königreich gekommen, um euch oder einem anderen Fürsten, dem es gelieben wird, zu Dienste zu sein.«

Als der König Wodans Namen nennen hörte, fragte er zur Stunde, wessen Glaubens und welcher Religion sie wären? Und als ihn Hengist über alles unterrichtet hatte, sprach der König wiederum: »Von wegen eures Glaubens, der nur Unglaube ist, bin ich höchlich betrübt, andersinns von wegen eurer Ankunft höchlich erfreut, denn ich werde euch nötig haben gegen meine Feinde, und dienet ihr mir getreulich und helfet mir mein Land beschirmen, so soll euer Sold und Lohn groß sein.« Als Hengist mit seinen Friesen, Angeln oder Niedersachsen dies hörte, waren sie zur Stunde bereit und schwuren, dem König als Männer von Ehre getreu zu sein.

Kurze Zeit darnach sind die Schotten dem Könige ins Land gefallen, aber durch die Frommheit Hengists und seiner Friesen und Niedersachsen, die immer die Vorhut bei dem Heere hatten, aus dem Felde geschlagen worden, und der König, sehend, daß er ihnen also große Viktorie verdanke, dankte ihnen herzlich und begabte sie mit reichen Geschenken, dann ließ er einen jeden zu dem seinen ziehen. Hengist aber, der gar klug von Verstand war, merkte wohl, daß er dadurch Gnade bei dem Könige erworben hatte, und sehend, daß der König nicht sehr geliebt und geachtet war in dem Lande, bot er ihm an, noch mehr Volk aus Friesland zu verschreiben. Das behagte dem Könige und er ließ Hengist es tun.

Nach diesem kam Hengist einmal wieder zum Könige und sprach, daß der König ihn noch nicht nach Würden begabet hätte, wie es einem Herzogssohne von Friesland gebühre, und bat ihn, daß er ihm eine Festung geben möge, in welcher er mit seinen Rittern und Friesen geachtet und geehrt leben könnte. Worauf der König ihm kürzlich entgegnete, daß die Gesetze der Vorväter verböten, Fremdlingen einiges Land einzuräumen und zu schenken; auch würde er sich dadurch die Ungunst der Brittanier, seiner Untertanen, auf den Hals holen; darum bäte er Hengist, nicht auf sotane kleine Giften zu schauen, sondern auf sein gut Herz. Da sprach Hengist: »Dann gebet und verleihet mir nur soviel Landes, als ich mit einer Ochsenhaut umlegen mag, um daselbst mir eine Festung zu bauen.« Das gönnte ihm der König alsbald. Da schnitt Hengist die Ochsenhaut in kleine lange Riemen, die er um einen steinartigen Boden legte, und zimmerte daselbst mit großem Eifer eine Stadt, nannte diese in friesischer Sprache Cancastra, welches nun Lancaster heißt.

Als dies nun meist alles vollbracht war, ist noch ein großer Haufe gewappneten Volkes aus Friesland gekommen, welche Hengist alle in der neuen Stadt aufnahm. Darunter war auch seiner Schwester Tochter, die überschöne Ronixa. Darum entbot er den König, die neue Stadt und das angekommene Volk zu sehen, welches der König zur Stunde tat, und hat ihm beides auch sehr wohl behaget und angestanden. Darnach ist er mit Hengist zur Tafel gesessen, wo er sehr ehrlich bedient und traktiert wurde.

Gegen das Ende der Mahlzeit kam die schöne Ronixa aus der Kammer, sehr schön und köstlich gezieret; sie hatte in ihrer Hand einen goldenen Kop oder Schale mit köstlichem Wein gefüllt, neigte sich dem König, fiel ihm zu Füßen und sprach: »Liever King wacht heyl.« Der König, sie nicht verstehend, fragte seinen Kämmerling, was sie sagte, und dieser entgegnete: »Sie nennet euch König und begehrt, daß ihrs von ihr wachten wollt; darum saget: ›Trinkt heyl‹«, welches der König tat. Da trank sie und gab es dann dem Könige, ihn küssend nach Landesweise. Als dies geschehen war, entbrannte der König sehr in Liebe zu ihr, so daß er sie von Hengist zu einer Hausfrauen begehrte. Dieser hielt Rat mit seinem Bruder und anderen Herren und Räten und sagte sie dem Könige zu unter dem Beding, daß der König ihm alsdann die Ecke Landes, welche man Cantuarien [Kent] hieß, für sein Volk gebe, welches auch also gelobt und geschehen ist. Und der König nahm Ronixa zu seiner Hausfrauen und hatte sie sehr lieb. Und davon ist nachher die Gewohnheit von Küssen und wacht Heil und trinkt Heil von den Friesen allda geblieben.

Da dieses Tun des Königs seinen Söhnen, den Prinzen und Herren sehr mißbehagte, baten sie ihn oftmal, er solle die Friesen wieder aus dem Lande ziehen lassen, worauf sie selten gute Antwort erlangten; sie warfen darum seinen einen Sohn zum König auf, und zogen also gesammt gegen die Friesen, gegen die sie einen harten Kampf kämpften, in dem Horsa, Hengists Bruder, tot und erschlagen blieb. Und die Friesen wurden meist alle wieder aus Brittanien vertrieben.

Kurz darnach ist der neuaufgeworfene König mit Gift vergeben worden und der Vater wieder ans Reich gekommen, und hat zur Stunde auf Anliegen von Ronixa, seiner Königin, Hengist wieder entboten, doch heimlich und mit wenig Volk. Nichts desto weniger kam Hengist mit viel Schiffen sehr stark ans Land, welches von dem König und seinen Herren sehr übel genommen wurde; sie wollten darum, daß man die Friesen wieder von der Landesgrenze vertreibe. Als Ronixa dies verstund, ließ sie es ihrem Ohm zur Stunde wissen, der stracks Boten an den König sandte, um ihm anzusagen, daß er nicht das Land zu schädigen gekommen wäre, sondern allein, um den König zu fragen, ob er nicht einiges Volk zur Beschirmnis des Landes da zu halten begehrte. Der König möge ihn nun wissen lassen, welches sein Wille und seine Meinung wäre, auch Zeit und Ort anberaumen, wo sie zusammen kommen könnten, um desfalls zu handeln.

Der König, dies hörend, setzte den ersten Mai und Ambren fest, um dann und dort zusammen zu kommen, und wollte mit seinen Herren, Edeln und Baronen daselbst sein, warum Hengist seinen vornehmsten Edeln befahl, daß sie am bestimmten Tage jeder ein gut Schwert bei sich trügen, und wann er spräche: »Nimet oure saxas«, dann sollten sie ihre Schwerter ziehen und jeder einen von des Königs Edeln durchstechen, der zunächst bei ihm stände, welches am bestimmten Tage also geschah, so daß von den edelsten Rittern und Ratsherren des Königs mehr denn 450 durchstochen wurden. Darnach rasten die Friesen in großer Wut, um den

Tod des Horsa zu rächen, und nahmen das meiste Land wieder ein, welches sie verloren hatten. (247)

Die dreizehn Asegen

Als der Frankenkönig Karl der Große dem Friesenkönig Redbad sein Land genommen hatte, wollte er Gericht halten. – Er konnte es aber nicht, denn nirgendwo gab es so viel herrschaftsfreies Land, auf dem er Gericht halten konnte. Da sandte er Boten in die sieben [friesischen] Seelande und befahl ihnen, eine freie Stätte für ihn zu kaufen, auf die er seinen Richterstuhl nach dem Rechte setzen und auf der er Gericht halten könnte. Da kauften sie mit Schatz und Schilling Deldemanes, das heißt Kaldadel. Darauf hielt er dann Gericht und lud die Friesen vor sich und befahl ihnen, das Recht zu willküren, so wie sie es halten wollten. Da erbaten sie eine Frist zur Beratung mit ihrem Vorsprecher. Die gab er ihnen dann. Am anderen Tage befahl er ihnen, vor Gericht zu erscheinen. Darauf kamen sie und wählten zwölf Vorsprecher aus den sieben Seelanden. Da befahl er ihnen, das Recht zu willküren. Da verlangten sie eine Frist. Am dritten Tage hieß er sie, vor Gericht zu erscheinen. Da beriefen sie sich auf gesetzliche Verhinderungsgründe, am vierten Tage ebenso, am fünften ebenfalls. Dies sind die zwei Fristen und die drei gesetzlichen Verhinderungsgründe, die der freie Friese nach dem Rechte geltend machen kann.

Am sechsten Tage befahl er ihnen, das Recht zu willküren. Da sprachen sie, sie könnten es nicht. Da sprach König Karl: »Nun stelle ich euch vor dreierlei Wahl, welche euch nur lieber sei: ob man euch alle töte, oder ob ihr alle leibeigen werdet, oder ob man euch ein so starkes Schiff gebe, daß es nur eine Ebbe und eine Flut auszuhalten vermag, und das völlig ohne Ruder und Steuer und Takelage.« Da wählten sie das Schiff und fuhren mit der Ebbe so weit aus, daß sie kein Land sehen konnten. Da war ihnen sehr traurig zumute. Da sprach einer, der aus Widekens, des ersten Asegen [Rechtsprechers], Geschlecht war: »Ich habe gehört, daß unser Herrgott, als er auf Erden war, zwölf Jünger hatte und er selbst der dreizehnte war, und er bei verschlossenen Türen zu ihnen kam und sie tröstete und belehrte. Warum beten wir nicht zu ihm, daß er uns einen dreizehnten sende, der uns das Recht lehre und wieder zu Lande führe?« Da fielen sie alle auf ihre Knie und beteten inbrünstig. Als sie das Gebet verrichtet hatten, standen sie auf. Da sahen sie einen dreizehnten am Steuer sitzen und eine goldene Axt aus seiner Achsel, mit der er gegen Strom und Wind ans Land steuerte. Als sie an Land kamen, da schlug er mit der Axt auf die Erde und warf ein Rasenstück auf. Da entsprang dort eine Quelle, deshalb heißt es dort zu Axenhowe, und zu Eswei kamen sie an Land und saßen um die Quelle. Und was der dreizehnte sie lehrte, das kürten sie als Recht; doch niemand im Volke wußte, wer der dreizehnte sei, der zu ihnen gekommen war, so sehr glich er jedem von ihnen. Als er ihnen das Landrecht gewiesen hatte, waren da nicht mehr als zwölf. Deshalb sollen da im Lande dreizehn Asegen sein und ihre Urteile sollen sie zu Axenhowe und zu Eswei fällen. Und wenn sie uneinig sind, so sollen sieben von ihnen über die anderen sechs obsiegen. So ist das Landrecht aller Friesen. (248)

Wie die Friesen zur Freiheit gelangten

In alten Zeiten gab es einen weisen Mann,
all seine Sachen waren wohlgetan,
er sprach: »Nun will ich dichten
und manchen Leuten berichten,
wie es sich zuerst zutrug,
daß die kühnen Friesen frei wurden,
als König Karl [der Große]
die Heerfahrt nach Rom unternehmen wollte,
da sie seinen Bruder, Papst Leo [III, 795-816], geblendet
aus Aachen weggesandt hatten,
weil allen Römern
König Karl verhaßt war;
sie taten es ihm zuleide und zur Schande.
Das wollte er seinen Blutsfreunden
und all seinen Verwandten klagen.
Seine Boten zogen durch alle Lande

und hießen alle Leute, unverweilt zu Hofe zu kommen,
zu Pferde und zu Fuß,
soweit sie am Kriege teilnehmen
und sich zu Gericht setzen könnten,
damit sie den Leuten sagten, daß die Römer
und die Lateraner
alle ungehorsam geworden wären.
Die Boten wurden weit fort gesandt,
sie gingen auch nach Friesland
und zogen auch durch alle sieben Seelande
und warben manchen kühnen Helden.
Aus jedem Seelande
schickte man ihm eintausend.
Siebentausend kamen zu Hofe
dem König zu Hilfe und zu Ehren.
Sie trugen alle breite Schilde
und flohen niemals.
Sie hatten auch stählerne Helme
und waren starke und tüchtige Helden.
Sie trugen auch Speere,
um Karl, ihrem Herrn, zu helfen.
Als sie an den Hof kamen,
beobachteten Karls Männer sie scharf.
Es dünkte sie die allertapferste Schar,
die je zu Hofe gekommen war,
und jeder trug ein Holzband um den Hals,
das bedeutete, daß sie alle des Königs Hörige
und daß sie Friesen waren.
Später wurden sie von Karl und allem Volke sehr geachtet.
Da kam an den Hof gezogen
ebenso glänzend eine Schar zu Pferde und zu Fuß:
der König von England
mit manchem Krieger;
der König von Dänemark
mit einem großen und starken Heere;
der König von Ungarn
mit manchem neuen Schilde.

Auch kam der König von Griechenland
mit manchem Kämper.
Da kam zu Hofe der König von Jerusalem,
das tat nach ihm kein König wieder.
Aus Afrika kam der König zu Hofe
und brachte manchen kühnen Mann mit.
Auch kam der König von Spanien
mit manchem starken Krieger.
Die Könige waren ihrer acht,
sie wollten gegen den Willen König Karls (sofort) kämpfen.
Keiner braucht danach zu fragen,
wie viele Herzöge und Grafen dort waren.
Dort konnte man am Hofe finden
zweiundsiebzig seiner Bruder- und Schwesterkinder.
Sie waren alle Fürsten
und besuchten den Hof zu Ehren des Königs.
Als das ganze Heer bereit war,
da fehlte ein teurer Mann,
den er nicht bemerkte.
Da wollten sie alle zum Sturm vorgehen.
Der König gebot ihnen, eine Weile zu warten.
Er sagte: ›Wir werden einen Mann bekommen,
der uns wohl nützen kann,
das ist der kühne Gerald,
er bringt uns manchen tapferen Helden,
Bayern und Schwaben,
er kann uns wohl beraten,
er gibt uns ganz richtig den Rat,
welches Volk in meinem Heer ganz vorn kämpfen solle.‹
Vor der Mittagszeit kam der kühne Gerald,
in der Hand trug er eine schöne Fahne
und er brachte wahrlich mit sich
fünftausend Mann, um Karl, seinem Herrn, zu helfen.
Da sprach König Karl:
›Willkommen, Neffe Gerald,
nun sollst du uns einen Rat geben,
welches Volk in meinem ganzen Heere

zuerst in den Krieg ziehen soll.‹
Da sprach Gerald von Schwaben:
›Ich hab' es mir sehr genau überlegt,
die Friesen mit ihren breiten Schilden,
die sollen ganz vorn auf dem Schlachtfeld kämpfen,
denn sie sind tapfere Kriegsknechte;
deshalb sollen sie ganz vorn streiten,
sie sind alle kühn,
sie treiben alle Römer in die Flucht,
und werden sie erschlagen,
kaum werden sie von uns betrauert oder beweint.‹
Darauf ließ man die Friesen ganz nach vorn gehen
und zu Rom vor dem Tore stehen;
darüber waren sie alle erfreut
und rüsteten sich dort
und griffen mit großem Ungestüm
mit ihren Heere die Römerburg an;
da war es allen Römern leid,
daß sie ganz vorn waren
und ihnen mit schweren Kampf entgegentraten,
so daß die Römerherren mit knapper Not mit dem Leben davonkamen,
da flogen die Speere
und schlugen schwere Wunden.
Magnus band seine Fahne zur Verstärkung an,
sehr kräftig spornte er alle Friesen an;
er sprach: ›Wir werden sie so bedrängen,
daß keiner von ihnen uns mit heiler Haut entgehen wird;
hegt keinen Zweifel darüber,
wir bringen sie alle völlig ums Leben;
tut alle, wie ihr mich tun seht,
faßt euch ein Herz und seid wohlgemut.‹
Sie zogen ihre Schwerter
und erschlugen die Pferde unter den Männern;
viele Männer hieben sie dort nieder,
dazu verhalf ihnen Gott von Himmel;
dies mißfiel allen Römern,

die Friesen jagten sie da in die Flucht;
so nahmen sie das Tor von Rom
und eroberten sowohl Rom als den Lateran;
die Ehre hat Gott den Friesen erzeigt.
Darauf setzten sie ihre Fahne auf den höchsten Turm,
alle Friesen waren so erfreut,
daß es ihnen so ehrenvoll gelungen war.
Als der König und sein ganzes Heer sahen,
daß sie zu Rom so mächtig waren,
da sprach Gerald von Schwaben:
›Es reut mich jetzt wahrlich sehr,
daß ich je den Rat gegeben habe,
nun da sie Herr der Stadt sind;
es ist ihnen wohl ergangen,
uns gereicht es gewiß zur Schande;
nun merke ich ihre Absicht wohl,
die Burg ist fest und stark,
sie räumen uns die nie und nimmer,
wenn ihnen nicht große Ehre erwiesen wird.
Sehr wohl erkenne ich ihren Wunsch,
daß man sie von den Halsbändern befreie
und, weil mich meine Ansicht niemals trog,
einem jeden einen Goldring gebe,
der soll groß und brandrot sein,
sonst erschlagen sie viele unseres Heeres,
bevor wir die Burg erobern;
es ist aber besser, daß wir sie für uns gewinnen,
denn es sind tapfere Kriegsknechte,
so tust du, o König, völlig recht.
Die Friesen schickten ihm dann Eilboten
und meldeten dem guten König Karl,
sie würden ihm die Stadt keinesfalls übergeben,
bevor man sie von den Halsbändern befreite, und dazu
sollte er ihnen soviel Freiheit schenken,
wie sie selbst haben wollten,
daß sie ohne Schande
nach ihren Landen ziehen könnten.

Als der König ihnen das versprach,
da öffnete man ihm das Tor.
Als der König dort hereinkam,
wurde er von den Friesen herzlich empfangen.
Sie gingen darauf alle zum Sankt Petersdom
und begehrten dort Gottes Gnade mit dem Papst,
der völlig blind war,
und ließen dort eine Messe singen.
Manche Glocke klang dort schön,
als der Papst die Messe las,
und auch sangen die geistlichen Herren,
die im Münster waren.
Als die Messe soweit vorgerückt war,
daß sie sich dem Ende näherte,
da tat der Herr der ganzen Welt
dem König Karl zu Ehren
ein sehr herrliches Zeichen
und schenkte dem Papst das Gesicht;
sehr froh wurde der Blinde,
als er sehend wurde.
Im Münster war niemand,
der unserem Herrgott nicht dafür dankte.
Nach der Messe gingen sie durch Rom und den Lateran
und sahen sich die schöne Stadt an
und feierten ein großes Fest,
das dauerte länger als sieben Nächte.
König Karl war heiter und froh
und alles Volk ebenso.
Da gab der König all seinen kühnen Kriegern Gold und Silber,
damit sie mit Ehren nach ihrem Lande zögen.
Die Friesen sprachen: ›Bitte, o König, gib uns Urlaub,
wir wollen deinen Hof verlassen,
laß uns nun zu deinen Ehren
in die Heimat ziehen, Herr König.‹
Da sprach der König: ›Ihr Friesen, seid auf immer frei,
ihr seid kühne Helden; nun setzte ich dies als Recht,
daß ihr um keines Königs willen weiter kämpfen sollt

als hinaus mit der Ebbe und zurück mit der Flut.‹
So sprach der gute König Karl,
er befreite die Friesen von den Halsbändern;
solches tat Karl, der edle Mann,
einen Goldring gab er jedem um den Hals,
in diesen Worten ist kein Falsch.
Da sagte König Karl: ›Lebt wohl und haltet Gottes Gebot,
nun empfehle ich euch dem mächtigen Gott.‹
Sie neigten sich vor ihrem ganzen Heere
und dankten ihm für diese Ehre.
Dann zogen sie nach ihrem Lande
mit Sang und Klang.
Als sie in ihr Land kamen, sagten sie, sie seien frei
und König Karl habe sie von den Halsbändern befreit.
So gelangten die Friesen nach Rom
und danach zu ihrer Freiheit.
Nun möge Gott das walten,
daß wir sie immer wohl erhalten.« (249)

Die Polarfahrt der Friesen

Uns erzählte der selige Erzbischof Adalbert [1045-1072], daß in den Tagen seines Vorgängers einige adeliche Männer aus Friesland, um das Meer zu durchschweifen, gegen Norden gesteuert seien, darum weil unter den Bewohnern jenes Landes die Rede geht, daß wenn man von der Mündung des Flusses Wirraha [Weser] in gerader Richtung nach Norden zu ausläuft, einem kein Land, sondern nur der unbegrenzte Ozean entgegentritt. Um diese so auffallende Erscheinung zu ergründen, hatten sich diese Genossen eidlich mit einander verbunden, und liefen nun mit fröhlichem Jubelgeschrei vom Ufer der Friesen aus. Darauf kamen sie, hier Dänemark, dort Britannien liegen lassend, zu den Orkaden [Orkeys]. Nachdem sie darauf diese linker Hand liegen gelassen hatten, während sie Norwegen zur rechten Hand hatten, kamen sie nach langer Überfahrt zum eisigen Island. Als sie von da aus, das Meer durchfurchend, auf die äußerste Axe des Nordens zueilten,

Föhrer Kirchgangstracht (Lithographie von Johann Friedrich Fritz, um 1840)

und nun alle die oben erwähnten Inseln hinter sich sahen, Gott dem Allmächtigen und seinem heiligen Bekenner Willehad ihre Fahrt und Kühnheit empfehlend, da verfielen sie plötzlich in jene schwarze Finsternis des erstarrenden Ozeans, welche mit den Augen kaum zu durchdringen war. Und siehe, da zog der Sund des wechselvollen Ozeans, zurückeilend zu gewissen geheimnisvollen Anfängen seiner Quelle, die unglücklichen Seefahrer, die bereits verzweifelten, ja an nichts, als nur an den Tod dachten, mit der heftigsten Gewalt nach jenem tiefen Chaos hin (dies soll der Schlund des Abgrunds sein), von welchem, wie die Sage geht, alle Rückströmungen des Meeres, die abzunehmen scheinen, verschlungen und wieder ausgespien werden, was man die wachsende Flut zu nennen pflegt. Da, als jene nur noch die Barmherzigkeit Gottes anflehten, daß er ihre Seelen zu sich nehmen möchte, riß jene zurücklaufende Gewalt des Meerstroms einige Schiffe der Genossen hinweg, die übrigen aber trieb der wieder ausspeiende Hervorlauf des Wassers weit von den anderen rückwärts hin. So unterstützten jene, von der drohenden Gefahr, die sie mit den Augen erblickten, durch Gottes gelegene Hilfe befreit, mit aller Anstrengung rudernd die Macht der sie forttreibenden Strömung.

Und als sie nun der gefahrdrohenden Finsternis und dem Lande der Kälte entrannen, da landeten sie unverhofft auf einer Insel, welche mit sehr hohen Klippen wie eine Stadt mit Mauern rings umgeben war. Wie sie darauf, sich das Land zu besehen, daselbst ausstiegen, fanden sie dort Menschen, welche in unterirdischen Höhlen zur Mittagszeit verborgen lagen, vor deren Türen eine unermeßliche Menge von goldenen Gefäßen und von solchen Metallen lag, welche von den Sterblichen für selten und kostbar gehalten werden. Daher nahmen denn die erfreuten Ruderer von diesen Schätzen, soviel sie fortbringen konnten, und kehrten eilig zu den Schiffen zurück, als sie plötzlich zurückblickend Menschen von wunderbarer Größe hinter sich herkommen sahen, welche wir Cyklopen nennen. Vor denselben liefen Hunde her, die auch die gewöhnliche Größe dieser Vierfüßer überschritten. Diese stürzten heran und rissen einen von den Genossen hinweg, der augenblicklich vor ihren Augen zerfleischt wurde; die anderen aber wurden in die Schiffe aufgenommen und entrannen so der Gefahr, indem die Riesen sie, wie sie erzählen, beinahe bis auf die hohe See hinaus schreiend verfolgten.

Von solchem Glücke geleitet, gelangten die Friesen nach Bremen, wo sie dem Erzbischof Alebrand [1035-1045] alles der Ordnung nach erzählten und dem frommen Christ und seinem Bekenner Willehad für ihre Heimkehr und Rettung Opfer des Dankes darbrachten. (250)

Henner der Friese und König Abel

Der alte Besenbinder Jens Drefsen erzählt: »Hennarshoog heißt dieser Hügel [auf Amrum], und Henner hieß der Pelwormer Rademacher, der [1252] den gottesvergessenen Brudermörder König Abel [von Dänemark] erschlug. Mag wohl sein, daß der Hügel nach dem Pelwormer Henner seinen Namen hat. [...] Ich kann mir recht vorstellen, wie Henner der Friese ausgesehen haben muß, wenn er dort auf dem Hügel stehend seinen Blick hat umherschweifen lassen vom Keitumer Turm im fernen Norden und ringsumher über die Watten, über Föhr und die Halligen bis zum Pelwormer Turm im fernen Süden. Und was mögen die Menschen, die damals lebten, von dem wunderlichen, unsteten Mann gedacht haben, der wie der Aribar (Storch) alljährlich wiederkam und den Hoog so oft bestieg, daß sie denselben nach dem Manne benannten?«

So ungefähr lautete die Einleitung, die der alte Besenbinder zu seiner Erzählung machte. Die Einleitung hatte mich nur noch begieriger gemacht, die eigentliche Erzählung zu hören, und Jens fuhr fort: »König Abel verstand es, Geld zu gebrauchen, wozu eben nicht viel Witz und Geschicklichkeit gehört. Da seine Kasse immer leer war, schrieb er neue Steuern aus und schickte seine Säckelmeister nach Ost und West, dieselben einzufordern. Die Säckelmeister kamen auch zu den Nordfriesen, kriegten aber weder Geld noch gute Worte; denn die Friesen sagten: ›Unsere Deiche und Dämme, die wir zum Schutz gegen das Meer erbauen und unterhalten müssen, haben all unser Hab und Gut verschlungen, darum möge der König abstehen von seiner Forderung.‹

Aber der König Abel stand nicht ab von seiner Forderung. Wie hätte man auch Barmherzigkeit von einem Brudermörder erwarten können? Da die Friesen also weder hergeben konnten noch wollten, beschloß der König, die Störrigen zum Gehorsam zu zwingen. Er führte zu dem Ende eine Heeresmacht zu Schiff nach der Gegend von Oldenswort in Eiderstedt; aber die Friesen waren auch nicht müßig. Es galt siegen oder unterliegen, edle freie Friesen bleiben oder Knechte werden. Festlandsfriesen und Seelieger, Wallinger und Utlandsmänner vereinigten sich auf dem Buurmannswai in Eiderstedt. Das friesische Heer bestand nach den sieben Harden aus sieben Haufen, und jeder Haufe hatte seine Fahne. Die Friesen schwuren, zu siegen oder für ihre Freiheit und ihr Recht zu sterben. Sie hatten die Bildsäule ihres Nationalheiligen, des Sankt Christian, mitgenommen, und gelobten, dieselbe mit Gold beschlagen zu lassen, wenn sie als Sieger aus dem Kampfe hervorgehen würden. Gleichwohl mag ihr Vertrauen auf den lebendigen Gott größer gewesen sein; denn ihre Haufen waren mutig und sangen alte Kämpferweisen, als sie wider Abel aufbrachen. Und als dieser die Todesmutigen heranrücken sah, entfiel ihm aller Mut; denn Gott war nicht mit ihm, und auf seinem Gewissen lastete der Brudermord.

Abel beschloß, sich zurückzuziehen und suchte seine Schiffe zu erreichen, die in der Eider lagen. Siehe, da war das Meer, sonst der Friesen Feind, ein treuer Bundesgenosse der Unsrigen. Die Ebbe hatte nämlich das Bett des Eiderstroms trocken gelegt, daß die Schiffe des Königs auf den Sand- und Schlammbänken festsaßen. Dem König Abel blieb also nur die Wahl, die Seinigen in den Schlick jagen zu lassen, oder sich den Rückzug durch die Marsch nach der Geest hinaufzuerkämpfen. Er wählte das Letztere. Die erbitterten Friesen drangen auf ihn ein, jagten eine Abteilung seines Heeres in den Schlick der Eider und verfolgten die Übriggebliebenen. Auf dem Königskamp kam es zu einem furchtbaren Gemetzel. König Abel verlor abermals viele der Seinigen; aber auch die Reihen der Friesen wurden sehr gelichtet; namentlich fanden viele Seelieger (so nannte man die Inselfriesen) ihren Tod auf dem Königskamp. Der flüchtige Abel eilte durch die Marsch nach dem Milderdamm, einer Brücke, welche über die Milde führte, hier war er reif zum Untergange.

Wessel Hummer, auch Henner der Friese genannt, als Landsmann ein Pelwormer, seines Handwerks ein Rademacher, dieser Henner hatte sich am Ende der Brücke hinter dem Pfahlwerk verborgen, trat nun aber hervor, versperrte dem König den Weg und spaltete ihm den Kopf mit seiner Axt.

Henner hatte geglaubt, recht zu handeln, als er den Brudermörder erschlagen hatte. Er war glücklich zu den Seinigen entkommen, hatte aber seine Tat verhehlt.

Henner kehrt zurück nach Pelworm und arbeitet emsig in seiner Werkstatt. Aber nach der Tat ist ihm anders zu Mute als vor der Tat. Er sucht Ruhe und findet sie nicht. Seine Werkstatt wird ihm zu enge. Er mag seine Axt und sein Zimmergerät nicht mehr ansehen und fängt an, als Fischer und Küstenfahrer sein Brot zu erwerben. Da schwalkt er umher von Bucht zu Bucht, von Eiland zu Eiland; bald sieht man sein Fahrzeug im Watt, bald ihn selbst auf Hennarshoog: Er ist unstet und friedlos, obgleich niemand ihn jagt.

Als Henner nun einst mit seinen Schiffsleuten auf der See war, erhob sich ein Sturm und drohte, das Schiff zu zerschellen. Die Schiffsleute sahen den gewissen Tod vor ihren Augen und riefen, weil damals noch alles katholisch war, ihren Heiligen um Hilfe und Beistand an. Da konnte der seit langer Zeit so schweigsame Henner nicht länger schweigen. Er tat seinen Mund auf und sprach, seinem gepreßten Herzen Luft machend: ›Es ist meine Schuld, daß Sturm und Wellen sich gegen uns empören; denn ihr müßt wissen: Ich bin ein Mörder. Ich war's, der König Abel am Milderdamm erschlug. Und nun erweiset mir die Barmherzigkeit, daß ihr mich ins Meer stoßet, so werdet ihr es besänftigen; denn mich will es haben. Und nun erbarme Sankt Christian sich meiner!‹ – Die Schiffsleute willfahrten ihm, und kaum hatte die See ihn fortgerissen, da hörte sie auf zu toben und es ward ganz stille. Und auf dem Hennarshoog ward Henner der Friese nicht wieder gesehen.« (251)

Cirkwehrum

Bei dem Bau irgend eines bedeutenden Gebäudes innerhalb der Krummhörn mußten die Steine dazu meilenweit verfahren werden. Eine Menge Fuhrleute waren beschäftigt, mit schwerbeladenen Wagen den bodenlosen Kleiweg gründlich unpassabel zu machen, und fuhren im Gänsemarsche vorsichtig hintereinander her. Der Vordermann hieß Cirk. Als er an die Stelle kam, wo heute das Dorf liegt, kamen eilig Leute von der entgegengesetzten Seite heran, die laut riefen: »Cirk, wehr um! Cirk, wehr um!«, ihn so zur Rückkehr auffordernd. Sie brachten aber die Botschaft, daß eine zu passierende Brücke total eingestürzt und somit der Weg gesperrt sei. Unwillig darüber rief Cirk: »So mag der Henker mit den Steinen wieder zurückfahren!« – lud seine Fracht am Orte, wo der Wagen halt gemacht, ab, und desgleichen taten die anderen Fuhrleute. Von den Steinen baute man daselbst bald ein Häuschen und nannte den Ort: Cirkwehrum. (252)

Mettenwarf

Zur Zeit des dithmarschen Krieges befand der [dänische] König Johann [Hans, 1481-1513] sich in einem Hause, wo er von allen Seiten umringt war. Eine kluge Magd, Metta, diente da und rettete den König dadurch, daß sie einen ihrer Röcke zerschnitt und seinem Pferde um die Hufe band. In der Nacht führte sie es am Zügel auf einen sicheren Weg und der König entkam. Andere sagen, sie habe ihn mit einem Knappen über die Eider gesetzt; und noch andere, daß sie ihn aus dem Wasser rettete, als er mit seinem Schiffe in einer Sturmflut in der Wiedingharde strandete. Aus Dankbarkeit ließ der König sie erst an seinen Hof kommen und gab ihr dann viel Land im Bordelumer Koog, wo er ihr ein großes Haus bauen ließ, dessen Stelle noch Mettenwarf heißt. Darauf bat Metta auch um etwas Geestland, und der König erlaubte ihr, sich so viel zuzueignen, als sie an einem Tage umpflügen könne. Die kluge Frau nahm den König beim Wort und zog in weitem Kreise bis ganz nach Lütjenholm eine Furche und bekam so an einem Tage ein gutes Stück, das bis auf diesen Tag Fru Metten Land heißt. (253)

Das Rasenmeer

In einer der großen Sturmfluten waren die Deiche Jeverlands an vielen Stellen durchbrochen, am breitesten und tiefsten in der Nähe des Kirchdorfs Wiarden, das damals noch näher an der See lag als jetzt, seitdem sich das alte Wangerland mit einem breiten Saume fruchtbarer Groden umgürtet hat. Zwar war das Meer schon in seinen alten Stand zurückgewichen, aber täglich rollte die Flut wieder über das Land hin und zerstörte die schwachen Werke, die von den Bewohnern aufgerichtet wurden. Die einzelnen Spaten voll Erde, die eine Menschenhand bewegte, konnten nicht widerstehen; wenn nicht ganze Wagen voll Erde auf einmal in die Lücke gebracht werden konnten, durfte man nicht hoffen, den Deich wieder herzustellen. Aber niemand wagte es, mit einem Wagen in die brausende Flut hineinzufahren, deren Tiefe man nicht kannte, und die nach der Höhe der Wogen zu urteilen unergründlich schien. Da versprach man demjenigen, welcher zuerst mit einer Ladung Erde durch das Wasser fahren würde, alles Land, das in der Nähe des Deichbruchs lag. Lange ging niemand ein auf das lokkende Gebot, bis endlich ein junger Bursche auf einen bereit stehenden Wagen sprang und kühn die Pferde in die Flut trieb. Voll Erstaunen rief das Volk: »De rasenden Mähren!« und gab das Leben des Burschen wie der Tiere auf, aber mutig strebte das Gespann vorwärts und erreichte das jenseitige Ufer. Nun war der erste Schritt getan, andere folgten nach, und bald erhob sich der Deich in alter Höhe. Das Land, welches man dem Burschen versprochen hatte, wurde in ein Gut vereinigt und heißt noch in diesem Augenblicke Rasenmeer. (254)

Das Osetal auf Sylt

Ein Bauer, der in dem nordwestlichsten Hause des Dorfes Wenningstedt wohnte, hatte in einem Jahre sein Heu glücklich geerntet und gab nun der Gewohnheit gemäß denen, die ihm dabei geholfen hatten, einen Ernteschmaus. Während der Mahlzeit entstand ein heftiger Streit unter den Gästen. Der Wirt mischte sich hinein und im Zorn erschlug er einen der Streitenden. Kaum war das Unglück geschehen, da erschrak er über seine Tat, floh aus seinem Hause und man suchte ihn in den folgenden Tagen überall vergebens; es hieß, er wäre von der Insel und damit den Händen der Justiz entkommen. Seine Gattin mußte nun die gewöhnliche Mannbuße statt seiner bezahlen und darum einen Teil des zum Hause gehörenden Landes verkaufen; sie ernährte sich und ihre Kleinen in Zukunft durch ihrer Hände Arbeit.

Bauer und Frau von Sylt (Rantzau-Westphalen, Monumenta inedita 1597)

Jahre vergingen indes, ohne daß man von dem unglücklichen Totschläger etwas hörte. Fast schien sein Name und seine Tat vergessen zu sein, als das Gerücht entstand, die fromme unbescholtene Ose, des entwichenen Mörders Frau, sei schwanger. Das mußte nicht nur in dem einsamen Dorfe, sondern auf der ganzen Insel Aufsehen erregen und die Leute zerbrachen sich die Köpfe darüber, wer wohl der Freier der unglücklichen Frau sei. Die Neugierigsten gönnten sich eher keine Ruhe, als bis sie die Sache entdeckt hatten. Da fand es sich denn, daß der Mörder gar nicht von der Insel gekommen sei, sondern seit jenem unglücklichen Tage sich in einer Höhle in den Wenningstedter Dünen verborgen gehalten hatte, und da von seiner Gattin so lange war ernährt worden. Seine langjährige Büßung und die Art und Weise seiner Erhaltung beschwichtigten jede bittere Erinnerung an das einst Geschehene und freudig ward der Wiedergefundene von allen aufgenommen. Zum Andenken aber an die Treue der Gattin und ihre aufopfernde Liebe, mit der sie alles Unglück ertragen und überwunden und Mann und Kinder ernährt hatte, heißt das Dünental bis auf diesen Tag das Osetal. (255)

Vom Wattenschiffer Brork

Auf Sylt wohnte einmal ein Binnenlandsfahrer, der wie alle Klötschiffer nicht sonderlich viel weiter kam, als nach Husum, und sich's gefallen lassen mußte, von den Kauffahrtei- und Grönlandsfahrern ›'n Landkrabb‹ genannt zu werden. Dieser Brork war ein wunderlicher Kauz. Er hatte immer Zeit genug. Sagte man ihm: »Brork, Brork, die Zeit hat Flügel«, so antwortete Brork langsam und bedächtig: »Zeit zu Allem, Zeit zum Leben, Zeit zum Sterben.« Und er ging in der Tat mit der Zeit nicht sparsam um. Dennoch machte er allerlei Entdeckungen und wurde wohl von Spaßvögeln der Entdecker genannt.

Als er einstmals mit seinem Ewer nach Husum segelte, überfiel ihn in der Gegend der Hallig Gröde die Nacht zu frühe. Er verfehlte die gewöhnliche Fahrstraße oder Tiefe, eben weil er nicht aufpaßte, und steuerte in eine Wehle der Hallig hinein und blieb im Schlamm stecken. Brork warf Anker, legte sich in seine Koje und schlief ein. Am folgenden Morgen, als der Tag graute, weckte ihn sein Gehilfe: »Baas, weiß doch in aller Welt nicht, wo wir sind!« Brork wischte sich die Augen aus und wunderte sich nicht wenig, als er die Entdeckung machte, daß er rings von grünem Landgrase, nicht Seegrase, umgeben sei. Er beschloß augenblicklich wieder umzukehren; allein das wunderliche Fahrwasser, in welches er wider seinen Willen hineingeraten war, hatte kaum hinreichende Breite und Tiefe, daß er seinen Ewer wenden konnte, und es war Hohlebbe. Zeit bringt Rat, meinte Brork, und hieß seinen Gehilfen geduldig warten. Es blieb Brork nichts übrig, als mit der kommenden Flut vorwärts ins Land hineinzusteuern. Er richtete seinen

Der versandete Fischerhafen Renning am Budersandberg bei Hörnum auf Sylt (gezeichnet von C. P. Hansen, lithographiert von W. Heuer)

Kurs genau nach den Krümmungen der Wehle, und o Wunder! – er kam an der anderen Seite der Hallig Gröde wieder ins Wattenmeer hinaus. Die von ihm entdeckte Straße hieß fortan ihm zu Ehren Brorkenboll.

Ein anderes Mal geriet Brork vom festen Wall kommend mit seinem Ewer auf eine Sandbank östlich von Sylt und zwar zur Zeit der höchsten Flut. Die nächstfolgenden Fluten brachten nicht hinreichend Wasser, daß er flott werden konnte, und der gute Brork mußte volle acht Tage auf der Sandbank ausharren, ehe er seine Heimatinsel erreichen konnte. Unterdes war sein Speisevorrat ausgegangen, und Brork hätte hungern müssen, wenn er nicht glücklicherweise einige Achtel Butter an Bord gehabt hätte. Brork lebte daher während seiner Gefangenschaft von Butter und kehrte nach

Verlauf jener acht Tage nicht wie sonst wohl von Schweiß, sondern von Fett triefend heim. Die Sandbank aber wurde von der Zeit an Buttersand genannt, und so heißt sie noch.

Anno 1786 war das merkwürdige Jahr, in welchem der wunderliche Brork am 21. Dezember mit seinem Prahmschiffe auf eine große Eisscholle hinaussegelte und sich auf derselben festsetzte. Die Eisscholle trug ihn von nun an samt seinem Schiffe bald hierhin, bald dorthin, je nachdem der Flut- oder Ebbstrom die Richtung bestimmte. Da nun diese merkwürdige Begebenheit sich unweit der Ostspitze Sylts, Kap Nösse, zugetragen hatte, der dortige Strom aber bald südlich, bald nördlich zieht, so war Brork gleich dem fliegenden Holländer in 16 Tagen, sage sechzehn Tagen, fortwährend in Bewegung um das Kap herum, bald vor dem Winde, bald gegen den Wind fahrend wie ein Spuk. Endlich schien Brork das Kap verlassen zu wollen; die Eisscholle riß nämlich das Schiff dem Zuge des Stromes folgend plötzlich mit Blitzesschnelle nach Süden, nach Föhr hinüber. Man erwartete schon den berühmten Klötschiffer durch den Föhringer Deich hindurch fahren zu sehen, als der Strom sich unerwartet westwärts wendete und die Eisscholle samt dem Prahmschiffe und dem Prahmschiffer nach der Ostseite der Halbinsel Hörnum führte. Hier geriet Brork an den Strand. Solches geschah am 6. Januar des Jahres 1787. Brork stieg nach langer Irrfahrt ans Land, um sich von allen erlebten Schrecknissen und Beschwerden zu erholen und auf seinen Lorbeeren auszuruhen. (256)

Der Doodspahl

In den Ostdünen von Baltrum liegt ein einsames Grab. Früher bezeichnete ein eichener Pfahl diese Stelle, auf dem geschrieben stand, daß ein Mann namens H.D. de Boer aus Veendam hier begraben liege. Als das hölzerne Denkmal zu verwittern drohte, wurde es dem Museum in Norden übergeben und nach dem Ersten Weltkrieg durch einen Grabstein mit derselben Inschrift ersetzt. Aus dem Kirchenbuch erfährt man, daß der Tote Eigentümer des Schiffes Jantina war und auf einer Reise von Amsterdam nach

Hamburg am 12. Juli 1849 gestorben sei. Eigentümlich ist, daß das Grab nicht auf dem Baltrumer Kirchhof, sondern ganz abseits liegt. Keiner weiß den Grund dafür, darum bemächtigte sich die Sage der Angelegenheit: Der Holländer Hendrik de Boer mußte im Watt vor der Insel mit seinem Schiff Jantina längere Zeit liegen, weil der Ostwind tagelang den Wasserstand niedrig hielt. Er ging an Land, um seinen Proviant aufzufüllen, doch die Insulaner erklärten, sie hätten selber kaum das Nötigste und gaben ihm nur ein wenig Brot und Milch. Da wurde der Kapitän so böse, daß er schimpfend und fluchend davonging; er nannte die Insel einen elenden Sandhaufen und rief: »Hier möchte ich nicht einmal begraben sein!« Als er wieder an Bord war, wurde er krank und starb ganz plötzlich. Da brachten die Schiffer seine Leiche aufs Eiland, um sie auf dem Kirchhof beizusetzen. Die Baltrumer aber sagten: »Gott hat ihn für seine bösen Worte gestraft, darum soll er nicht bei anderen Christenmenschen ruhen!« Sie ließen die Träger nicht auf den Friedhof, und so mußte er in den Dünen begraben werden. (257)

Die Brautpfad-Sitte in Aurich

Kaum graut am Himmelfahrtsmorgen der Tag, so schlüpfen in Aurich Kinder oder wohl auch junge Mädchen und Frauen mit gefüllten Blumenkörben und Krautbündeln aus den Haustüren. Mit regem Eifer wird, nachdem zuvor noch weißer Sand gestreut ist, girlandenartig an beiden Seiten des Fußsteiges das grüne Kraut von Tür zu Tür gelegt und die innere Fläche abwechselnd mit blauen und gelben Frühlingsblumen, besonders vom Stiel gepflückten wild wachsenden Veilchen und Butterblumen, belegt. [...] Wehe dem Hause in Aurich – wenigstens früher –, das nicht am Himmelfahrtstage vor Sonnenaufgang mit einem Brautpfade versehen war! Die in aller Hergottsfrühe ausziehende Jugend trieb bei demselben allerlei Mutwillen, band etwa einen toten Vogel oder dergleichen an die Klinke der Haustür, riß in die Klingel, um die Langschläfer zu wecken, hängte Gartentüren aus und warf womöglich Gartenstühle in den Brunnen. Es wurde dann der

Weckruf laut: »Aluun! Aluun! Sit 'n Deef in de Tuun.« Bauern brachte man die Schiebkarre und anderes Ackergerät, das beim Hause sich fand, wohl gar einen ganzen Wagen auf das Scheunendach; denn für sie war doch das Langeschlafen eine ganz besondere Schande.

Die Sage gibt solchen Sitten gern eine geschichtliche Grundlage und Veranlassung. Versetzen wir uns etwa zwei Jahrhunderte zurück. Es ist Himmelfahrt Christi. Eine Prinzessin aus dem fürstlichen Hause der Cirksena feiert – so erzählt die Sage – an diesem Tage ihre Vermählung mit einem Prinzen des nahe liegenden Ländchens. Das Volk harrt geduldig der Ankunft des Fremden, der ihnen ihre wunderschöne, gleich einer Heiligen verehrte Prinzessin entführen wird, und strahlend lacht selbst die Sonne auf die festlich geschmückte Stadt. Indes eilt verstohlen die Braut hinauf zur Turmgalerie, um in bräutlicher Erwartung die Ankunft des Erwählten zu erspähen. Ihr scharfer Blick erkennt bald auf der weiten flachen Ebene den Reitertroß und sie läßt ein rotes Tüchlein flattern, um ihrer Freude Ausdruck zu geben. Das Zeichen wird bemerkt, ein Reiter löst sich aus der Truppe und sprengt dem Gefolge voraus. Nur noch wenige Minuten entzieht ein dichtes Gehölz ihr den Anblick des Geliebten. Plötzlich fallen aus dem Dickicht Schüsse, der Reiter erscheint wieder auf der Landstraße, aber – welch entsetzlicher Anblick! Er hängt im Steigbügel, und im rasenden Galopp sprengt das edle Tier in den Schloßhof – den blutüberströmten Körper mit sich schleppend! Ein früher abgewiesener Bewerber der Prinzessin hatte die Mörder gedungen, welche die unselige Tat vollführten. Nach längerem Suchen wurde die Prinzessin bewüßtlos auf der Wendeltreppe gefunden, und wenige Tage später geleitete man die im Tode Vereinten den welkenden Blumenpfad entlang zur ewigen Ruhe. Seit der Zeit pflücken alljährlich junge Mädchen und Kinder eifrig Veilchen und Butterblumen und bereiten einen Brautpfad, sich immer aufs neue jene Geschichte erzählend und des Brautpaares gedenkend. (258)

Das Mädchen von Rhaude

1622–1623 suchte ein Söldnerhaufen des Grafen Peter Ernst von Mansfeld Ostfriesland heim [vgl. auch Nr. 223]. – Ein Mansfelder Söldner stand einst bei der großen Rhauder Schanze, die auch Sternschanze hieß, auf Posten. Da sah er über die Witte-Hülle ein Mädchen kommen, das einen Korb trug. Weil er gerade abgelöst wurde, ging er auf das Mädchen zu, doch es wandte sich ins Moor, das sich damals noch nach Westen und Südwesten ausdehnte. Er wollte es einholen, aber es schritt schnell aus, und er kam in dem sumpfigen Gelände nur schlecht vorwärts. Das junge Ding lief behende und wußte, wohin es treten mußte, um nicht zu versakken, der Soldat jedoch geriet in den Morast und sank ein. Er schrie und flehte das Mädchen an, ihm zu helfen. Da öffnete es den Deckelkorb, nahm die Leiche eines Kindes heraus und warf sie ihm in die Arme; es war das totgeborene Kind der Schwester, der ein Mansfelder Gewalt angetan hatte. Dann überließ das Mädchen den Mann seinem Schicksal. (259)

Die kluge Nonne von Oldehave

Graf Enno II. [1505–1540] kam einst von der Jagd, und sein Gefolge lagerte sich unter dem Biggenboom [vgl. Nr. 33]. Er selber stand und sah in der Ferne ›de olde Hof‹ liegen, das Vorwerk vom Kloster Barthe. Das gefiel ihm so, daß er den Plan faßte, sich dort ein Jagdschloß einzurichten. Er stellte nun an die Nonnen von Oldehave das Ansinnen, ihr Heim zu verlassen. Da bemächtigte sich große Aufregung der Klosterfrauen. Aber eine unter ihnen, Etta mit Namen, eine Bauerntochter aus Selverde, hatte einen klugen Einfall. Sie fuhr mit der Äbtissin und der ältesten Klosterschwester nach Aurich, und die drei baten durch den Kanzler den Grafen um Gehör. Etta nahm für alle Klosterinsassen das Wort und berief sich auf das Gnadenrecht, das seit altersher sogar jedem Verurteilten zustände, wonach ihm noch eine allerletzte Bitte gewährt würde. Und sie fragte, ob man ihnen dies Recht auch zugestehen wolle. Damit war Graf Enno einverstanden. Etta sagte, so bäten sie darum, nur noch ein einziges Mal den von ihnen geliebten Boden besäen und die Ernte einbringen zu dürfen, bevor sie ausziehen müßten. Enno hatte nichts dagegen. Nun gingen die Nonnen noch im Herbst desselben Jahres daran, ein großes Stück Land umzupflügen. Und im Frühjahr säten sie in langen Reihen eine Tonne voll Eicheln aus.

Graf Enno hielt sich an sein gegebenes Wort, und als es wieder Herbst wurde, ließ er die Nonnen an ihr Versprechen erinnern, nach der Ernte den Oldehave zu verlassen. Da ließen sie ihn wissen, daß sie noch nicht ernten könnten. Daraufhin wurden die drei Frauen vor den Grafen geladen, und nun erklärten sie ihm, daß aus den gesäten Eicheln zwar kleine Pflanzen erwachsen seien; aber wann sie rechte Bäume sein würden und von ihnen geerntet werden könnte, das müßten sie abwarten. Graf Enno war im ersten Augenblick aufgebracht, als er sich so hintergangen sah. Dann aber mußte er über die klugen Frauen lachen und erlaubte ihnen, so lange wohnen zu bleiben, bis die Bäume ihre ersten Früchte trügen. So blieb das Klostervorwerk Oldehave bestehen, bis die letzte Nonne gestorben war. Etta von Selverde aber galt als die Retterin, und im Mutterkloster Dokkum ward ihr zu Ehren eine Gedenktafel errichtet. (260)

Der große Brand

Im Jahre 1768 oder 1769 im Frühling war der große Brand, welcher fast das ganze Dorf Norddorf auf der Insel Amrum in Asche legte. Vom nächstwestlichsten Haus, welches ein altes Weib namens Wehn bewohnte, brach der Brand aus. Das äußerste Haus gegen Westen stand dicht daran, und hier war Fred Brudders Familie heimisch, welche allenthalben durch ihre Rechtlichkeit und Ehrlichkeit bekannt war. Der Teer lief schon von den Wänden dieses Hauses herab von der Hitze des nahen Feuers. Da nahm der alte Brudder Fredden, Fred Brudders Vater, sein Maß, Gewicht und Elle und ging an die Seite des Weges, welcher hier vorbeiging, und sprach: »Wenn ich jemand mit Wissen und Willen Unrecht getan, so möge Gott auch mein Haus niederbrennen.« Aber grade drehte sich der Wind und fuhr abwärts mit der Flamme.

Von jetzt an richtete sich der Wind nach dem Brande, oder die Flamme stieg, wie die Alten behaupteten, gegen den Wind auf. In dieser Not griff der 76jährige blinde Jongbuh Tükkis, welcher ganz allein zu Hause war, und dem der Angstruf seiner Nachbarin die Gefahr kund tat, sein Bett, worauf er lag, und schleppte es an den Weg hinunter, voller Geduld und Ruhe. Die Frauenzimmer des Dorfes waren alle auf der Haide, um ihre Feurung zu bergen, die meisten Seeleute der Insel aber waren in fernen Ländern. Da kamen einige Männer vorbei im schnellen Schritt, als der blinde Mann so am Wege saß, und wollten die alte Wehn verbrennen, weil von ihrem Hause und durch ihre Versäumniß das Feuer ausgebrochen war. »Tut solches nicht«, sprach der alte blinde Mann, »denn wir werden so gestäupet um unserer Sünden Schuld.«

Fast kein Mensch rettete etwas, Leinen, Wolle, Betten, alles verbrannte. Damals war es, als der wunderliche Jirrin Buh Sammen sprach: »Der Herr hat's gegeben, der Teufel hat's genommen.« Denn er war verdrießlich, von seiner Habe auch nicht ein Stück gerettet zu haben. Am Abend nach dem Brande kamen die Kühe aus der Marsch herauf und brüllten um die Ruinen herum, einige sogar liefen ins Feuer, auch die Bewohner standen hier und wehklagten, arm und bloß geworden, und alle ohne Obdach. (261)

Die grüne Wiege

Es war im Jahre 1825. Seit den ersten Februartagen wehte ein heftiger Wind aus Südwest, der sich am 3. Februar zum Sturm steigerte. Als sich die Halligbewohner am Abend dieses Tages in ihre Wandbetten legten, ahnte niemand das Unheil, das in der Nacht über die Halligen hereinbrechen würde. Der Wind drehte bald nach Nordwest und brachte, verbunden mit einer Springtide, die bisher höchstgemessene Sturmflut mit einem Wasserstand von etwa vier Meter über normal. Auf den Halligen spielten sich furchtbare Szenen ab, und als der Morgen graute, bot sich den Überlebenden ein schreckliches Bild von Tod und Verwüstung. Vierundsiebzig Menschen waren ertrunken, neunundsiebzig Häuser gänzlich zerstört, über hundert Kühe und über tausend Schafe ertrunken.

Wyk auf Föhr (gezeichnet von J. H. Sander, gestochen von J. Gray)

Von der Nachbarinsel Föhr aus hatte man am Morgen die Verwüstungen durch die nächtliche Sturmflut bemerkt. Obgleich die See noch sehr unruhig war, wurden sofort Schiffe mit Proviant und Trinkwasser klargemacht, und sie segelten zu den Halligen. Eines dieser Boote fand zwischen umhertreibenden Trümmern eine grüne Wiege. Mit einiger Mühe wurde sie an Bord gehoben, und als man die Bettdecke hochnahm, fand man darin zwei Knaben liegen, die vor Nässe und Kälte ganz erstarrt waren, aber noch Lebenszeichen von sich gaben. Das Boot fuhr unverzüglich nach Wyk zurück, wo die Findlinge bei einem kinderlosen Ehepaar, dem Hafenmeister Peter Lorenzen und seiner Frau Brigitte, in Obhut und Pflege kamen. Die Kinder erholten sich bald, und da es nicht möglich war, ihre Namen oder ihre genaue Herkunft zu erfahren, wurden sie Carsten und Hinrich genannt.

Drei Jahre nach der Sturmflut wurde den Pflegeeltern nach dreizehnjähriger Ehe doch noch das längst ersehnte Kind, ein Sohn, geboren, der den Namen Friedrich Christian, kurz Frerk genannt, erhielt. Seine Pflegebrüder waren schon recht muntere Knaben, der grünen Wiege, in die Frerk nun gelegt wurde, längst entwachsen. In dem kleinen Strohdachhaus, wo das Ehepaar Lorenzen lange auf Kinder gewartet hatte, herrschte nun ein fröhliches Leben.

Die beiden Älteren, Carsten und Hinrich, fuhren später, nach der Konfirmation, zur See. Carsten blieb schließlich in der Wunderwelt der ostindischen Inseln und schickte von dort manchen Gruß, einmal auch ein Kästchen mit Tee. Hinrich wurde in Husum ansässig und fuhr als Kapitän auf einem Handelsschiff einige Male um die Welt. Auch Frerk wurde Seemann. Aber er blieb als Wattenschiffer auf seiner Heimatinsel und gründete hier eine Werft. Als er eines Tages zur Hilfeleistung zu einem vor Amrum gestrandeten Schiff gerufen wurde, erkannte er in dem Kapitän seinen Pflegebruder Hinrich. Das war nach vielen Jahren ein freudiges Wiedersehen, und es gab des Fragens und Erzählens kein Ende. Die Eltern waren schon gestorben, Frerk selbst war verheiratet und Vater von neun Kindern, die alle in der grünen Wiege gelegen hatten. Das gestrandete Schiff wurde bei einer günstigen Flut wieder flott und konnte seine Reise fortsetzen. Unter vollen Segeln stand Hinrich und schaute auf die entschwindende Heimat. Bald darauf kam die Kunde, daß das Schiff auf einer Westindienfahrt mit Mann und Maus verschollen sei. Auch Frerk fand mit seinem Kutter später den Tod im Wattenmeer. Aber die grüne Wiege hat allen nachfolgenden Generationen gedient und ist noch heute in der Familie Christiansen, Wyk, in Gebrauch. (262)

Das Gebet um einen gesegneten Strand

Ich habe in verschiedenen Küstengegenden, zum Beispiel nahe an der Küste von Kur- und Livland, gehört, daß manche christliche Prediger bis auf die neueste Zeit herab die Gewohnheit gehabt hätten, den lieben Gott um einen gesegneten Strand zu bitten. In der friesischen Festlandsmarsch versicherte man mir, daß dies noch heutigen Tages auf den friesischen Inseln geschähe. Ich reiste daher zu diesen Inseln, um ein solches Gebet zu hören, allein hier sagte man mir, es sei längst abgeschafft, aber auf der dänischen Insel Römö bestehe diese Sitte noch. Ich fragte einen Römöer danach, dieser leugnete mir aber diesen Umstand gänzlich ab und sagte, wenn es geschähe, so verstände der Prediger die Bitte nur in Bezug auf Fischerei, Bernsteinfang, Bergentenjagd, Eiderdaunen und was dergleichen Sachen mehr wären, aber nicht in bezug auf die armen gescheiterten Schiffe, diese behielte man nur in Gedanken. Dennoch erzählte mir eine Dame, sie habe auf Helgoland selbst ein solches Gebet gehört; der Prediger habe den lieben Gott nicht geradezu gebeten, er möge recht viele Schiffe bei Helgoland scheitern lassen, aber er habe doch gesagt, Gott möchte, wenn es einmal sein Wille wäre, daß Schiffe scheiterten, diese, wenn es sein könnte, an den Strand von Helgoland führen. Daß sonst die Prediger um ihrer selbst willen gezwungen waren, solche Gebete für ihre Gemeindekinder zu tun, will ich wohl glauben. Die Bewohner einer friesischen Insel sollen einmal ihren Prediger vertrieben haben, weil er nicht um den gesegneten Strand bitten wollte, sondern vielmehr viel und eifrig gegen alle Art von Strandunfug zu Felde zog. (263)

*

Den Römsleuten geht es oft ebenso wie den Föhringern, sie haben das Zusehen, wenn die Sylter und Amrumer eine reiche Ernte am Strand und auf den Sandbänken gehalten haben. – Ein alter Strandvogt auf Römö sah jedesmal mit Scheelsucht nach Sylt hinüber, wenn dort ein Schiff gestrandet war, ohne daß er einen ›Pind‹ bekommen hatte. In dieser Gemütsstimmung ging er zu seinem Prediger, der ermahnte ihn zur Geduld und zum Gebet. Da der Strandvogt aber nicht beten konnte, so betete der Geistliche an seiner Statt fortan um Segen für den Strand der Insel; er betete aber so: »Wenn doch Schiffe stranden sollen und müssen, so laß auch dann und wann eins an unseren Strand geraten!« Das war dem Strandvogt nicht genug; darum bestieg er in Sturmnächten sein Pferd und band demselben eine brennende Laterne an den Schweif; so ritt er dann über die Dünen und durch die Täler an die Strandseite. Denn er hoffte dadurch die Schiffer irre zu führen und sie glauben zu machen, seine auf- und abhüpfende Laterne sei ein Licht auf einem segelnden Schiffe, die Gegend mithin eine schiffbare Wasserstraße. (264)

Nachwort

Um Christi Geburt wohnten nördlich der Rheinmündungen entlang des Südrandes der Nordsee, im heutigen Norden der Niederlande und in Nordwestdeutschland die Friesen und die Chauken. Ob diese Germanen waren oder Völker zwischen Kelten und Germanen, ist nicht eindeutig zu klären. Spätestens jedoch, als sich nach der Völkerwanderungszeit im frühen Mittelalter entlang der Nordseeküste eine nordseegermanische Sprachgruppe herausbildete, scheinen die Bewohner dieses Raumes, die dann nur noch Friesen genannt werden – der Name Chauken ist verschwunden –, eine Sprache gesprochen zu haben – das Friesische –, die zu eben diesem Nordseegermanischen zu zählen ist. Der Geltungsbereich des Friesischen erstreckt sich dann von der Weser im Osten bis zur heutigen niederländisch-belgischen Staatsgrenze, beginnt aber im Westen bereits abzubröckeln. Um 700 werden von diesen Gebieten aus die Inseln Sylt, Föhr und Amrum sowie auch Helgoland besiedelt. Etwa 200 bis 300 Jahre später erreicht eine zweite friesische Einwanderungswelle die Halligen und das westliche Küstengebiet Schleswig-Holsteins.

Die Friesen haben sich als Sprachgemeinschaft nur in Teilen dieses Gebiets behaupten können. Ihre legendäre ›Friesische Freiheit‹ (vgl. Nr. 249) ging im Laufe des Hoch- und Spätmittelalters verloren. Zum einen forderte trotz der systematischen Eindeichungen das Meer ständig seinen Tribut (so entstand im 14. Jahrhundert der Dollart [Nr. 225], ging 1362 das sagenhafte Rungholt zusammen mit 30 Kirchspielen unter [Nr. 226] und versank 1634 Alt-Nordstrand in den Fluten [Nr. 216]), zum anderen wurde das Gebiet, in dem die ›Friesische Freiheit‹ galt, von mächtigeren Nachbarn immer mehr eingeengt. So wurde Westfriesland, das sich noch lange als reichsunmittelbares und im Grunde selbständiges, sich selbst verwaltendes Gebiet hätte behaupten können, 1498 von inneren Unruhen geschwächt, Besitz der Habsburger und Teil der Niederlande, und die Nordfriesen mußten zuerst die Herrschaft des dänischen Königs (vgl. Nr. 282) und seit 1435 die der Herzöge von Schleswig anerkennen (mit Ausnahme der drei reichsdänischen Exklaven Westerland-Föhr, Amrum und Listland [Sylt]). Nur im heutigen Ostfriesland wußte sich – bis es 1744 preußisch wurde – das einheimische Häuptlingsgeschlecht der Cirksenas (seit 1464 Reichsgrafen, seit 1654 Reichsfürsten) eine eigene landesherrliche Stellung zu sichern.

In der frühen Neuzeit war es dann mit der ohnehin schwach ausgeprägten politischen und kulturellen Einheit der verschiedenen Frieslande vorbei. Sie entwickelten sich fortan getrennt, im Rahmen der jeweiligen Staaten oder Herrschaftsgebiete, denen sie politisch angehörten: die Westfriesen also im Rahmen der Niederlande; die Ostfriesen nach den Cirksenas unter Preußen, Hannover, wieder Preußen und dann als Teil des Deutschen Reiches; die Nordfriesen nach Dänemark, Schleswig und Preußen ebenfalls im Rahmen des Deutschen Reiches und letztendlich der Bundesrepublik Deutschland. Die friesischen Dialekte entfalteten sich in die drei Hauptgruppen West-, Ost- und Nordfriesisch, die sich zu selbständigen Sprachen entwickelten. Die dialektale Zersplitterung ging in Nordfriesland am weitesten. Zur Zeit gibt es dort drei Inselmundarten (Sylt, Föhr-Amrum, Helgoland) und sieben Festlandsmundarten mit so großen Unterschieden, daß die jeweiligen Sprecher sich im allgemeinen kaum untereinander verständigen können. Die Folge war eine stetige Verminderung der Widerstandskraft des Friesischen gegenüber dem Niederländischen bzw. den angrenzenden niederdeutschen Dialekten und später auch dem Hochdeutschen. Sprachgeographisch betrachtet konnte es sich nur in Rückzugsgebieten behaupten. Im eigentlichen Ostfriesland verschwand das Friesische sogar völlig, nur im lange Zeit isolierten Saterland, einem im 11. Jahrhundert von Ostfriesen kolonisierten Sandrücken im oldenburgischen Moorgebiet, wird jetzt noch ein im eigentlichen Sinne ostfriesischer Dialekt gesprochen: das Saterländische. Was heutzutage Ostfriesisch genannt wird, ist eine westniederdeutsche Mundart. Zur Zeit gibt es noch etwa 360.000 Friesischsprechende: 350.000 in Westfriesland, 1000-1500 im Saterland und 8000-9000 in Nordfriesland.

In diesem Band können aus Raumgründen nicht die Sagen aller (ehemals) friesischen Gebiete vorgestellt werden. Wenn auch gelegentlich (namentlich im Abschnitt über die Überfahrt der Seelen) westfriesische Erzählungen dargeboten werden, liegt doch das Schwergewicht auf dem heutigen Nordfriesland, auf Ostfriesland, dem Saterland und dem nördlichen Jeverland (Wangerooge und Wangerland), dem Teil Nordostoldenburgs, in dem sich die friesische Sprache am längsten, bis weit ins 19. Jahrhundert, hat halten können. Diese Gebiete haben wir als geographische Einheiten betrachtet und daher auch ihre nicht-friesischsprachigen Überlieferungen mit einbezogen. Zeitlich fällt das Hauptgewicht in das 19. und 20. Jahrhundert, also in die Periode, in der die Sage als volkskulturelles und literarisches Dokument entdeckt, gewertet und gesammelt wurde. Es wurden jedoch auch einige ältere, schriftliche und mündliche Kontinuitäten erhellende Texte (z.B. Nr. 23, 30 und 226) aufgenommen sowie eine Anzahl klassischer mittelalterlicher Erzählungen, die bis in der Neuzeit hinein eine große Rolle beim Austragen der gemeinsamen historischen Identität der verschiedenen Frieslande gespielt haben (Nr. 247-249).

Die wichtigsten Sagensammler waren in Nordfriesland wohl Karl Müllenhoff, der Sylter Christian Peter Hansen – nur seine Beiträge zu Müllenhoffs klassischen »Sagen, Märchen und Lieder der Herzogthümer Schleswig, Holstein und Lauenburg« (1845) sind zuverlässig, seine eigenen Publikationen leiden an literarischer und theoretischer ›Aufpolierung‹ –, Knut Jungbohn Clement (Amrum, 1846), Christian Johansen (Amrum, 1862), Christian Jensen (Sylt, 1892), H. Philippsen (Föhr, 1911) und Rudolf Muuß (1932) sowie in Ostfriesland Friedrich Sundermann (1869, 1922) und Wilhelmine Siefkes (1968). Den Inseln Helgoland (Nordfriesland), Norderney (Ostfriesland) und Wangerooge (Jeverland) widmete Benno Eide Siebs (1928, 1930) seine Aufmerksamkeit, dem Sater-, Wanger- und Jeverland Ludwig Strackerjan in seinem reichhaltigen »Aberglaube und Sagen aus dem Herzogthum Oldenburg« (1867; benutzt ist hier die 2. Auflage, besorgt von Karl Willoh, 1909). Von größtem Interesse sind auch die Wangerooger Aufzeichnungen H.G. Ehrentrauts (1854). Hunderte von Sagen finden sich im heimatkundlichen Schrifttum, in Kalendern, Zeitungsbeilagen, regionalen literarischen und (kultur)historischen Zeitschriften usw., besonders im ostfriesischen Raum. Wenn dabei auch vieles von fragwürdiger Qualität ist, so enthalten diese Quellen doch manche interessante Erzählung (vgl. etwa Nr. 5, 27, 33, 44, 206, 210). Im Laufe des 20. Jahrhunderts wird auch in den Frieslanden, etwa im Rahmen der Förderung und der Pflege des Fremdenverkehrs, zunehmend Sagengut in kleineren populären Heften verbreitet. Ein gutes Beispiel dafür sind die inselnordfriesischen Bändchen von Georg Quedens (Nr. 72, 105, 216). Es gab bisher nur einen gesamtfriesischen Überblick, Hermann Lübbings Sammlung mit Nacherzählungen in der Reihe »Deutscher Sagenschatz« (1928).

Die Sprache der publizierten Texte war im allgemeinen hochdeutsch, öfters mit niederdeutschen oder, seltener, friesischen Dialogen. Es darf jedoch angenommen werden, daß die meisten Erzähler entweder einen friesischen oder einen niederdeutschen Dialekt gesprochen haben. Gänzlich friesische oder niederdeutsche Texte sind in der Regel übersetzt worden, mit Ausnahme zweier niederdeutscher Texte. Der eine stammt aus Ostfriesland, ein Beispiel der in der Regionalliteratur beliebten Textsorte Reimerzählung (Nr. 5), der andere aus Nordfriesland (Nr. 157).

Aus den aufgefundenen Erzählungen ist eine repräsentative Auswahl getroffen. 109 Texte entstammen nordfriesischen Quellen, 98 ostfriesischen, 25 sind im Saterland aufgezeichnet worden und 24 im nördlichen Jeverland. Das Hauptgewicht liegt auf der dämonologischen Sage, die, wenn auch wohl nicht bei den Erzählern, dann doch bei den Sammlern und Publizisten weit beliebter war als die historische. Dabei ist es eher die ›kleine‹ Geschichte von Dorf und Familie, von Räubern, Mördern, Dieben und starken Männern aus eigener Umwelt und jüngerer Zeit als die ›große‹ Geschichte von Fürsten und Heldentaten in ferner Vergangenheit, die von den friesischen Erzählern sagenhaft aufgearbeitet wurde, wenn auch letztere, vor allem beliebt bei ideologisch ausgerichteten und historisch interessierten Autoren, in mancher Volkserzählung von Not- und Kriegszeiten durchklingt (vgl. etwa Nr. 24, 26, 219, 253 und 259). Immerwährendes Thema ist das Meer, welches gibt, aber auch wieder nimmt, wenn himmlische und menschliche

Gesetze, Gottesfurcht und Redlichkeit nicht geachtet werden und wenn Sparsamkeit, Gemeinschaftssinn und Mitleid der Begierde, Verschwendung und Trunksucht weichen müssen (vgl. etwa Nr. 28, 144, 224-227, 233-234, 262-264). Die friesische Sage, auch die nicht-teuflische dämonische, ist durch und durch moralisch und von christlicher Weltsicht durchdrungen. Manche Erzählung hat einen ausgesprochenen Beispielcharakter.

Ein zweites dominantes Thema sind Ätiologien, das heißt Erklärungen oder Deutungen etwa von Namen von Pflanzen (vgl. Nr. 238) und Tieren (vgl. Nr. 232), von natürlichen Gegebenheiten der Landschaft (vgl. etwa Nr. 195-196), von Orts- und Flurnamen (vgl. Nr. 208, 252-256), Denkmälern (vgl. Nr. 257) und Bräuchen (vgl. Nr. 258). In allen friesischen Landschaften war und ist teilweise noch der Glaube an Omina und Vorzeichen weit verbreitet. Die Frieslande kennen eine lange Tradition von Prophezeiungen (Nr. 28-32), und Erzählungen vom Schicksal, vom Zweiten Gesicht und von Hellsehern sind überaus zahlreich. Allgemein verbreitet waren auch Totensagen, Sagen über Hexen, Zauberer und andere Leute mit besonderen Kräften sowie Geschichten über das Treiben des Teufels. Besonders beliebt waren, vor allem in Nordfriesland, jedoch auch in den anderen Landschaften, Erzählungen über Kobolde und Zwerge. Hauskobolde (häufig Einzelgänger, sogenannte Puken) fand man namentlich in Nordfriesland, Schiffskobolde (den solitären Klabautermann, Nr. 184-188) und in Gruppen zusammenlebende Zwerge überall. Letztere (Nordfriesland: Unterirdische, Odderbaantjes, auch Puken; Ostfriesland: Erd- oder Bargmanntjes; Saterland: Ölken) wohnten in Häusern, Hügeln (auf den nordfriesischen Inseln namentlich in vorgeschichtlichen Grabhügeln) oder im undurchdringlichen Moor (Ostfriesland: Moormanntjes). Sie hüteten unermeßliche Schätze (Nr. 214-215) und waren einerseits freundlich und hilfreich – sie brachten dann Segen über das Haus und zeichneten sich, wenn angemessen behandelt und entlohnt (vgl. Nr. 162, 180), in Haus- und Schmiedearbeiten (vgl. Nr. 168) aus –, waren andererseits aber auch den Menschen feindlich gesinnt, neckisch und diebisch. Sie waren verwandlungsfähig (vgl. Nr. 164, 167), brauchten, wie auch die Wasserfrauen, menschliche

Hebammen (Nr. 146, 163) und schoben den Leuten Wechselbälge unter (Nr. 175-178). Heute sind sie ausgezogen oder vertrieben (Nr. 171-174).

Weniger allgemein sind die Sagen von Riesen, im Saterland auch Hünen (vgl. Nr. 199) genannt. Meistens sind sie ätiologisch mit Sandhügeln und auffallenden Feldsteinen verknüpft (Nr. 195-198, 200). Nur im ostfriesischen und saterländischen Bereich fanden sich Geschichten von Werwölfen und Mahrten. Letztere, Waalriederskes oder Riediemeer genannt, wurden oft den Hexen gleichgestellt (vgl. Nr. 41, 83). Sonst ist, abgesehen von den überall agierenden schwarzen Hunden (Nr. 148-150), das nord- und ostfriesische Spektrum an Sagen von Dämonen und Elementargeistern ziemlich schmal (im Gegensatz zum hier nicht mit einbezogenen westfriesischen). Nur gelegentlich tauchen Erzählungen etwa über den Tod (Nr. 137), die Pest (Nr. 138-139), das Irrlicht (Nr. 140), Feurige (Nr. 141), Meerjungfern und andere Wasserwesen (Nr. 143-146), Fischkönige (Nr. 147) oder (namentlich im Saterland) Schlangenkönige (Nr. 152) auf. Beliebter hingegen sind Schatzsagen und Erzählungen von Glocken. Bestechend wie problematisch ist die seit Heinrich Heine (1853, Nr. 132) im nord- und westfriesischen Raum erzählte Geschichte von der Überfahrt der Seelen zum weißen Eiland. Alte Kontinuitäten seit Prokops klassischer Geschichte aus dem 6. Jahrhundert (Nr. 130) erscheinen weniger glaubwürdig als jüngere Verknüpfungen seiner Erzählung mit den im friesischen Raum geläufigen Sagen vom Teufel, der Sünderseelen mit einem Schiff abholt (Nr. 131), von der Überfahrt der Zwerge (Nr. 171-172) und von nächtlichen Hexen- und Waalriederskesschiffahrten (Nr. 47, 89).

Die Frieslande sind, die Moorkolonie Saterland einmal ausgenommen, zugleich Küsten- und Geestlandschaften. Die Küstenregion besteht aus einer Kette von Dünen- oder Watteninseln (und – nur in Nordfriesland – Halligen, unbedeichten Wurteninseln) sowie einem durch Deiche geschützten Marschengürtel mit alten Wurtendörfern, in denen Großbauern den Ton angaben. Die Insulaner ernährten sich früher von Seefahrt, Fischerei und einer kargen Landwirtschaft, ihre Haupterwerbsquelle ist seit dem 19. Jahrhundert jedoch immer stärker der Seebädertourismus geworden. Die zentrale Geestlandschaft war in Geestflächen mit alten Bauerndörfern und feuchten, heute meist abgebauten Hochmooren und Flachmoorniederungen gegliedert. Dort entwickelten sich in der Neuzeit, vor allem in Ostfriesland, in verschiedenen Schüben Streusiedlungen. In diesen mußte eine arme Bevölkerung lange Zeit mit allen Mitteln versuchen, am Leben zu bleiben – die Moorkolonisten. Besonders in der südlichen Hälfte Ostfrieslands entstanden Fehnkolonien, in denen neben der Landwirtschaft auch Schiffbau und Seefahrt wichtig wurden. Die Städte Frieslands, ausgenommen vielleicht die Seehäfen Emden und Husum sowie das ehemalige ostfriesische Regierungszentrum Aurich, hatten eigentlich nur Bedeutung als zentrale Orte für die nähere Umgebung. Die friesischen Sagen spiegeln diese physisch-geographischen Umstände und die daraus erwachsenen sozialen und wirtschaftlichen Verhältnisse wieder. Bei der Textauswahl haben wir uns um ein Gesamtbild bemüht, das diesen Gegebenheiten Rechnung trägt. Es sollte nicht nur ein möglichst getreues Abbild von der Sage der Frieslande und vom magisch-mythisch-religiösen Weltbild und der Mentalität der Erzähler dieser Sagen entstehen, sondern auch ein Eindruck von ihren Lebensverhältnissen und von ihrer materiellen und sozialen Umwelt. Als roter Faden zieht sich das Leben auf und mit dem Wasser, dem Meer wie den Binnengewässern durch die Sagen.

Die Sagentexte folgen in der Regel wortgetreu der jeweiligen Vorlage, so daß diese nicht nur von Inhalt und Auffassung her, sondern auch sprachlich den Geist ihrer ersten Niederschrift widerspiegeln. Nur einige ältere Texte sind leicht dem heutigen Sprachverständnis angepaßt (etwa Nr. 30 und 226). Zum besseren Verständnis werden notwendige Zusätze entweder am Anfang der Texte vor einem waagerechten Strich (–) angebracht oder, wenn es sich nur um Worterklärungen, Jahreszahlen, geographische Zuweisungen usw. handelt, innerhalb der Texte zwischen eckigen Klammern ([]) nachgetragen. Ausgelassene Passagen sind mit [. . .] angedeutet. Die Texte sind, wo möglich und von der Funktion her wichtig, in ihrem Kontext belassen (vgl. etwa Nr. 34 und 68). Das

Quellenverzeichnis ist so gestaltet worden, daß die geographischen Zugehörigkeiten (Teil Frieslands, Insel oder Ort der Aufzeichnung) sowie, falls bekannt, der Name des Aufzeichners und/oder Erzählers leicht erkennbar sind.

Groningen, im Januar 1994 *Jurjen van der Kooi*

Literatur

Adam von Bremen Gesta Hammaburgensis ecclesiae Pontificum. In: Werner Trillmich und Rudolf Buchner, Quellen des 9. und 11. Jahrhunderts zur Geschichte der Hamburgischen Kirche und des Reiches. Darmstadt 1973.

Bielefeld 1925 Rudolf Bielefeld, Ut Haasketieden. Dat tweede Bokje. Aurich.

Blikslager 1930 Georg Blikslager, Reiderländische Sagen. In: [B.E.] Siebs (Hrsg.), Das Reiderland. Beiträge zur Heimatkunde des Kreises Weener. Kiel.

Buisman 1918 Albertus Buisman, Geschichten und Sagen aus der Dorfchronik von Visquard. In: UB 1 (1918/19), S. 35-36.

Carstensen 1893 A. Carstensen, Nordfriesische Sagen. In: Urquell 3, S. 167-168.

Clement 1846 K.J. Clement, Der Lappenkorb von Gabe Schneider aus Westfrisland, mit Zuthaten aus Nord-Frisland. Leipzig.

Daniel 1912 Arnold Daniel, Vom Volksaberglauben in Ostfriesland. Aurich 1912 (Nachdruck: Leer 1989).

Deisting 1911 Hermann Deisting, Schwabstedter »Stücken«. In: Mitt. NV 1910/11, S. 80-89.

Dorfpropheten 1878 Ostfrieslands Dorfpropheten, oder Prophezeiungen von Jarfke, Büksenspanner, Büksenmaker u.a. Emden.

Doornkaat J. ten Doornkaat Koolman, Wörterbuch der ostfriesischen Sprache. Etymologisch bearbeitet. 3 Bde. Norden 1879-1884.

Ehrentraut 1854 H.G. Ehrentraut, Mittheilungen aus der Sprache der Wangeroger. In: Friesisches Archiv 2, S. 1-84.

Firmenich 1843 Johannes Matthias Firmenich, Germaniens Völkerstimmen. Sammlung der deutschen Mundarten in Dichtungen, Sagen, Mährchen, Volksliedern usw. [I]. Berlin.

FJ Friesisches Jahrbuch.

Funck Christian Funcks Ost-Friesische Chronik. Hrsg. von Joh. Died. Funck. 8 Tle. Aurich 1784-1788.

Goeman 1914 J. Goeman, Die Sage von der untergegangenen Stadt Weenen im Reiderlande. In: UB 3 (1913/14), S. 35-40.

Grässe J.G.Th. Grässe, Sagenbuch des Preußischen Staates. 2 Bde. Glogau 1868-1871.

Hallier 1869 Ernst Hallier, Helgoland. Nordseestudien. 2. Ausg. Hamburg.

Hansen/Krogmann Sylter Sagen. In der ursprünglichen Fassung nach C.P. Hansen u.a. hrsg. von Willi Krogmann (Denkmäler deutscher Volksdichtung, 7). Göttingen.

Hartz 1933 O. Hartz, Die Rungholtsage bei den nordfriesischen Chroniken. In: Jahrbuch NV 20, S. 80-93.

Heimatkunde Heimatkunde und Heimatgeschichte. Beilage zu »Ostfriesischen Nachrichten« (Aurich).

Heimreich 1819 Anton Heimreichs Nordfresische Chronik. Zum drittenmale mit den Zugaben des Verfassers und der Fortsetzung seines Sohnes, Heinrich Heimreich, auch einigen andern zur nordfresischen Geschichte gehörigen Nachrichten vermehrt hrsg. von N. Falck. 2 Tle. Tondern (Nachdruck: Leer 1982).

Heine 1853 Heinrich Heine, Die Götter im Exil. In: Werke, Säkularausgabe Band 12: Späte Prosa, 1847-1856. Berlin/Paris 1988.

Hennig 1950 Richard Hennig: Terrae incognitae. Eine Zusammenstellung und kritische Bewertung der wichtigsten vorcolumbischen Entdeckungsreisen an Hand der darüber vorliegenden Originalberichte. 2: 200-1200 n.Chr. 2., verb. Aufl. Leiden.

Herquet 1883 Karl Herquet, Miscellen zur Geschichte Ostfrieslands. Norden.

Holander 1976 Reimer Kay Holander, Theodor Storm Der Schimmelreiter. Kommentar und Dokumentation, Dichtung und Wirklichkeit. Frankfurt/M. usw.

Jahrbuch HN Jahrbuch des Heimatbundes Nordfriesland.

Jahrbuch NI Jahrbuch des Nordfriesischen Instituts; Nordfriesisches Jahrbuch.

Jahrbuch NV Jahrbuch des Nordfriesisschen Vereins für Heimatkunde und Heimatliebe.

Jensen 1892 Christian Jensen, Zwergsagen aus Nordfriesland. In: Zeitschrift des Vereins für Volkskunde 2, S. 407-418.

Johannsen 1939 Albrecht Johannsen, Der Schicksalskobold im friesischen Bauernhaus. In: Jahrbuch HN 26, S. 1-28.

Johannsen 1963 Albrecht Johannsen, Die nordische Nisse in Nordfriesland. in: Jahrbuch NI 8 (1962/63), S. 75-86.

Johansen 1862 Chr. Johansen, Erzählungen des alten Besenbinders Jens Drefsen. In: Ders., Die Nordfriesische Sprache nach der Föhringer und Amrumer Mundart. Wörter, Sprichwörter und Redensarten nebst sprachlichen und sachlichen Erläuterungen und Sprachproben. Kiel, S. 218-281.

Jus Wybren Jan Buma und Wilhelm Ebel, unter Mitwirkung von Martina Trachter-Schubert (Hrsg.), Westerlauwersches Recht I: Jus Municipale Frisonum (Altfriesische Rechtsquellen, Texte und Übersetzungen, 6). 2 Teile. Göttingen 1977.

Kittel 1922 Ludwig Kittel, Aus alter Zeit. In: Ok 9, S. 47-52.

Kleinpaul 1909 Johannes Kleinpaul, Wanderungen in Ostfriesland. Berlin.

Kohl 1846 J.G. Kohl, Die Marschen und Inseln der Herzogthümer Schleswig und Holstein. 2 Band. Dresden.

Van der Kooi 1974 Jurjen van der Kooi, Hengist en Horsa. In: Us Wurk 23, S. 1-56.

Van der Kooi/Schuster Ders. und Theo Schuster, Märchen und Schwänke aus Ostfriesland. Leer 1993.

Kuhn & Schwartz 1848 A. Kuhn und W. Schwartz, Norddeutsche Sagen, Märchen und Gebräuche aus Mecklenburg, Pommern, der Mark, Sachsen, Thüringen, Braunschweig, Hannover, Oldenburg und Westfalen. Leipzig (Nachdruck: Hildesheim usw. 1983).

Lübbing 1928 Herm. Lübbing, Friesische Sagen. Von Texel bis Sylt (Friesische Stammeskunde / Deutscher Sagenschatz). Jena.

Lüpkes 1925 W. Lüpkes, Ostfriesische Volkskunde. 2. Aufl. Emden (Nachdruck: Leer 1972).

Meier 1857 Hermann Meier, Das Vaterlandsbuch. Ein ostfriesisches Volksbuch auf das Jahr 1857. Emden.

Meyer 1929 Gustav Friedrich Meyer, Sagen des Landes. In: L.C. Peters (Hrsg.), Nordfriesland. Heimatbuch für die Kreise Husum und Südtondern. Husum.

Mitt. NV Mitteilungen des Nordfriesischen Vereins für Heimatkunde und Heimatliebe.

Mitt. OL Mitteilungen der Arbeitsgruppen Naturschutz und Landschaftspflege, Volkskunde [usw.] der Ostfriesischen Landschaft.

Momsen 1890 Heinrich Momsen, Bilder aus Eiderstedt. Garding.

Müllenhoff 1845 Karl Viktor Müllenhoff, Sagen, Märchen und Lieder der Herzogthümer Schleswig, Holstein und Lauenburg. Kiel.

Müllenhoff 1921 Ders., dasselbe Werk: Neue Ausgabe besorgt von Otto Mensing. Schleswig.

Muuß 1932 Rudolf Muuß, Nordfriesische Sagen. Niebüll.

Nannenga 1826 Prophezeihung von Egbert Freerks Nannenga zu Esclum bei Leer in Ostfriesland, von schrecklichen Kriegsbegebenheiten, welche ihm in den Aemtern Leer, Emden, Norden, Weener und Jemgum durch Gesichte offenbart worden und noch nicht erfüllet sind. Abgedruckt nach der Handschrift von 1826. Leer o.J.

Niedersachsen Niedersachsen. Illustrierte Halbmonatsschrift für Geschichte, Landes- und Volkskunde, Sprache, Kunst und Literatur Niedersachsens.

OH Ostfriesischer Hausfreund. Unterhaltungsblatt der »Ostfriesischen Nachrichten« (Aurich).

OK Ostfreesland. Ein Kalender für jedermann.

OM Ostfriesisches Monatsblatt für provinzielle Interessen.

Petersen 1905 Ingwer Petersen, Der nordfriesische Seher Boy Spuk. In: VNV 2 (1904/05), S. 24-28.

Philippsen 1911 H. Philippsen, Sagen und Sagenhaftes der Insel Föhr. Garding.

Poortinga 1976 Ype Poortinga, Die Überlieferung von der Seelenfahrt nach der Insel in Westfriesland. In: FJ 1976, S. 94-119.

Prokop Prokop, Gotenkriege. Griechisch-Deutsch ed. Otto Veh. München 1966.

Quedens, Föhr Georg Quedens, Föhr erzählt. Sagen, Geschichten, Anekdoten. Münsterdorf o.J. (Verlag Hansen & Hansen).

Quedens, Halligen Ders., Die Halligen, Nordstrand und Pellworm erzählen. Sagen, Geschichten, Anekdoten. Münsterdorf o.J. (Verlag Hansen & Hansen).

Ramm 1973 H. Ramm, Beiträge zur »Überfahrt der Toten«, in: Mitt. OL 4, S. 54-55.

Röhrig 1927 Herbert Röhrig, Ostfriesland. Das Land um den Upstalsboom. Bremen.

Rolffs 1854 Alexander Rolffs, Bilder und Skizzen aus Nordernei. Emden.

Schmidt 1971 Heinrich Schmidt: Friesische Freiheitsüberlieferungen im hohen Mittelalter. In: Festschrift für Hermann Heimpel zum 70. Geburtstag. Göttingen, S. 518-545.

Schwartz 1973 Stephen P. Schwartz, Poetry and Law in germanic Myth (Folklore Studies, 27). Berkeley usw.

Segschneider 1973 Ernst Helmut Segschneider, Zur Überlieferung der Sage in Südoldenburg. In: Jahrbuch für das Oldenburger Münsterland 1973, S. 165-178.

Sello 1922 Georg Sello, Radbod-Erinnerungen. In: UB 10-11 (1921/23), Sept. 1922, S. 1-16.

Siebs 1893 Theodor Siebs, Das Saterland. Ein Beitrag zur deutschen Volkskunde. In: Zeitschrift des Vereins für Volkskunde 3 (1893), S. 239-278, 373-410.

Siebs 1909 Ders., Helgoland und seine Sprache. Beiträge zur Volks- und Sprachkunde. Cuxhaven/Helgoland.

Siebs 1928 Benno Eide Siebs, Die Wangeroger. Eine Volkskunde. Oldenburg.

Siebs 1930a Ders., Die Helgoländer. Eine Volkskunde der Roten Klippe. Unter Mitwirkung von Ferdinand Holthausen. Breslau.

Siebs 1930b Ders., Die Norderneyer. Eine Volkskunde. Norden.

Siebs 1954 Ders., Zur Volkskunde der Insel Wangerooge. In: Oldenburger Jahrbuch 54, S. 157-163.

Siefkes 1968 Wilhelmine Siefkes, Ostfriesische Sagen und sagenhafte Geschichten. 2., erw. Aufl. Aurich.
Spuren 1 Die Spuren des deutschen Volksaberglauben in Ostfriesland. In: OM 2 (1874), S. 11-19, 86- 91, 118-122, 210-219.
Spuren 2 Spuren des Aberglaubens in Ostfriesland. In: OM 8 (1880), S. 119-130.
Strackerjan Ludwig Strackerjan, Aberglaube und Sagen aus dem Herzogtum Oldenburg. 2. erw. Aufl., hrsg. von Karl Willoh. 2 Bde. Oldenburg 1909 (Nachdruck: Leer 1972).
Sundermann 1869 Fr. Sundermann, Sagen und sagenhafte Erzählungen aus Ostfriesland. Aurich (Nachdruck: Leer 1974).
Sundermann 1922 Ders., Der Upstalsboom. Ostfrieslands Volksüberlieferungen, teils aus der Historie, vor allem aber seit 1857 aus dem Volksmunde gesammelt. Aurich (Nachdruck: Leer 1974).
Van der Toorn-Piebenga 1986 G. A. van der Toorn-Piebenga, Friese ontdekkingsreizigers in de elfde eeuw. In: It Beaken 48, S. 114-126.
UB Upstalsboom-Blätter für ostfriesische Geschichte und Heimatkunde.
Urquell Am Ur-Quell. Monatschrift für Volkkunde.
VNV Veröffentlichungen des Nordfrieisischen Vereins für Heimatkunde und Heimatliebe.
Wehrhan 1921 K. Wehrhan, Die Freimaurerei im Volksglauben. Geschichten, Sagen und Erzählungen des Volkes über die Geheimnisse der Freimaurer und ihre Kunst. 2. verb. Aufl. Detmold.
Werwölfe 1875 Was sich das Volk in Ostfriesland von Werwölfen und Waalridern erzählt. In: Globus 29, S. 79-80.
Wilts 1981 Ommo Wilts, »Über das sogenannte zweite Gesicht – ›second sight‹ – der Engländer und Schotten«. Bende Bendsens Mitteilungen über den nordfriesischen Seher Boy Spök (1786-1839). In: Jahrbuch NI, N.F. 17, S. 135-144.
Wolf 1843 Johann Wilhelm Wolf, Niederländische Sagen. Leipzig.

Quellennachweise

Die abgekürzten Titel sind im Literaturverzeichnis nachgewiesen. Weitere Abkürzungen: NF = Nordfriesland, OF = Ostfriesland, SA = Saterland, WA = Wangerooge/Wangerland, Jeverland, WF = Westfriesland; A = Aufzeichner, E = Erzähler, O = Ort der Aufzeichnung bzw. Herkunft des Erzählers.

DIE DINGE DER ZUKUNFT

1 NF *Amrum*. Clement 1846, S. 327f.
2 NF *Amrum*. Johansen 1862, S. 250f.
3 NF *Sylt, Helgoland*. Müllenhoff 1845, Nr. 337, 121, Nr. 392; Hansen/Krogmann, Nr. 18. A: Christian Peter Hansen (Sylt: Keitum); Herr Heikens (Helgoland).
4 NF Petersen 1905 (um einige Episoden gekürzt). Vgl. Wilts 1981.
5 OF H. Boerma, in: UB 4 (1914/15), S. 26f.
6 OF *Norderney*. Rolffs 1854. Danach Siebs 1930b, S. 150ff.
7 OF Funck 6, S. 172ff.
8 WA Strackerjan 1, S. 169f.
9 OF Siefkes 1968, S. 58f. E: Antje Osterloh, Landfrau (65 J.); O: Osterbrande-Arle.
10 WA Strackerjan 1, S. 107f.
11 NF *Helgoland*. Siebs 1930a, S. 97.
12 WA *Wangerooge*. Ehrentraut 1854, S. 19f. Danach Siebs 1928, S. 57f.
13 NF Muuß 1932, S. 102. A: Rektor a.D. Müller; O: Niebüll.
14 SA Strackerjan 1, S. 200.
15 NF *Amrum*. Clement 1846, S. 326.
16 WA Strackerjan 1, S. 156f.
17 NF *Helgoland*. Siebs 1930a, S. 96.
18 WA *Wangerooge*. Siebs 1928, S. 58.
19 OF Siefkes 1968, S. 56. E: Johann Schoon (67 J.); O: Spetzerfehn.
20 NF Muuß 1932, S. 104. E: Ludwig Sönnichsen; O: Stedesand.
21 OF Siefkes 1968, S. 223. E: Johann Schoon; O: Spetzerfehn.
22 NF Muuß 1932, S. 103. A: Rektor Müller; O: Niebüll.
23 OF Funck 8, S. 133ff.
24 OF Röhrig 1927, S. 55.
25 WA Strackerjan 1, S. 150f.
26 NF Muuß 1932, S. 103f. E: Martin Hansen; O: Bohmstedt.
27 OF Joh. Seeden Schuster, in: Niedersachsen 23 (1918), S. 152. O: Collinghorst.
28 OF Goeman 1914, S. 36f.
29 OF Lüpkes 1925, S. 271.
30 NF Heimreich 2, S. 341f. Vgl. auch ders. 1, S. 271 f.
31 OF Dorfpropheten 1878, S. 34ff.
32 OF Nannenga 1826.
33 OF Johann Schoon, in: Heimatkunde 1951/3, S. 12.

VON HEXEN UND ZAUBERERN

34 NF *Amrum*. Johansen 1862, S. 222 ff, 238 f, 263 ff.
35 NF *Amrum*. Clement 1846, S. 321 ff.
36 NF *Föhr*. Philippsen 1911, S. 48 ff.
37 SA Strackerjan 1, S. 411.
38 NF *Föhr*. Philippsen 1911, S. 42.
39 SA Strackerjan 1, S. 407.
40 SA Kuhn & Schwartz 1848, Nr. 321. O: Scharrel.
41 SA Kuhn & Schwartz 1848, Nr. 320. O: Ramsloh.
42 NF *Föhr*. Philippsen 1911, S. 40 f.
43 OF Buisman 1918, S. 36. O: Visquard.
44 OF UB 4 (1914/15), S. 25 f. A: Martin Heinrich Martens. O: Aurich.
45 NF *Föhr*. Philippsen 1911, S. 45.
46 OF Buisman 1918, S. 36. O: Visquard.
47 WA *Wangerooge*. Ehrentraut 1854, S. 15. Danach Siebs 1928, S. 52 f.
48 WA *Wangerooge*. Ehrentraut 1854, S. 15 f. Danach Siebs 1928, S. 52.
49 SA Siebs 1893, S. 391. O: Strücklingen.
50 OF Spuren 1880, S. 121.
51 NF *Föhr*. Müllenhoff 1845, Nr. 308, 1921, Nr. 360. A: Arfst Jens Arfsten.
52 WA *Wangerooge*. Ehrentraut 1854, S. 82 ff. Danach Siebs 1928, S. 51.
53 NF *Föhr*. Philippsen 1911, S. 53 f.
54 OF *Norderney*. Siebs 1930b, S. 147.
55 SA Segschneider 1973, S. 172. E: Käthe P. (geb. aus Scharrel); O: Cloppenburg.
56 WA *Wangerooge*. Ehrentraut 1854, S. 13. Danach Siebs 1928, S. 53.
57 OF Kuhn & Schwartz 1848, Nr. 341. O: Nortmoor.
58 WA *Wangerooge*. Ehrentraut 1854, S. 14. Danach Siebs 1928, S. 54.
59 NF Muuß 1932, S. 84. E: Martin Hansen; O: Bohmstedt.
60 OF Daniel 1912, S. 43.
61 OF Kittel 1922, S. 50.
62 NF *Sylt*. Müllenhoff 1845, Nr. 272, 1921, Nr. 313; Hansen/Krogmann, Nr. 20. A: C.P. Hansen. O: Keitum.
63 OF Spuren 1874, S. 211.
64 SA Segschneider 1973, S. 169. E: Käthe P. (geb. aus Scharrel); O: Cloppenburg.

DER TEUFEL IM SPIEL

65 NF *Föhr*. Müllenhoff 1845, Nr. 254, 1921, Nr. 290. A.: A.J. Arfsten.
66 NF Müllenhoff 1845, Nr. 264, 1921, Nr. 302.
67 NF Müllenhoff 1845, Nr. 524, 1921, Nr. 87.2.
68 OF Spuren 1880, S. 123 ff.
69 OF Werwölfe 1875, S. 141. Vgl. Sundermann 1922, S. 85.
70 OF A. de Boer, in: Heimatkunde 1932/1, S. 8.
71 OF Wehrhan 1921, S. 36 f.
72 NF Quedens, Halligen, S. 27 f.
73 NF Müllenhoff 1845, Nr. 201, 1921, Nr, 229.1.
74 NF Carstensen 1893, S. 168.
75 SA Strackerjan 1, S. 319 f.

76 SA Strackerjan 1, S. 320.
77 OF Sundermann 1869, S. 32ff.
78 OF Herquet 1883, S. 47f.
79 OF Siefkes 1968, S. 55.
80 NF Müllenhoff 1845, Nr. 412, 1921, Nr. 478.2. A.: cand. phil. Arndt und nach mündl. Mitt. aus Ditmarschen.
81 NF Muuß 1932, S. 70f. A: Rektor Müller; O: Niebüll.
82 SA Strackerjan 1, S. 344.

VERWANDELTE

83 OF Spuren 1874, S. 120f.
84 OF Werwölfen 1875, S. 140f. Vgl. Sundermann 1922, S. 82f.
85 OF Werwölfen 1875, S. 141. Vgl. Sundermann 1922, S. 84.
86 OF *Norderney*. Siebs 1930b, S. 146.
87 OF Werwölfen 1875, S. 141. Vgl. Sundermann 1922, S. 83.
88 WA *Wangerooge*. Ehrentraut 1854, S. 16. Danach Siebs 1928, S. 54f.
89 OF Strackerjan 1, S. 470f. O: Barßel.
90 OF Sundermann 1922, S. 85.
91 OF Siefkes 1968, S. 37f. E: Peter Zylmann. O: Hamburg-Rahlstedt.
92 SA Strackerjan 1, S. 465f.
93 OF Werwölfen 1875, S. 140. Vgl. Sundermann 1922, S. 79f.
94 SA Strackerjan 1, S. 481.

TOTENGEISTER

95 NF Momsen 1890, S. 73ff. Vgl. Holander 1976, insbesondere S. 26ff.
96 NF *Amrum*. Johansen 1862, S. 247ff.
97 NF *Amrum*. Johansen 1862, S. 261f.
98 OF *Norderney*. Siebs 1930b, S. 148f.
99 NF Sundermann 1869, S. 34f.
100 WA *Wangerooge*. Siebs 1928, S. 56. Vgl. Siebs 1954.
101 WA *Wangerooge*. Siebs 1928, S. 55f.
102 NF *Amrum*. Johansen 1862, S. 262f.
103 SA Strackerjan 1, S. 369.
104 OF Strackerjan 1, S. 270f.
105 NF Quedens, Halligen, S. 18f.
106 NF Muuß 1932, S. 92. E: Martin Hansen; O: Bohmstedt.
107 OF Siefkes 1968, S. 58f. E: Margaretha Theleman, Hausfrau (* 1943); O: Leer.
108 WA Strackerjan 1, S. 208f.
109 OF Lüpkes 1935, S. 268.
110 OF Meier 1857, S. 73f.
111 NF Muuß 1932, S. 88f.
112 OF Strackerjan 1, S. 214.
113 NF Muuß 1932, S. 85.
114 OF Strackerjan 1, S. 223. O: Delmenhorst.
115 NF *Sylt*. Müllenhoff 1845, Nr. 253, 1921, Nr. 288; Hansen/Krogmann, Nr. 13. A: C.P. Hansen. O: Keitum.

116 NF Müllenhoff 1845, Nr. 260, 1921, Nr. 298.
117 NF *Amrum.* Clement 1846, S. 326f. Die Einführung Müllenhoff 1921, Nr. 298 entnommen; vgl. auch Muuß 1932, S. 90.
118 NF H.A. Carstensen, in: Urquell 4 (1893), S. 123.
119 WA Strackerjan 1, S. 198.
120 WA *Wangerooge.* Ehrentraut 1854, S. 17f. Danach Siebs 1928, S. 47.
121 NF *Sylt.* Müllenhoff 1845, Nr. 239, 1921, Nr. 273; Hansen/Krogman, Nr. 11. A: C.P. Hansen. O: Keitum.
122 NF *Helgoland.* Hallier 1869, S. 296f.
123 NF Muuß 1932, S. 91. A: Rektor Müller; O: Niebüll.
124 SA Strackerjan 2, S. 368f.
125 OF Strackerjan 1, S. 263f.
126 NF Müllenhoff 1845, Nr. 347, 1921, Nr. 408.
127 OF Siefkes 1968, S. 227f.
128 OF Kleinpaul 1909, S. 194f.
129 OF Hans Diekhoff, in: Heimatkunde 1951/1, S. 3.

DIE ÜBERFAHRT DER SEELEN

130 – Procop IV, 20.
131 OF Ramm 1973. Aus dem Ms. Series familiae Werdumanae, 1667 von Ulrich von Werdum aufgezeichnet.
132 OF Heine 1853, S. 94ff. Vgl. Sundermann 1922, S. 34ff.
133 WF *Schiermonnikoog.* Poortinga 1976, S. 100f. E: Pita Grilk. O: Leeuwarden.
134 WF Poortinga 1976, S. 101ff. E: Steven de Bruin. O: Leeuwarden.
135 WF Poortinga 1976, S. 103ff. E: Roel Pieters de Jong. O: Ousterhaule.
136 WF Poortinga 1976, S. 110ff. Wie Nr. 135.

ALLERLEI DÄMONISCHES UND SPUKHAFTES

137 OF Siefkes 1968, S. 60. E: Antje Osterloh; O: Osterbrande-Arle.
138 SA Strackerjan 1, S. 185, 186.
139 OF Siefkes 1968, S. 244f. E: Johann Schoon; O: Spetzerfehn.
140 OF Siefkes 1968, S. 31. E: Johann Schoon; O: Spetzerfehn.
141 NF Muuß 1932, S. 87.
142 OF Jan van Dieken, in: OK 38 (1955), S. 48.
143 NF *Sylt.* Müllenhoff 1845, Nr. 453, 1921, Nr. 522.2; Hansen/Krogmann, Nr. 35. A: C.P. Hansen. O: Keitum.
144 WA Firmenich 1843, S. 23ff. Um die Verseinlagen gekürzt.
145 NF *Amrum.* Johansen 1862, S. 220ff.
146 NF *Sylt.* Müllenhoff 1845, Nr. 453, 1921, Nr. 522.3; Hansen/Krogmann, Nr. 36. A: C.P. Hansen. O: Keitum.
147 OF OH 1896/1, S 4.
148 OF Sundermann 1869, S. 15f.
149 OF Meier 1857, S 77.
150 OF Siefkes 1968, S. 65f. E: Geske Schoon, Hausfrau (75. J.); O: Spetzerfehn.
151 WA Strackerjan 2, S. 408.

152 SA Strackerjan 2, S. 172ff.
153 OF Sundermann 1922, S. 22f. Vgl. Sello 1922.
154 OF Doornkaat 3, S. 47. Vgl. Sello 1922.
155 SA Strackerjan 1, S. 457. O: Scharrel.
156 SA Kuhn & Schwartz 1848, Nr. 325.2. O: Ramsloh.
157 NF Meyer 1929, S. 495.
158 NF Müllenhoff 1845, Nr. 505, 1921, Nr. 583.2.
159 OF Siefkes 1968, S. 149f. E: Johann Schoon; O: Spetzerfehn.
160 NF Müllenhoff 1845, Nr. 466, 1921, Nr. 537.1.

DAS KLEINE VOLK

161 NF *Sylt.* Jensen 1892, S. 409f.
162 NF *Amrum.* Jensen 1892, S. 413.
163 WA *Wangerooge.* Siebs 1928, S. 50f.
164 NF *Sylt.* Jensen 1892, S. 411f.
165 NF *Föhr.* Philippsen 1911, S. 15 ff, 17f.
166 NF *Föhr.* Philippsen 1911, S. 27.
167 NF *Föhr.* Philippsen 1911, S. 27f.
168 NF *Föhr.* Jensen 1892, S. 313, Philippsen 1911, S. 28f.
169 NF *Föhr.* Philippsen 1911, S. 18.
170 NF *Föhr.* Philippsen 1911, S. 19ff.
171 NF *Föhr.* Philippsen 1911, S. 29f.
172 SA Kuhn & Schwartz 1848, Nr. 322-323. O: Ramsloh.
173 NF Deisting 1911, S. 81.
174 NF *Sylt.* Müllenhoff 1845, Nr. 452, 1921, Nr. 521; Hansen/Krogmann, Nr. 32. A: C.P. Hansen. O: Keitum.
175 NF *Föhr.* Philippsen 1911, S. 26.
176 NF *Föhr.* Jensen 1892, S. 312f.
177 NF *Amrum.* Müllenhoff 1845, Nr. 425, 1921, Nr. 494.3. A: K.J. Clement.
178 WA *Wangerooge.* Ehrentraut 1854, S. 7ff. Danach Siebs 1928, S. 55.
179 NF Muuß 1932, S. 52.
180 NF *Föhr.* Philippsen 1911, S. 31ff. Vgl. Johannsen 1939 und 1963.
181 NF *Amrum.* Johansen 1862, S. 269ff.
182 NF Jensen 1892, S. 416.
183 NF Müllenhoff 1845, Nr. 449, 1921, Nr. 518.
184 NF *Föhr.* Philippsen 1911, S. 34f.
185 NF *Amrum.* Johansen 1862, S. 268f.
186 OF Strackerjan 1, S. 487.
187 NF *Föhr.* Philippsen 1911, S. 36.
188 NF *Föhr.* Philippsen 1911, S. 37.
189 NF *Föhr.* Philippsen 1911, S. 33f.
190 NF *Föhr.* Philippsen 1911, S. 30f.
191 OF Kuhn & Schwartz 1848, Nr. 336. O: Aus der Nähe von Hage.
192 OF Siefkes 1968, S. 18f. E: Johann Schoon; O: Spetzerfehn.
193 SA Strackerjan 1, S. 341f.
194 SA Strackerjan 1, S. 342f.

RIESEN UND STARKE MÄNNER

195 OF Kuhn & Schwartz 1848, Nr. 301. O: Leer; Lübbing 1928, S. 221f. E: H. Buscher; O: Detern.
196 OF Meier 1857, S. 76f.
197 NF *Föhr.* Philippsen 1911, S. 13f.
198 NF H.A. Carstensen, in: Urquell 4 (1893), S. 259.
199 SA Strackerjan 1, S. 509, 511ff.
200 OF Meier 1857, S. 75f.
201 OF Siefkes 1968, S. 206f. E: Johann Schoon; O: Spetzerfehn.
202 NF Clement 1846, S. 340. Vgl. Muuß 1932, S. 37.

VON RÄUBERN, MÖRDERN UND DIEBEN

203 OF *Borkum.* Sundermann 1869, S. 41f.
204 OF Sundermann 1869, S, 37ff.
205 OF Siefkes 1968, S. 248. E: Wiebold Wurpts; O: Plaggenburg.
206 OF W. Gerds, in: Heimatkunde 1951/3.
207 NF Deisting 1911, S. 82.
208 NF Carstensen 1893, S. 167.
209 OF Kittel 1922, S. 50f. Danach Van der Kooi/Schuster, Nr. 31.
210 OF W. Gerds, in: Heimatkunde 1951/3.
211 OF Siefkes 1968, S. 250f.
212 OF Kittel 1922, S. 49f.

VON SCHÄTZEN UND GLOCKEN

213 NF *Amrum.* Johansen 1862, S, 257ff.
214 NF *Amrum.* Johansen 1862, S. 251ff.
215 NF Muuß 1932, S. 125f.
216 NF Quedens, Halligen, S. 15ff.
217 OF Sundermann 1922, S. 184.
218 NF H. Volksmann, in: Urquell 3 (1892), S. 162f.
219 OF T. Kerkhoff, in: Niedersachsen 7 (1901/02), S. 119f. O: Leer Vgl. Van der Kooi/Schuster, Nr. 14.
220 OF Strackerjan 1, S 356.
221 NF *Sylt.* Müllenhoff 1845, Nr. 147, 1921, Nr. 165; Hansen/Krogmann, Nr. 8. A: C.P. Hansen; O: Keitum.
222 OF Sundermann 1869, S. 2f.
223 SA Segschneider 1973, S. 167f. E: Käthe P. (geb. aus Scharrel); O: Cloppenburg.
224 OF Siefkes 1968, S 112f. E: H. Roskam, Bauer. O: Rhaude.

GOTTES FINGER

225 OF Sundermann 1969, S. 51f.
226 NF Hartz 1933, S. 81f. Nach einer Kopenhager Handschrift.
227 NF Muuß 1932, S 120f. A: Johannes Jensen; O: Marienkoog.
228 OF Meier 1857, S. 73.
229 OF Sundermann 1869, S. 14f.

230 OF *Wangerooge*. Siebs 1928, S. 50. Vgl. Ehrentraut 1854, S. 9.
231 NF *Sylt*. Müllenhoff 1845, Nr. 483, 1921, Nr. 559; Hansen/Krogmann, Nr. 40. A: C.P. Hansen; O: Keitum.
232 NF Muuß 1932, S. 117f. Vgl. Lübbing 1928, S. 251.
233 NF *Helgoland*. Siebs 1909, S. 107.
234 OF *Norderney*. Siebs 1930b, S. 146.
235 NF Muuß 1932, S. 119. E: Herr Jensen (O: Niebüll), Julius Momsen (O: Deezbüll).
236 NF *Sylt*. Müllenhoff 1845, Nr. 180, 1921, Nr. 201. A: C.P. Hansen; O: Keitum.
237 NF *Föhr*. Philippsen 1911, S. 56f.
238 OF Sundermann 1869, S. 24f.
239 OF Blikslager 1930, S. 134.
240 OF Siefkes 1968, S. 134f.
241 OF Meier 1857, S. 74.
242 NF Müllenhoff 1845, Nr. 546, 1921, Nr. 224. A: Herr Tamsen; O: Tondern.
243 OF Blikslager 1930, S. 134.
244 NF Meyer 1929, S. 500.
245 NF Deisting 1911, S. 81.
246 WA Strackerjan 2, S. 34.

HISTORISCHES

247 WF Wolf 1843, S. 15ff. Vgl. Van der Kooi 1974.
248 WF Jus 1, S. 128ff. Vgl. Schwartz 1973, S. 6-16.
249 WF Jus 2, S. 384ff. Vgl. Schmidt 1971.
250 OF Adam von Bremen IV, 39-40 (Hennig 1950, S. 352 ff, Trillmich und Buchner 1973, S. 490 ff). Vgl. Van der Toorn-Piebenga 1986.
251 NF *Amrum*. Johansen 1862, S. 230ff.
252 OF Sundermann 1869, S. 8.
253 NF Müllenhoff 1845, Nr. 70, 1921, Nr. 73.
254 WA Strackerjan 2, S. 408f.
255 NF *Sylt*. Müllenhoff 1845, Nr. 94, 1921, Nr. 101; Hansen/Krogmann, Nr. 7. A: C.P. Hansen; O: Keitum.
256 NF *Amrum*. Johansen 1862, S. 271ff.
257 OF *Baltrum*. Siefkes 1968, S. 262f. A: P. Zylmann.
258 OF Lüpkes 1925, S. 271.
259 OF. Siefkes 1968, S. 204f. A: H. Roskam, Bauer. O: Rhaude.
260 OF. Bielefeld 1925, S. 91ff. Danach Siefkes 1968, S. 192ff.
261 NF. *Amrum*. Clement 1846, S. 342f.
262 NF. *Föhr*. Quedens, Föhr, S. 30ff.
263 NF. Kohl 1846, S. 340f.
264 NF. Grässe 2, Nr. 1296.

Ortsregister

Das Ortsregister enthählt die in den abgedruckten Sagentexten genannten Orte, Inseln und Regionen sowie, zwischen runden Klammern, die im Quellenverzeichnis genannten Orte. NF = Nordfriesland, OF = Ostfriesland, SA = Saterland, WA = Wanger-, Jeverland, WF = Westfriesland, NL = Niederlande.